首都圏鉄道事情大研究

将来篇

川島令三

草思社

はじめに

令和元年11月30日に相模鉄道の相鉄新横浜線西谷《にしや》―羽沢横浜国大《はざわよこはまこくだい》間が開業した。羽沢横浜国大駅からはＪＲの東海道貨物支線などを経て新宿駅、さらには川越《かわごえ》駅まで直通電車が走る。令和で最初のうれしい鉄道の話題である。

ところがいざ開通してみると、運転本数が非常に少なく、都市の鉄道としては決して便利でないとの批判が出てきた。本書では、なぜこんなに運転本数が少なくなっているかといったことを解析した。

首都圏は広く、そこを走る鉄道路線は非常に多い。首都圏の鉄道の全容とその分析は、とても1冊では書ききれない。そこで『首都圏鉄道事情大研究』と題し、3冊に分けて上梓《じょうし》することにした。本書はその3分冊のうちの「将来篇」である（残り2冊は「ライバル鉄道篇」と「観光篇」）。

首都圏の鉄道の通勤混雑は緩和されてきたとはいえ、まだ深刻である。そのために新路線の建設、新駅の設置が計画されている。「将来篇」はこれら新線・新駅の計画のほかに、主として都心部の路線の現状と将来を分析する。

第1章では、開通してまもない相鉄新横浜線の全容と問題点、初めての本格的ＬＲＴとして建設がはじまった宇都宮ＬＲＴとはどういうものかなど、「最新の重要トピック」を紹介する。1章で紹介したのは、ほかに以下のようなものだ。

つくばエクスプレスなど新しい路線の駅周辺は非常に発展しており、混雑が激しくなっているため、6両編成を8両編成に増結して輸送力を増やす予定である。相互直通をしている三田《みた》線・南北《なんぼく》線・東急目黒《めぐろ》線も6両編成から8両編成になる。横浜地下鉄のグリーンラインも4両編成から6両編成に増強しようとしている。一方、古い駅や路線、遠方の駅や路線はすでに少子高齢化が進み、衰退気味である。それらがなぜ起こるのかを分析する。

東武東上《とうじょう》線に全員着席制のTJライナーが登場して以来、西武・東京メトロ直通のSトレイン、京王の京王ライナー、東急大井町《おおいまち》線のQSEAT《シート》車が登場した。これらに使う車両は、クロスシートとロングシートの2形態のシート配置ができるマルチ車両である。通常は、一般電車としてロングシートモードで使用し、座席指定料金を取るときにクロスシートモードにして使用する。運用しやすくはあるが、座席そのものは快適でない。また、座席数が少なく非常にもったいない。中途半端である。同じ西武の特急車ラビューや小田急ロマンスカー、東武伊勢崎《いせさき》線区のリバティ、京成のモーニングライナー・イブニングライナー、京急のウィングなどの通勤時利用こそ、快適通勤といえる。首都圏では好評のようだが、全国的にみると「こんな電車で金を取るのか」との声が聞こえてきそうである。

毎年、国土交通省から各路線の混雑率が発表されている。しかし、その混雑率は各社の基準の車両の混雑率で計算されているところが多い。

首都圏でもっともポピュラーな通勤電車は長さ20m、車体幅2・8mである。国交省は定員の計算基準を定めて各社にこれで計算するように要望している。その基準に従って10両編成での総定員を計算すると1400人、1両あたりの平均定員は140人になる。ところが、東急田園都市《でんえんとし》線の平均定員は149・4人、東横《とうよこ》線にいたっては149・3人になっている。相互直通し同じ車両が走る東京メトロ半蔵門《はんぞうもん》線の平均定員は142・4人である。同じ車両なのに定員が違うのである。

混雑率は輸送人員を輸送力で割った百分率である。輸送力は混雑時の1時間に走る延べ車両数に平均定員をかけたものである。平均定員が異なると比較にならない。東急田園都市線の輸送力は4万338人としているが、平均定員を140人にした場合の輸送力は3万7800人になる。現実には輸送力が2538人も下回る。混雑率は182%としているが、他社と同じ輸送力基準で計算すると、混雑率は194%にもなる。他社線と混雑率を比較するには輸送力を統一しなければならない。

第2章では、現行の「新路線建設計画」を紹介する。昭和61年当時はもっと多数の新線計画があったが、現行の計画では削減されている。少子高齢化による縮減はさほどなく、昭和61年当時の計画で実現しなかった路線の継続と、新たな需要として東京臨海部と羽田空港へのアクセスが主体である。

第3章では、地下鉄各線と、武蔵野《むさしの》線や横浜線、東武野田《のだ》線などの周辺の環状路線、そして比較的新しいつくばエクスプレスや埼京《さいきょう》線、京葉《けいよう》線などの現状を紹介し、将来を分析する。

とくに断りがない事項については、列車ダイヤは令和元年11月現在、混雑率関連のデータは平成30年度、終日の乗降客数、乗換客数については平成25年度の数値である。終日の乗車人員等は、一般財団法人運輸総合研究所の最新版である平成27年版『都市交通年報』のデータによっている。各数字は年間延べ人数として記載されているのを1日平均として計算している。平成27年版のデータは平成25年度のものである。

令和元年12月

目次

はじめに——3

パート1 テーマ別総点検

相鉄・JR直通線開通——12
着工した芳賀・宇都宮LRT——23
新交通システムとはどんな鉄道か——28
高輪ゲートウェイ駅には京浜東北線も停車する——32
駅名について——34
発展する新線沿線——37
首都圏でも少子高齢化がはじまっている——40
少子高齢化は鉄道にとってチャンスでもある——43
L/Cカーによる指定席列車設定は中途半端——45
混雑率は各社とも共通した計算方法でやっていない——50

混雑区間と混雑時間帯――53
定員の数値はかなりいい加減である――59
20m通勤電車の平均定員は140人か148人――61
首都圏の混雑に対応しているE233系セミクロスシート車――66

パート2 「新線計画」分析

首都圏で建設中の新線はわずかだが、計画は多数――70
首都圏新線――74

パート3 各線徹底分析

JR山手線 正式な山手線は品川―新宿―田端間――100
JR京浜東北線 田端―田町間は山手線とで方向別複々線になっている――107
JR埼京線 武蔵浦和以北は不便になった――115
東京臨海高速鉄道 東京テレポート―東京貨物(タ)間は旅客化する――120
JR京葉線 京葉線東京駅は成田新幹線用だった――123

ＪＲ武蔵野線　武蔵野南線は京浜湾岸線直通で旅客化を――129
ＪＲ南武線　平日の快速は20分毎に――136
ＪＲ横浜線　終日にわたって快速の運転を――142
ＪＲ川越線（川越―高麗川間）・八高線（高麗川―八王子間）　運転本数の増加を――149
都営浅草線　蔵前駅の待避駅化を――153
東京メトロ日比谷線　大形車7両編成終了後にホームドアが設置――158
東京メトロ銀座線　井の頭線から銀座線へはますます遠くになる――163
東京メトロ丸ノ内線　ホームドア設置で安全になった反面遅くなった――167
東京メトロ東西線　西武新宿線と相互直通するか――173
東葉高速鉄道　東葉勝田台からの延伸構想がある――179
都営三田線　高島平団地の少子高齢化で定期客が減っている――180
東京メトロ南北線　まもなく6両編成が8両編成に増結――186
埼玉高速鉄道　運転本数が減ってしまっている――191
東急目黒線　15分サイクルなので直通先と合わない――194
東京メトロ有楽町線・西武有楽町線　うまく考えられている小竹向原駅の配線――197
東京メトロ千代田線　小田急ロマンスカーが直通している――202
都営新宿線　都電を引き継ぐ唯一の１３７２㎜軌間の地下鉄線――207

東京メトロ半蔵門線　松戸延伸は必要か――212
都営大江戸線　「の」の字運転から「8」の字運転にする構想がある――216
東京メトロ副都心線　当初から地下線内で急行運転をする前提で造られた――224
横浜市営地下鉄ブルーライン　第3軌条方式の地下鉄――228
横浜市営地下鉄グリーンライン　リニア駆動のミニ地下鉄――233
相鉄いずみ野線　湘南台駅からJR直通電車で新宿に行く価値はない――235
多摩都市モノレール　重心が高いモノレールなので遅い――237
つくばエクスプレス　北部延伸もそろそろ考える必要がある――241
ゆりかもめ　無人運転は安定している――245
東武野田線　2020年に全線走行の急行が走りはじめる――248
流鉄　TXの開通で乗客が減少――251
金沢シーサイドライン　京急金沢八景駅に直結を果たした――252
用語解説――254

パート 1

テーマ別総点検

相鉄・ＪＲ直通線開通

令和元年（２０１９）11月末に相模鉄道の相鉄新横浜線が開通した。ただし相鉄新横浜線としては部分開通である。相鉄新横浜線は西谷《にしや》―新横浜間6・3キロである。そのうち西谷―羽沢横浜国大《はざわよこはまこくだい》間2・1キロと同駅からＪＲ接続点までの0・6キロが開通したのである。

羽沢横浜国大駅でＪＲ東海道貨物支線の一つである羽沢貨物線と接続し、海老名《えびな》―新宿（一部は川《かわ》越《ごえ》）間で相互直通運転をする。

相鉄新横浜線の羽沢横浜国大―新横浜間は、東急新横浜線新横浜―日吉《ひよし》間10キロとともに建設中である。これができると相鉄沿線と東横線沿線から東海道新幹線に乗るのが便利になる。

直通するＪＲ線の羽沢横浜国大―川越間のルートは複雑である。羽沢横浜国大を出ると新横浜方面の線路の両側でＪＲ取付線が分岐して、羽沢貨物線に入る。羽沢貨物線は鶴見《つるみ》駅で武蔵野南線と接続する。武蔵野南線も貨物線なので鶴見駅の両線には旅客ホームはない。このため直通電車は鶴見駅を通過する。

武蔵野南線は横須賀線電車が走る品鶴《ひんかく》貨物線と新鶴見信号場まで並行している。品川駅と鶴見駅を結ぶ貨物線なので品鶴貨物線と呼ぶ。現在は横須賀線電車が走っているために横須賀線としているが、横須賀線電車以外に成田エクスプレスと湘南新宿ライン、通勤ライナーも走っている。

新鶴見信号場は、以前の広大な新鶴見操車場を縮小してＪＲ貨物の機関区と貨物着発線が置かれて

相鉄新横浜線・東急新横浜線

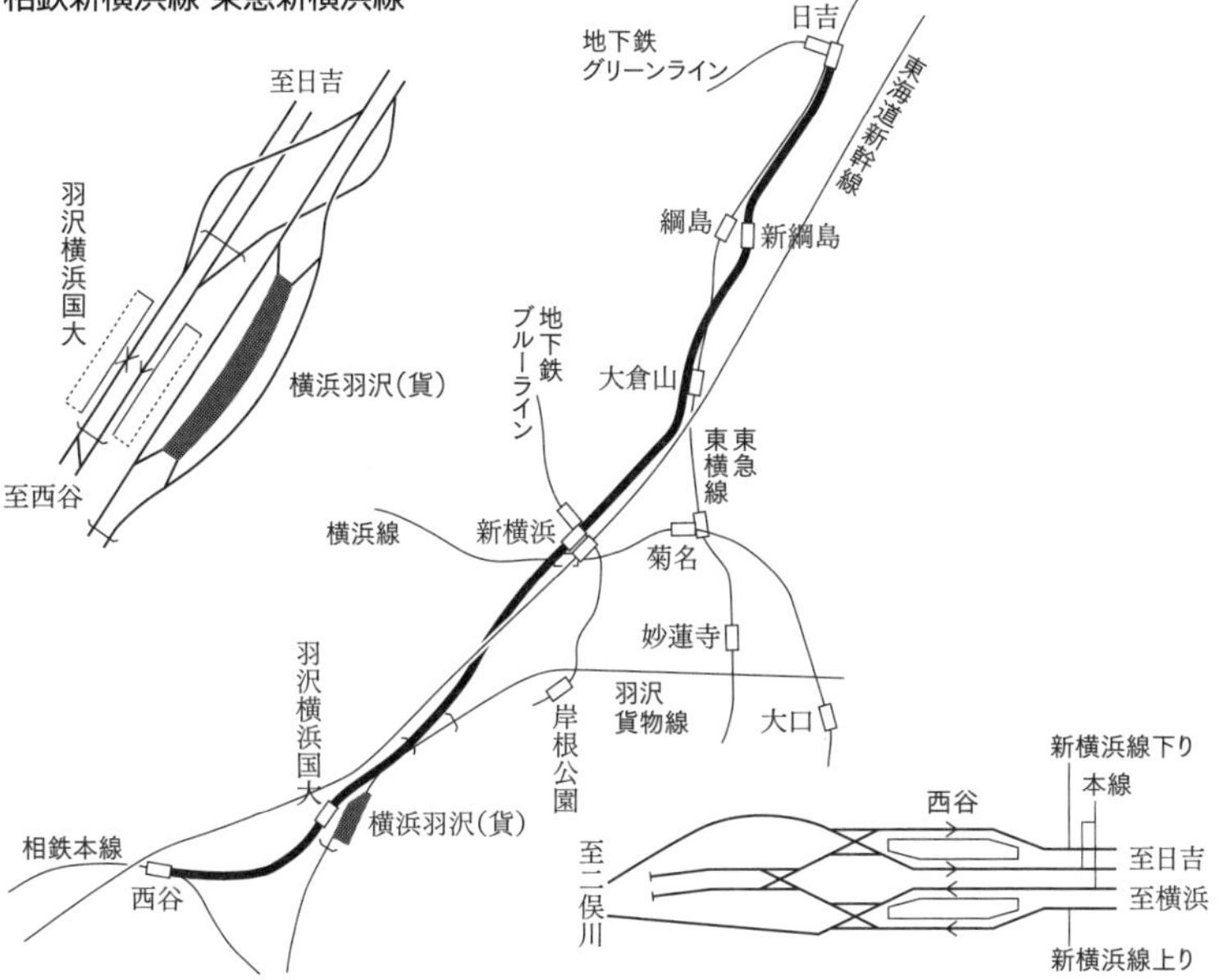

いる。その両側に武蔵野南線本線路がある。そこを直通電車は走り抜けていく。新鶴見信号場の北端で武蔵野南線と品鶴貨物線との連絡線があり、直通電車はこの連絡線を通って品鶴貨物線に入る。

そして品鶴貨物線にある武蔵《むさし》小杉《こすぎ》駅に羽沢横浜国大駅を出てはじめて停車する。続いて西大井《にしおおい》駅に停車してから品鶴貨物線の大崎支線に入る。大崎支線の分岐点はもともとは蛇窪《へびくぼ》信号場だった。現在は蛇窪信号場を大崎駅構内に統合している。そして大崎駅からは山手貨物線に入って恵比寿駅、渋谷駅、新宿駅、池袋駅と進む。

池袋駅からは埼京線に入るが、池袋―赤羽《あかばね》間は正式には東海道線の部に所属する赤羽線である。赤羽―大宮間は東北本線の別線線増線である。そして大宮駅からは川越線に入って川越駅に達する。

二俣川《ふたまたがわ》―新宿間の所要時間は最速で44分である。開通する前は横浜駅で湘南新宿ラインの電車に乗り換えるしかなかったために、1時間はかかっていた。それが乗り換えなしで行けるようになった。

ほとんどの電車が新宿駅で折り返すが、直通してくるJRの電車は埼京線用のE233系7000番台である。川越線に川越車両センターがあるため、一部の電車が川越駅まで走る。また大宮や武蔵浦和、赤羽発着もある。

相鉄の西谷以西の各駅から新宿方面に行けるようになったことで、沿線の住宅価値があがる。それまでは東京都心に行けない首都圏で唯一の大手私鉄と呼ばれていた。それを払しょくできたことは大きい。

しかし、朝夕ラッシュ時で15～18分毎、昼間時で30分毎では運転間隔が空きすぎて利用しにくい。本来ならラッシュ時5分毎、閑散時10分毎にすべきところである。また、運賃は非常に高い。

しかし、直通電車が走る品鶴線鶴見信号場―旧蛇窪信号場間には横須賀線電車と湘南新宿ラインの電車、成田エクスプレスや通勤ライナーが走っている。武蔵小杉駅でみて7時32分から1時間の間に19本が走っている。そこに直通電車をなんとか割り込ませている。もうこれ以上増発することはできない。

さらに相鉄側も二俣川―西谷間には本線電車のほかにいずみ野線電車も走り、朝ラッシュ時1時間に29本が運転され、こちらもダイヤが一杯である。

昼間時はまだダイヤに余裕があるとはいえ、昼間時でさえ10分毎に走らせるのは無理がある。

こんなに運転本数が少ないのでは、暫定的な東京都心直通路線としかいいようがない。本命は次に述べる相鉄新横浜線の全線開通と東急新横浜線の開通による東急との直通運転である。

相鉄・東急双方の新横浜線が開通してこそ東京都心に気軽に行けるようになる

相鉄新横浜線の全通と東急新横浜線の開通は令和4年（2022）度下期の予定である。両線が開通すると海老名・西谷―渋谷・目黒方面間で相互直通運転をし、朝ラッシュ時4〜5分毎、昼間時10〜15分毎に走らせることになっている。さらに目黒以遠では東京メトロ南北線・埼玉高速鉄道と都営地下鉄三田線と相互直通運転をしているから、浦和《うらわ》美園《みその》・西高島平《にしたかしまだいら》駅まで直通電車は走る。

なお西谷駅はもとから島式ホーム2面4線だった。外側の副本線が相鉄新横浜線の発着線である。分岐駅ではそれぞれの路線への電車を振り分けたり合流させたり、両方面の電車同士を接続させたりするには2面4線にするのが当たり前とされている。

しかし、羽沢横浜国大駅は相対式ホーム2面2線となっており、駅を出た東京寄りでＪＲへの線路と新横浜方面の線路が分かれる。

中央でまっすぐ地下に入る相鉄新横浜線、新宿方面に向かって左外側に分かれるのが羽沢貨物線に合流するＪＲ上り接続線、右外側に分かれる線路は地上の羽沢貨物線本線を横切ってから同貨物線の下り線と接続している。

ＪＲ直通電車と東急直通電車が羽沢横浜国大駅で同時進入したり同時発車したりはできない。運転支障時に列車を留め置く抑止も上下各1線しかできないし、二俣川方面の電車は羽沢横浜国大駅の手前で信号待ちをしたりしてしまう。不完全な分岐合流駅なので将来に禍根を残す。

鉄道運輸機構は建設予算を軽減するために、こういった不完全な駅を造るようになってきた。九州新幹線や北陸新幹線がそうである。計画が進む関西のなにわ筋線の西本町駅と新今宮駅の分岐構造も2面4線にはしない予定である。

東急直通線が開通すると東急でも武蔵小杉や渋谷・新宿に行ける。運賃は東急経由のほうが安い。渋谷以遠の運転頻度は同じように少ない。東急直通線は目黒方面へ多数走る。少しは棲み分けをしているが、もっと明快に分けるほうがいい。JR直通は現状でも飽和状態で増発はしにくい。増発するには鶴見駅から東海道貨物支線経由でりんかい線新木場駅まで直通するのがいい。将来的には東京テレポート駅でスイッチバックして羽田空港に乗り入れてもいい。

発端は国鉄が考えていた通勤新幹線構想である

東海道新幹線の成功によって、通勤新幹線を東京から主要地域に放射状に造れば首都圏の宅地不足や通勤地獄が一気に解決する。

規格を東海道新幹線とほぼ同じとするが、最高時速は160㌔、平均時速は120㌔、駅間距離は30㌔以上とした路線を5方向に造る通勤新幹線構想を国鉄は昭和41年（1966）に公表した。

新幹線は車体長25m、車体幅3380㎜なので、通勤用にシートピッチを狭くすれば1両の座席定員は平均150人にできる。12両編成で走らせれば1列車で1800人を乗せることができる。しかも全員が座っての乗車である。ラッシュ時1時間当たりの運転本数を20本とすると、全員着席の輸送力は3万6000人にもなる。

東海道本線の中距離電車の輸送力が3万5000人だから、これを上回っている。しかも、3万5000人といっても座れるのは1万2000人程度で、あとは立っている立席定員である。通勤新幹線の輸送力は全員着席である。国鉄は通勤新幹線を昭和50年代初期に開通させるつもりだった。

建設する区間は東京駅から5方面とした。千葉県新空港付近（成田空港のこと）までの50キロ、所要時間30分、茨城県中央部までの100キロ、同50分、群馬県南部までの100キロ、同50分、栃木県中央部までの100キロ、同50分と指扇《さしおうぎ》付近で分岐して足利《あしかが》付近に達する支線、神奈川県湘南地区までの70キロ、同40分の5方面（足利までの支線を入れれば6方面）である。

通勤新幹線構想

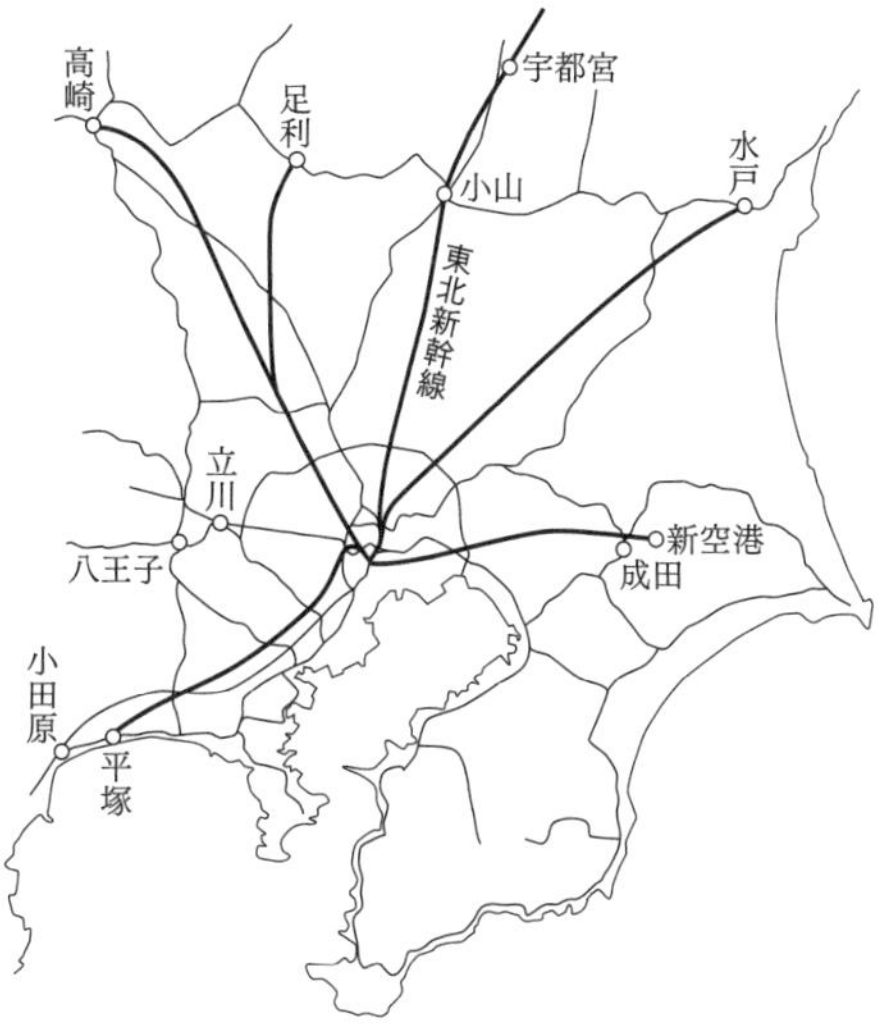

栃木県中央部のルートは東北新幹線を建設した場合は共用することにしていた。昭和41年時では新幹線の建設は東北新幹線と第2東海道新幹線しか考えられていなかった。まだ全国新幹線鉄道整備法が制定される6年前のことである。また、第2東海道新幹線はすでにリニアモーターカーが考えられていた。
一方、当時の運輸省の諮問機関である都市交通審議会横浜・川崎部会が同じ昭和41年に横浜・川

崎地区の高速鉄道整備に関して答申した。茅ヶ崎《ちがさき》付近から六会《むつあい》付近、二俣川付近、勝田《かった》付近（現横浜港北ニュータウン）を経て東京方面までの6号線を検討路線として取り上げた。まさに国鉄の通勤新幹線構想に対抗する路線である。なお、ここでいう高速鉄道とは路面電車に対して高速ということである。要は通常の鉄道のことである。

当時は国鉄と運輸省は鉄道について対立していた。というよりも国鉄のすることに口をはさむ権限は運輸省にはなかった。運輸省は私鉄の監督官庁みたいなものだったのである。

国鉄は通勤新幹線の建設はまず湘南地区からはじめようとしていた。6号線の一部区間は相模鉄道が考えていた二俣川—平塚間の新線構想に当てはまる。対する運輸省は昭和43年12月にこの新線計画に対して免許を付与した。

国鉄の通勤新幹線構想は開発線と名前を変えた。新幹線規格でなくても狭軌線で160キロ運転は可能なので狭軌線で造ることもいいとした。というのは新たに造らなくても一部区間は在来線を応用したほうが安く早期に開通できるからである。

常磐開発線は都心部に入ると山手貨物線に乗り入れて新宿に向かう。東海道開発線も同様である。また、新たに中央開発線も加わった。しかし、これらの構想は国鉄の財政赤字で頓挫してしまった。

都市交通審議会で神奈川東部方面線を答申

運輸省は都市交通審議会を組織替えして、新たに運輸政策審議会を組織した。その運輸政策審議会は国鉄の分割民営化が決まりつつある昭和60年に首都圏の高速鉄道網等の整備計画を答申7号として

当初計画の神奈川東部方面線

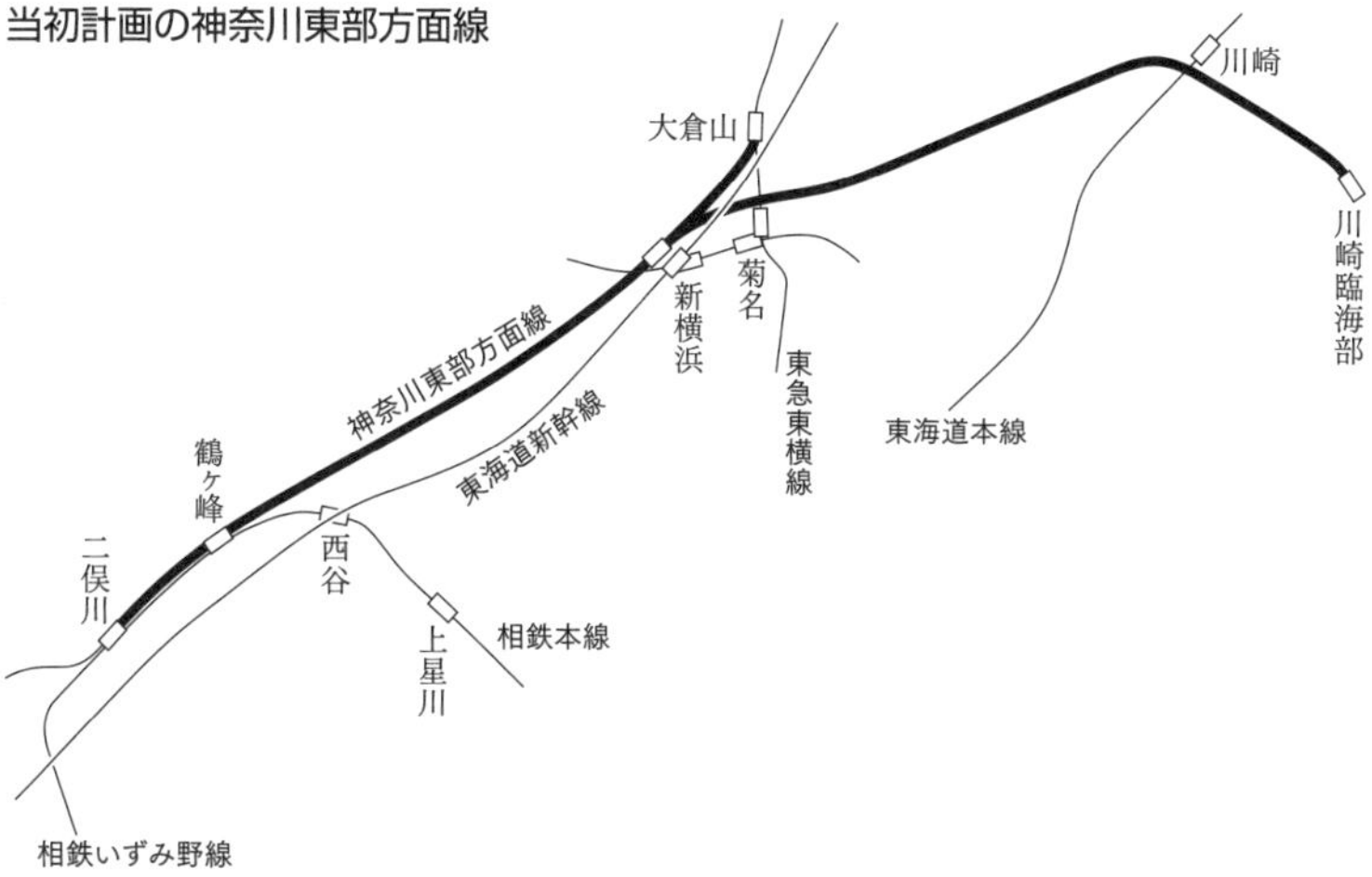

公表した。

その8番に「二俣川から新横浜駅を経て大倉山《おおくらやま》・川崎方面へ至る路線の新設」を取り上げた。二俣川駅から鶴《つる》ヶ峰《がみね》、上菅田町《かみすげたちょう》、新横浜駅を経て大倉山駅までと、新横浜駅で分岐して下末吉《しもすえよし》、川崎駅を経て臨海部までの路線である。

答申では路線名は明記されていなかったが、神奈川の東部を通ることから神奈川東部方面線と呼ばれるようになった。また、二俣川駅で相模鉄道、大倉山駅で東急東横線と相互直通をするとした。

答申7号の7番には相鉄いずみ野線の延伸が取り上げられている。二俣川―いずみ野間はすでに開通しており、いずみ野―湘南台間が整備中、湘南台―相模線方面が検討方向とした。

答申7号は目標年次を昭和75年度末としていた。西暦でいうと2000年度、年号でいうと平成12年度末、つまり13年3月である。

平成12年になると目標年次を平成27年（2015）度

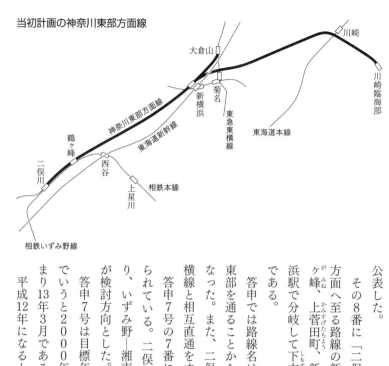

相鉄いずみ野線認可ルート

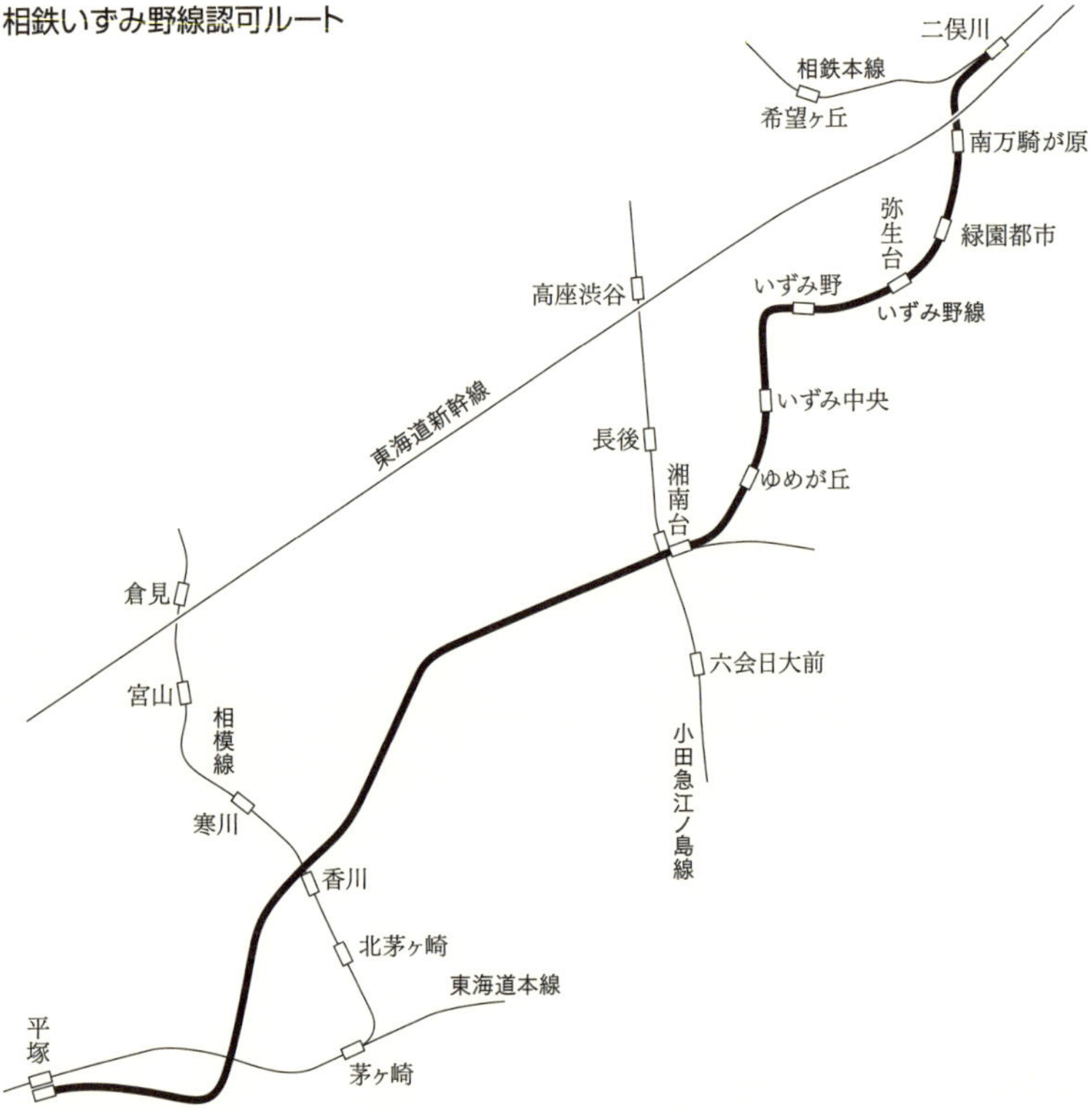

末にした答申18号が運輸政策審議会から出された。4番に相鉄いずみ野線の延伸、5番に神奈川東部方面線の建設がA_1路線として取り上げられている。A_1は最優先で整備する路線である。

しかし東急は東横線と田園都市線の複々線化工事で手一杯で、神奈川東部方面線の乗り入れには熱心でなかった。このため建設主体も決まらずになかば放置された計画線になっていた。反面、相模鉄道は東京都心に直結できる路線なので、どうしても実現してもらいたい路線だった。

業を煮やした相模鉄道は、建設費が軽減できる西谷―羽沢《はざわ》間を早期に建設して羽沢駅でJRの羽沢貨物線に乗り入れて新宿へ至る電車を走らせることを国土交通省とJRに働きかけ、結果、都市鉄道等利便増進法によるみなし許可線とした。営業主体は相模鉄道、建設主体は鉄道運輸機構とした。許可は平成18年で建設路線名称を相鉄・JR都心直結線とした。

これに慌てた東急も国土交通省に日吉―西谷間の営業主体として許可申請し、相模鉄道とともに日吉―羽沢―西谷間がみなし許可され、日吉―羽沢間は建設線名を相鉄・東急都心直結線とした。

当初の神奈川東部方面線のルートとは新横浜駅を境に相鉄側は異なる。問題なのは二俣川―西谷間が複線のままではダイヤに余裕がないことである。しかし、近年になって相模鉄道の沿線は少子高齢化と人口減に見舞われて乗客が減少しており、輸送力不足にはならないとした。

相鉄沿線から東京都心に行くのは不便だということが人口減少の大きな理由の一つである。本命の相鉄・東急都心直結線が開通すれば、再び人口増になって混雑が激しくなる恐れがある。二俣川―西谷間の複々線化あるいは上り線だけ複線化してラッシュ時の運転本数の増加が必要だろう。

東急新横浜線には広幅の相鉄車両は走れない

羽沢横浜国大駅から地下に潜り、横浜環状2号線道路の直下を進んで新横浜駅に至る。地下線の羽沢横浜国大寄りは開削工法による箱型トンネルだが、すぐに複線シールドトンネルになる。

新横浜駅は地下4階に島式ホーム2面3線があり、島式ホームに挟まれた中線は折返用である。ここまでが相鉄新横浜線である。

新横浜駅の先は東急新横浜線となる。新幹線に沿って地下を通る。地下60ｍという大深度複線シールドトンネルで進む。西谷―新横浜間は広幅の相鉄１２０００系が走れるようにトンネル断面積は大きいが、新横浜―日吉間の東急新横浜線は標準幅の車両しか走らないことを前提にして断面積は小さい。相鉄１２０００系は新横浜駅までしか走れないので東急直通用車両の２００００系が走る。

大倉山駅は設置されない。鶴見川の手前で東横線と分かれ県道2号線に沿って鶴見川の地下を抜けて綱島《つなしま》駅の西側に新綱島駅が設置される。新綱島駅は地下4階に島式ホーム1面2線がある。

再び東横線の地下を今度は単線並列シールドトンネルで進む。日吉駅の手前で地上に出る。そして日吉駅の東急目黒線側に線路は接続する。なお、日吉駅の目黒線の引上線は1線が残される。

日吉―新横浜間の運転本数は朝ラッシュ時14本、昼間時6本が予定され、新横浜駅で朝ラッシュ時4本、昼間時2本が折り返す。新横浜―羽沢横浜国大間は朝ラッシュ時10本、昼間時4本の運転となる。編成両数は8両または10両としている。10両編成は東横線に直通し、8両編成は東横線と目黒線に直通する。

羽沢横浜国大―西谷間はＪＲ直通電車が加わるので朝ラッシュ時14本、昼間時6本になる。

ＪＲ直通も東横線直通も渋谷、新宿を通る。乗客はどちらにするか迷うところであり、誤乗対策も必要である。二俣川―新宿間の所要時間はＪＲ経由が44分、東急経由は急行で走るとすると47分である。渋谷、新宿方面への運転頻度は東急経由のほうが多い。運賃は東横線だけみると東急のほうが安い。ＪＲ直通の増発はりんかい線方面に行くのがいい。

着工した芳賀・宇都宮ＬＲＴ

古くから宇都宮市や栃木県は宇都宮周辺にＬＲＴ（軽快路面電車）を検討してきた。その中で西側の清原《きよはら》工業団地と宇都宮市中心部を結ぶ道路の渋滞が激しい。それを解消するには鉄軌道の導入が一番いい。なかんずく建設費が安いＬＲＴの導入がベストとした。いろいろ喧々諤々《けんけんがくがく》の論争があったが、それをまとめてＪＲ宇都宮駅東口―清原工業団地―本田技研北門間がようやく着工し令和４年（２０２２）に開通予定である。

総延長14・6㌔、うち併用軌道が9・4㌔、専用軌道が5・1㌔、その他0・1㌔である。併用軌道といっても軌道内にクルマの進入は禁止されるリザベーションの処置が施されているため、交通渋滞には影響されない。ただし、交差点では交通信号に従って運転される。

ＬＲＴは軌道法のもとに運営されている。軌道法では最高速度が40㌔に制限され、車体の長さは30ｍ以下に制限されている。海外ではそのような制限はあまりなく、非常に長いＬＲＴが走っており、速度も60㌔程度は出すし、専用軌道区間では90㌔を出しているところもある。

せめて併用軌道区間で50㌔、専用軌道区間で70㌔が出せるようにしたり、車両の長さを50ｍくらいまで可能とするよう、軌道法の改正をしてほしいものである。

ともあれ、長さ29・52ｍの3車体連接の低床車が走ることになった。

ＪＲ宇都宮駅東口電停は整備中の東口駅前広場にＪＲ線の線路と並行して設置される。電停を出る

着工した宇都宮LRT

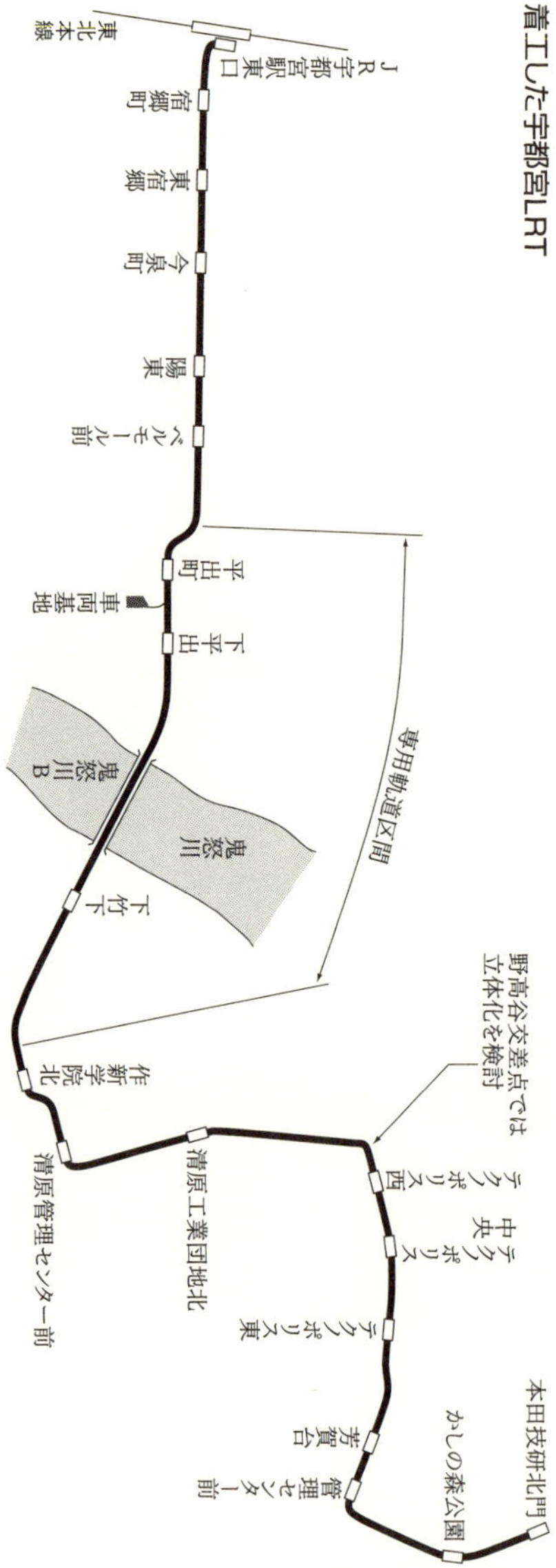

とすぐに左に直角カーブして駅前広場を西に向かって進む。そして鬼怒通りに入ってその中央を走るセンターリザベーションとなる。

東宿郷《ひがししゅくごう》交差点の前後に宿郷町《しゅくごうちょう》電停がある。西寄りに上り線、東寄りに下り線の低床ホームがある斜向かいの配置になっている。次の栃木銀行宇都宮東支店に面した交差点の前後に東宿郷電停がある。やはり斜向かいに低床ホームが配置されている。

国道4号旧道を乗り越して柳田街道との交差点の前後に今泉町《いまいずみちょう》電停がある。やはり斜向かいの低床ホームの配置になる。さらに西進してベイシア宇都宮陽東《ようとう》店の西側に同じく低床ホームを斜向かいに配置した陽東電停がある。

陽東3丁目交差点を過ぎ、ベルモール前交差点に、やはり低床ホームを斜向かい配置にしたベルモール前電停がある。同電停ではトランジットセンターを設置してバスと連携し、パーク・アンド・ライドとサイクル・アンド・ライドができるように駐車場と駐輪場を置く。

平出《ひらで》むつみ幼稚園の手前で右折、鬼怒通りと離れ専用軌道になる。右折するもののすぐに左折して平出町《ひらいでまち》電停となる。

同駅もトランジットセンターとなり、相対式の低床ホームがある。南側に車両基地が設置される。車両基地は国道4号バイパスに沿って南北に広がる形となる。

島式ホーム2面3線で、中央の線路は車庫への入出庫線であるとともに快速が各停を追い越すこともできる。ロータリーが隣接しており、クルマやバスとの乗り換えが簡単にできる。もちろん駐車場と駐輪場もある。

盛土になった国道4号をくぐり、緩くカーブして鬼怒川を渡る。そして相対式ホームの下竹下電停がある。田園地帯を専用軌道で進み、清原工業団地に隣接する栃木県立宇都宮清陵高校の北側に沿って西進する。同高校を過ぎると再び併用軌道に入り、すぐに相対式ホームの作進学院北電停がある。S字カーブで少し北側を西進するようになる。併用軌道だが、複線軌道と車道との間に緑地帯を設けて分離する片寄せサイドリザベーションにしている。軌道が北側で東西に進む。

次の清原管理センター前電停は島式ホームで、ここもトランジットセンターとしてバス停や駐車場、駐輪場が設置される。地域内交通の小型バスも運行される。

同電停の先で左に曲がって、東側に寄った片寄せサイドリザベーションで清原中央通りを北上する。途中に清原工業団地北電停がある。清原中央公園と栃木県グリーンスタジアムの間の交差点の南側に上り、北側に下りの電停がある。線路の間に片面の低床ホームが設置される。

右に曲がって野高谷交差点で清原中央通りから県道64号に移る。ＬＲＴの開通で渋滞が激しくなることが予想され、ＬＲＴ軌道を高架で通すことを検討している。

ここからはセンターリザベーション区間になる。上り線が宇都宮寄りになった斜向かいのホーム配置になっている、テクノポリス西、テクノポリス中央、テクノポリス東、芳賀台《はがだい》の４電停がある。

続いて相対式ホームの管理センター前電停があり、その先で左折してかしの森公園通りを北上、島式ホームのかしの森公園電停があり、その先に終点の本田技研北門電停がある。

軌間は狭軌１０６７㎜である。新たに導入するのだから標準軌１４３５㎜にしてもいいが、将来的には西側を走る真岡《もおか》鉄道に乗り入れたりすることを視野に入れているためだと思われる。

西部地区への路線はＪＲ宇都宮電停から高架になりながら北上、左に直角に曲がりＪＲ在来線を越え新幹線をくぐる。さらに直角に曲がって西口に達する。今度は右に曲がって大通りを西進、田川を渡ってから地上に降りる。そして桜通十文字（桜5丁目）までの3キロも計画されている。さらにもっと西の大谷観光地まで検討している。

ＪＲ宇都宮駅東口―本田技研北門間の所要時間は各駅停車で44分だが、快速の運転も考えられている。その場合の快速の所要時間は37分としている。場合によっては平出町電停で追い越しをする。

運転間隔はラッシュ時6分、1時間に10本、閑散時10分としている。運賃は対距離制で初乗りが１５０円、全線乗ると４００円を想定している。上下分離方式をとり、軌道等のインフラ部分は宇都宮市と芳賀町、運営は第3セクターの宇都宮ライトレール株式会社が行う。

車両は3車体連接で前述したように長さ29・52m、車体幅は2650mmとLRTにしては幅が広い。ちなみに富山ライトレールの車体幅は2400mmだから250mm広い。

LRT車両扉配置（上面室内略図）

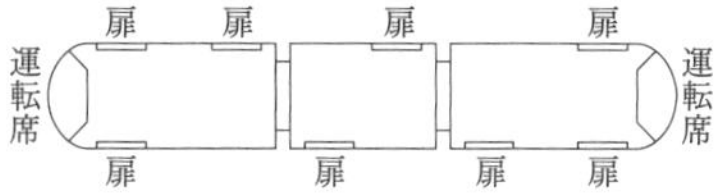

先頭車体の先頭両側と後方右側の3か所、中央車体は連接寄りにそれぞれ片側ずつ1か所に扉が置かれている。多くの路面電車は運転席寄りの左側に扉を置いて降車専用にし、後方は両側に乗車用扉を置く。これによって常に乗降ホーム等は左側に設置するようにしている。

芳賀・宇都宮LRTの平出町電停の中央の線路は両側ホーム、両外側のホームは右側にあるし、他の電停では島式ホームがある。このため運転席寄りの両側に乗降用扉が必要なのである。扉が多くても3車体合わせた定員は160人となっている。

清原工業団地北電停付近は、写真の歩道に沿って片寄せサイドリザベーションで敷設される

新交通システムとはどんな鉄道か

逆走し事故を起こした金沢シーサイドラインのことを報道した各メディアは、これを新交通システムとして報道していた。しかし、シーサイドラインは新交通システムの一つではあるが、これだけが新交通システムなのではない。

モノレールや路面電車を高度化したLRTも新交通システムの一つである。新交通システムは新しい軌道系中量交通機関の総称である。

通常の重厚な鉄道にくらべて輸送能力は低いがバスよりも輸送力が大きく、軌道に沿って走る交通機関である。

シーサイドライナーは案内軌条式《あんないきじょうしき》鉄道あるいは案内軌条式軌道という。そのなかで自動運転をするものをAGT（Automated Guideway Transit）という。ゆりかもめと日暮里《にっぽり》・舎人《とねり》ライナーもAGTだが、埼玉新都市交通ニューシャトルと西武鉄道山口線は有人運転である。変わりものとしてVONA方式を採用したユーカリが丘線がある。

モノレールには跨座《こざ》式と懸垂《けんすい》式がある。跨座式は東京モノレールと多摩都市モノレール、それに東京ディズニーリゾートの舞浜リゾートラインだが、東京モノレールを除いて車両の床がフラットになっている日本跨座式である。東京モノレールは車両の駆動車輪が客室内に食い込んでいて、その部分の床は盛り上がり、そこに座席が起かれたりしているアルヴェーグ形跨座式である。

その分、重心が低くなっておりスピードが出せる。急カーブでも結構な速度で走っている。多摩都市モノレールなどは駆動車輪が床下に収納されているぶん重心が高く、カーブではゆっくり走っている。

懸垂式は湘南モノレールと千葉都市モノレール、それに休止している上野公園内を走る東京都交通局の上野懸垂線がある。屋根上に台車機器が載っている。床下は空間になっている。ようは軌道にぶら下がって走っている。

完全なＬＲＴは首都圏にはないが、宇都宮市で建設が始まっている。ＬＲＴに準じるものとして都電荒川線と東急世田谷線がある。ＬＲＴイコール低床路面電車と思われていることが多いが、荒川線と世田谷線は中床になっている。ＬＲＴに近い江ノ電も中床である。

路面電車は当然だが、他の新交通システムの多くは軌道に区分けされている。

軌道とは路面電車に対してさまざまな基準や規制をしている法律である軌道法に従って運営されている路線のことである。軌道法では軌道は道路と一体で建設していなければならないとしている。だから道路上に軌道がある。しかも幅26ｍ以上がある道路に設置することになっている。

その道幅がなかったり、どうしても道路と一体にできない個所は鉄道になる。首都圏の新交通システムで鉄道になっている区間は、上野懸垂線と湘南モノレール、舞浜リゾートライン、東京モノレール、ユーカリが丘線、西武山口線、それにゆりかもめの日の出―お台場海浜公園間とテレコムセンター―国際展示場正門間である。

軌道にしているのは国の建設補助金が道路予算から出ているからである。といっても案内軌条式はそれなりに建設費がかかる。モノレールはそれよりも安いが、それでもかかる。一番安いのはＬＲＴであり、最近注目されているのが架線レスＬＲＴ、すなわち蓄電池をエネルギー源にする鉄道である。停留所等で急速充電をして走行する。これが実用化されるとイニシャルコストもランニングコストもかかる直流変電所が不要になるし、空中に架線を張らなくてすむから景観もよくなる。しかし、まだ実用化されていない。架線レスＬＲＴの開発に期待したい。

話は変わるが、案内軌条式のＡＧＴの多くはＡＴＯ（自動列車運行装置）による無人運転をしている。

ゆりかもめは案内軌条方式の新交通システム

東京モノレールも新交通システムの一つ

LRTも新交通システム

令和元年6月に金沢シーサイドラインが新杉田駅で逆走してクルマ止めに衝突した事故を起こした。

このとき有人ならば逆走しても、運転士はすぐに気づいて止めることができるという論調があったが、有人運転のときはATC（自動列車制御装置）をバックアップにした運転になるので指令回路が全く違うからそもそも逆走などは起こらない。

百歩譲って無人運転のときに保安要員を運転席に座らせ、逆走したときなどに止める非常停止ボタンがあったとする。それがあればすぐに止められると思われるが、逆走しだしてからクルマ止めに衝突する時間はわずか7秒である。衝突しないようにするには半分以下の3秒以内に非常停止ボタンを押さなくてはならない。要員が乗っていてもほとんど間に合わないのである。

逆走が起こらないようにするには回路を2重3重にして断線を防ぎ、さらに逆走が起こると瞬時に感知して止める保安装置を置くことである。無人運転は危険だから有人運転のほうがいいとするのは知恵がない人の言うことである。

逆走事故を経験にして、二度と無人運転で逆走が起こらないような装置を開発することが急務であり、すでに他のATOと異なる回路だったシーサイドラインはその措置をとった。今後も想定外の事故が起こる可能性はある。その都度対策を施して無人運転を確立させることこそがやるべきことである。それに逆走防止装置が付けば機械のほうが確実で迅速に対応できる。有人だとヒューマンエラーを起こす可能性がある。

もっとも車内火災時などの避難誘導や車内での暴力事件等は有人のほうがいい。これに対しては監視カメラの設置強化や駅から事件事故があった車両に迅速に行ける態勢をとる必要がある。

高輪ゲートウェイ駅には京浜東北線も停車する

まもなく開設される「高輪《たかなわ》ゲートウェイ」駅。山手線の新駅といわれているが、京浜東北線の新駅でもある。ホームは島式が2面あって、西側のホームは山手線の内外回り電車が発着し、東側のホームは京浜東北線の北行と南行が発着する。

つまり、少し前の品川駅の京浜東北線電車と山手線電車の発着ホームと同様に線路別ホームになっている。現在、田町駅では山手線の内回り電車と京浜東北線の北行電車、あるいは山手線外回り電車と京浜東北線電車とで、それぞれ一つの島式ホームで発着する方向別ホームになっている。方向別ホームは同じ進行方向への電車の乗り換えが同じホームでできて便利だ。

品川―田町間で京浜東北線の北行線路が山手線の内外回り線路を斜めに乗り越して山手線の西側を並行させるようにして田町―田端間が方向別線路になっている。

高輪ゲートウェイ駅の設置で線路が移設された。同駅と田町駅の間で京浜東北線北行の線路が山手線線路を斜めに乗り越すことになり、すでに完成している。

山手線あるいは京浜東北線といわれる線路は正式な路線名ではない。これらの線路のうち東京―品川間、さらには横浜駅までは東海道本線の電車線といわれるものである。ちなみに東海道本線の線路は列車線という。同様に東京以北の京浜東北線は東北本線の電車線である。

山手線の内回りと京浜東北線の北行、あるいは山手線の外回りと京浜東北線の南行が同じホームで

山手線・京浜東北線
田町―品川間配線略図

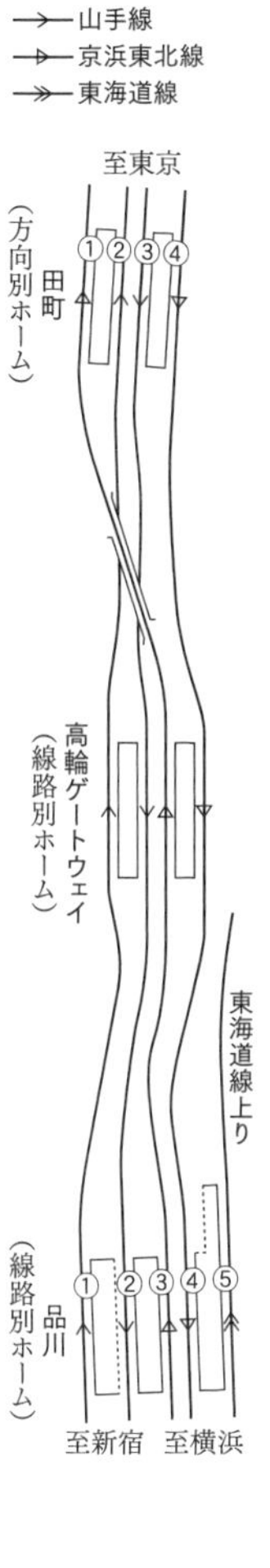

乗り換えができるのは田町―田端間である。高輪ゲートウェイ駅ではそれまでの品川駅と同じ、山手線と京浜東北線は別々のホームになるので、乗り換えは2階コンコース経由になる。

それよりも品川駅での乗り換えが半分便利になる。前述したように、従来、品川駅では、1番線が山手線内回り、2番線が外回り、3番線が京浜東北線の北行、4番線が南行だった。このうち3番線の線路を撤去してホームの幅を9〜10mに広げる。1、2番線間のホームは山手線内回り専用にする。外回り電車が発着する2番線の対面の現4番線（完成後は3番線）に京浜東北線の北行電車が発着する。そして南行電車は別ホームの現5番線（同4番線）で発着する。

朝ラッシュ時には京浜東北線北行電車から山手線外回り電車に乗り換える人が多いため、同じホームで乗り換えが可能になれば非常に楽になるとともに、2階コンコースの混雑が解消される。

代々木駅の山手線内回りと中央線各駅停車（緩行）電車の中野方面行で行っている乗換方法と同じになる。なお、品川駅で京浜東北線南行はすでに現5番線に移っている。6番線は東海道本線の東京方面行が発着している。

駅名について

高輪ゲートウェイという駅名は結構、批判を浴びた。実際、日本語と外国語を合わせた駅名に違和感を覚える人は多い。とはいえほぼ同時期に公表された東京メトロ日比谷線の新駅の駅名である「虎《とら》ノ門《の もん》ヒルズ」駅については、さほど違和感を持たれなかった。

虎ノ門ヒルズの名称はすでに使われていたから違和感がなかったのである。ようは慣れの問題ということである。

虎ノ門ヒルズもそうだが、漢字とカタカナを合わせた駅名は長いので、利用者は省略して呼ぶことが多い。しかも非常に短くする。たとえば東急田園都市線のたまプラーザ駅は「たまぷら」、総武線の西船橋《にしふなばし》駅は「にしふな」と略されることが多い。さらに自然発生的な省略だけでなく、鉄道各社の社内（部内）でも省略するところが多い。たまプラーザ駅は社内では「ぷらざ」と略している。令和元年10月に改称した同線の南町田グランベリーパークも南町田しか言わない。「西船」は町名にもなり、京成電鉄の葛飾《かつしか》駅は京成西船駅に改称した。

社内省略がそのまま一般に定着したところもある。たとえは成田空港駅の手前の「空港第2ビル」駅は「2ビル」と略されており、それがそのまま一般にも呼ばれるようになった。

つくばエクスプレスの「流山《ながれやま》セントラルパーク」は一般には広まっていないものの、部内呼称は「流山パク」と略されている。一般は「セントラル」と略しているというが、まだ定着していない。

日本語だけでも長い駅名は省略される。京王八王子駅は「K8《けいはち》」、東京メトロ東西線の門前仲町《もんぜんなかちょう》駅は「もんなか」と略されることが多い。地元の人は「なかちょう」と略している。

それでは高輪ゲートウェイ駅はどう略されるのだろうか？　一番短く略すと「たかげー」だろうが、どこかの週刊誌みたいで響きはよくない。「高輪」と略すことは「白金高輪《しろかねたかなわ》」駅や「高輪台」駅が近くにあるため使えない。おそらくJRの部内略称は「ゲートウェイ」になるだろう。そしてそれが一般に定着するものと思われる。

また、東武日光駅のように正式駅名には国交省から会社名を付けさせられているものもある。しかし、利用者も会社側も略して使うことが多い。

京王相模原《さがみはら》線では調布駅の次の京王多摩川からはじまって京王稲田堤《いなだづつみ》、京王よみうりランド駅と続き、さらに京王永山《ながやま》、京王多摩センター、京王堀之内《ほりのうち》と京王の付く駅が多数並ぶ。近くにJRや小田急の駅があるためだ。しかし、堀之内駅は近くの他の路線に似た駅名はない。あるのは京浜急行の堀ノ内駅である。連絡運輸をして両駅間の切符を発売しているわけではないが、混用することを避けて京王を冠している。

それでは終点橋本《はしもと》駅は京王の文字を冠していない。連絡運輸をする駅同士は基本的に同じ駅としているからである。ともあれ、相模原線を利用する人の多くは「京王」を略して使っている。

京急ではJR横浜線と連絡する仲木戸《なかきど》駅を2020年春に京急東神奈川駅に改称する。仲木戸駅のほうが風情があるが、JRと連絡していることがわかるように改称する。

同時に改称される駅として大師《だいし》線の産業道路駅が大師橋駅となる。短くなっていいものの、川崎大師駅と間違える可能性がある。花月園前駅《かげつえんまえ》も花月総持寺駅《そうじじ》に改称するが、反対に長くなっている。

駅名は短ければ短いほどいい。それなのに羽田空港国際線ターミナル駅は羽田空港第3ターミナル駅に、羽田空港国内線ターミナル駅は羽田空港第1・第2ターミナル駅に改称だ。あまりにも長い。わかりやすく略そうとしても略しにくい。今は国際線駅、国内線駅と略されている。だから羽田国際線駅、羽田空港駅とするほうがいい。

物議をかもしているのは新逗子《しんずし》駅を逗子・葉山《はやま》駅にすることだ。駅の位置は逗子市内にある。逗子市民も葉山市民も違和感を唱えている。

もともとは湘南逗子駅だった。その後、湘南逗子駅から0・4キロ延ばして湘南逗子葉山口ホームを開設した。あくまで湘南逗子駅構内扱いだったが、葉山の名が付くようになった。戦時中に湘南逗子―湘南逗子葉山間は廃止されたが、昭和27年に復活、湘南逗子葉山口ホームは独立駅の逗子海岸駅とし、湘南逗子駅も京浜逗子駅に改称した。さらに京浜逗子―逗子海岸駅のあいだに新逗子駅を開設して、京浜逗子駅と逗子海岸駅を廃止した。

新逗子駅という駅名も味気ないが、逗子・葉山駅も略しにくい複合駅名になっている。いままでどおり新逗子あるいは逗子と略されよう。どうしても葉山の文字を入れたければ、かつてのよう逗子・葉山口と口を入れれば逗子市民も葉山市民も納得すると思われる。

発展する新線沿線

つくばエクスプレスが開通したのは平成17年8月、港北ニュータウンを貫く横浜地下鉄4号線、愛称グリーンラインが開通したのは平成20年3月のことである。

ともに開通前は雑木林が生い茂る人口過疎地帯だった。もっともグリーンラインの港北ニュータウンの中心地のセンター北駅やセンター南駅はすでに横浜地下鉄1、3号線ブルーラインが平成5年に延長開通しており、すでに市街地化されていたし、グリーンラインの日吉寄りもそうだった。つくばエクスプレスの東京寄りもそうである。雑木林だったグリーンラインの北山田《きたやまた》駅と東山田《ひがしやまた》駅、つくばエクスプレスの流山セントラルパーク駅と柏《かしわ》の葉《は》キャンパス駅、柏たなか駅の周辺は計画的宅地開発が行われて、住みやすい住宅街になってきている。

新しく住宅を購入した働き盛りの若い人たちが多くて活気に満ちており、少子高齢化現象はなく子供たちも多く、どこ吹く風という雰囲気である。このため各駅の全乗客のうち定期券で乗車する人の割合である定期比率は高い。住宅街などで新しい路線や駅ができると、当初は定期比率が非常に高くなっている。そして時間が経てば経つほど低くなっていく。

つくばエクスプレスの柏たなか駅の平成19年度の定期比率は76％、25年度は77％である。横浜グリーンラインの北山田駅は全乗降人員での定期比率は19年度が87％、25年度が82％にもなっている。

定期比率が高くなるのは、ご主人は通勤するが、奥さんは未就学の子供がいたりして電車に乗る機会が少ないためである。子供が大きくなっていくと切符を買って電車に乗る（これを定期外客という）頻度が多くなる。やがて子供たちも電車に乗るようになって、さらに定期比率が下がる。電車通学する子供もあって定期比率は60％前後の一定の数値で推移していく。そして子供たちが巣立ち、ご主人が定年になって、切符で乗るようになるから定期比率はますます減っていく。

これが郊外ベッドタウン駅の長い目で見たサイクルである。また、街が熟していくと駅前の商店街やショッピングセンターが発展していき、他の街からやってくる定期外客がいるために、さらに定期比率が下がっていく。40％くらいに落ち込んでいる駅もある。

それが顕著に表れているのが、多摩ニュータウンの永山《ながやま》駅である。永山には小田急と京王の駅がある。まず小田急が昭和49年6月に乗り入れ、その4カ月後の10月に京王が乗り入れた。両線が乗り入れて45年になる。そのころに入居した人はすでに定年を迎えていて、次の世代が現役ということになるが、次世代の人の多くは新しい住宅地に居を構え、同居する家庭は少ない。

左頁の表は昭和61年度から7年毎（平成19年度から25年度は6年）の都心方面への乗車客の定期外客と定期客についてのものである。京王と小田急に分けたものと合計したものを取り上げた。指数は昭和61年度に対するものである。

合計した人数を挙げたのは、利便性がいいほうを利用者は選ぶからだ。小田急の開業当初は新宿までの直通電車はほとんどなく新百合ヶ丘《しんゆりがおか》駅乗換だった。かたや、京王は新宿行快速を当初から運転している。その後、特急も走らせるようになった。

小田急は小田原線の複々線化によって平成14年3月に千代田線直通の多摩急行の運転開始や直通電

車の増発をしただけでなく、朝ラッシュ時の新宿方面のスピードアップによって乗客が増えた。これによって京王を利用する乗客が減っていった。

トータルでみると定期外客が増え、定期客が平成12年度あたりをピークに減っている。しかも定期客の減り方が大きい。まさに少子高齢化と次世代所帯の移転である。

次世代所帯は新しい開発地に移転をしている傾向が大きい。現在、稲城《いなぎ》駅近くに一戸建て住宅の開発がなされており、住み移った住民の多くが若い世帯の人々である。しかし、今後、30年くらい経つと、次世代所帯が高齢化していくといった流れになろう。

京王永山（下段は指数）

	定期外	定期	合計	定期比率
S61	3850	7218	11068	65
H5	5064	8950	14014	64
	132	124	127	
H12	5448	7384	12832	58
	142	102	116	
H19	6451	8429	14880	57
	168	117	134	
H25	6360	6243	12603	50
	165	86	114	

小田急永山（下段は指数）

	定期外	定期	合計	定期比率
S61	1988	3385	5373	63
H5	2450	4785	7235	66
	123	141	135	
H12	3020	9725	12745	76
	152	287	237	
H19	4762	7156	11918	60
	240	211	222	
H25	4980	5145	10125	51
	251	152	188	

合計（下段は指数）

	定期外	定期	合計	定期比率
S61	5838	10603	16441	64
H5	7514	13739	21253	65
	129	130	129	
H12	8468	17109	25577	67
	145	161	156	
H19	11213	15585	26798	58
	192	147	163	
H25	11340	11388	22728	50
	194	107	138	

首都圏でも少子高齢化がはじまっている

多摩市の永山駅周辺は少子高齢化の波に飲み込まれつつあるが、同じ多摩ニュータウンでも永山駅よりも奥にある南大沢《みなみおおさわ》駅や多摩境《たまさかい》駅は住宅やマンションが新しく造られて人口が増加している。小田急の唐木田《からきだ》駅もそうである。

小田急や京王自体のほかに大手不動産会社による住宅開発が行われている。そして都心への通勤が便利になっているために小田急や京王の沿線の人口は増えている。ただし小田急小田原線では最遠で本厚木《ほんあつぎ》駅あたりまでで、それよりも遠い愛甲石田《あいこういしだ》駅や伊勢原《いせはら》駅では新しい住宅開発はあまり行われていない。そのため少子高齢化の波にさらされはじめている。

相模鉄道沿線では自社による住宅開発をしているが、今一つ、入居者は少ない。ようするに東京都心に直結していないからである。さらにもっと東京都心に近いところに移転する家庭もあって人口が減っている。相鉄が東京都心への路線乗り入れに熱心なのはこのためである。

JRは沿線の住宅開発をあまり行っていない。中央線の猿橋《さるはし》駅に隣接する山の上に大手不動産と連携して住宅開発をしているが、バブル崩壊後もじわじわと土地価格が安くなったことや、駅と直結する新方式のモノレールであるBTM（磁力で動くモノレール）が失敗してしまい、代わって垂直エレベーターを設置したものの、売れ行きは芳しくない。

一番は東京都心から遠すぎることである。朝ラッシュ時には通勤特快を利用しても新宿まで1時間

24分もかかる。新幹線で新横浜─名古屋間の所要時間とほぼ同じである。しかも通勤特快はロングシートである。猿橋では確実に座れるとはいえ1時間24分も乗っていると、お尻が痛くなる。

高尾以遠から東京都心に向かう乗客はバブル期に大きく増えたが、それから20年も経った現在は昭和61年度の乗客数に戻りつつある。少子高齢化と人口の都心移転である。

中央線だけではない。東北・高崎線も大宮以遠はどんどん通勤客が減っている。常磐線や総武線などもそうである。東京都心から遠ざかるにつれて少子高齢化と都心回帰による人口減が目立つようになってきた。

関西の東海道山陽線には朝ラッシュ時でも特急並みの速度で走る新快速が運転されている。このため姫路市や滋賀県の南部は人口が増えている。かえって大阪南部では少子化と移転による人口減が続いている。阪和線や南海、近鉄の各線は線形が悪くスピードが出せない。そのせいで敬遠されているのである。

首都圏のJR各線では都心近傍では過密ダイヤのためにスピードが出せない。線形が悪い路線もある。そこでスピードアップをしにくい面もある。さらに宅地開発と一体で鉄道を運行していないために、少子高齢化と都心回帰による人口減が続いている。

武蔵小杉《むさしこすぎ》周辺は都心とはいえないが、長距離通勤をしなければならないもっと郊外の住宅地とくらべると都心みたいなものである。

川崎市が音頭を取って工場跡地などにタワーマンションの導入を積極的にやってきた。品鶴線に武蔵小杉駅を設置してさらに便利になった。いまやタワーマンションが林立している。

武蔵小杉乗車（下段は指数）

	定期外	定期	合計	定期比率
S61	12086	19497	31583	62
H5	12841	28643	41484	69
	106	147	131	
H12	17969	21121	39090	54
	149	108	124	
H19	23018	27559	50577	54
	190	141	160	
H25	31559	43150	74709	58
	261	221	237	

本当に都心に隣接している豊洲《とよす》地区などもタワーマンションが林立している。豊洲では東京メトロ有楽町線とゆりかもめが通っており、臨海副都心に行くのも便利である。

都心に近いが、マンション内の上下移動のためのエレベーターの混雑や待ち時間が問題になっている。たとえタワーマンションであっても30年も経てば世帯交代が行われる。次世代の人は古びたタワーマンションを引き継ぐよりも、新築一戸建て住宅を欲しがる可能性もある。30年経つとタワーマンションでも少子高齢化と移転による人口減に悩まされることになるのは想像に難くない。

ともあれ、タワーマンションが林立しているのは都心や都心近くだけではない。京王相模原線とJR横浜線、相模線が集まる橋本駅でもタワーマンションだらけである。

新宿に行くには相模原線は始発駅なので必ず座れる。横浜方面も横浜線で行ける。2路線以上が集まっている駅、しかも既存の路線に加えて新しい路線が加わった駅ではタワーマンションが建っている。武蔵小杉駅もそうだし、つくばエクスプレスが加わった南千住駅周辺、千葉都市モノレールが加わった千葉みなと駅などがそうである。

少子高齢化は鉄道にとってチャンスでもある

鉄道での少子高齢化は簡単に言えば定期客が減ることである。定期運賃は相当に安い。定期客が減り、客単価が高い定期外客が増えるということは収益が向上するということである。さらにラッシュ時に集中してくる乗客が減るので、通勤混雑緩和のための投資も必要なくなるのである。ラッシュが緩和してくれば、着席保証、すなわち指定席列車を走らせて特別料金を取ることで、もっと客単価が高い乗客を確保することもできる。

まず小田急が地下鉄千代田線に直通する特急ロマンスカーを走らせるようになった。つづいて東武東上線にＴＪライナー、そして伊勢崎・野田線にリバティによるアーバンパークライナー、続いて西武が地下鉄直通のＳトレイン、そして京王が京王ライナーを走らせるようになった。

古くからは新宿発着の小田急ロマンスカー、西武の特急「ちちぶ」「むさし」「小江戸」、東武の特急「きぬ」や「けごん」「りょうもう」や京成のモーニングライナー、そして京急のウィングの各列車を朝ラッシュ時に走らせるようになった。

ＪＲは各線に特急車などを使ったライナーを走らせていたが、東海道本線と湘南新宿ライン以外の線区は特急にしてしまった。ようするに実質値上げである。ただしライナーは乗車駅と降車駅が指定されていたが、特急になるとどこからでも乗り降りができるようになる。たとえば中央線の立川駅から拝島駅まで料金さえ払えば乗ることができる。

座席確保の列車を設定する狙いについてはいいのだが、ＴＪライナーとＳトレイン、京王ライナーは中途半端でおよそ料金が取れる列車ではないといえる。

少子高齢化で通勤混雑が減る

地下鉄直通ロマンスカーの運転で収益アップ

東武鉄道の新しい特急車リバティ

L／Cカーによる指定席列車設定は中途半端

L／Cカーは閑散時は窓に直角に座席が並ぶクロスシート（C）になり、ラッシュ時は窓に背を向けて並ぶロングシート（L）にできる車両のことである。ずっと昔から国鉄をはじめとして各鉄道会社で試作されてはいたが、実用化したのは近鉄である。また、国鉄で試作した車両でクロスシートにして運用したとき料金を取るという考えはなかった。

実用化した近鉄のL／Cカーは長距離急行に採用した。ラッシュ時にロングシートにするのはあくまで乗り降りをスムーズにさせるためであり、閑散時のクロスシートが本来の姿である。そしてクロスシートにしたときでも料金は取っていない。

次に採用したのはJR東日本である。仙台駅と石巻駅を結ぶ仙石《せんせき》線の4両編成のうち石巻寄り1両に採用した。やはり料金は取っていない。現在は仙石東北ラインの開業で常時ロングシートで走っている。

このL／Cカーを夕夜間の下りに走らせて指定料金を取り始めたのが東武東上線のTJライナーである。TJライナーで走らないときはロングシートにして一般車として走る。自社の伊勢崎線のようにリクライニングシートを多数並べる特急車を採用しなかったのは、東上線ではホームドアを設置するが、ホームドアの可動柵は4扉車に対応しており、扉位置が異なる特急車を走らせにくい。さらに閑散時には座席を保証する列車を走らせても利用する人はいないということで4扉のL／Cカーにした。

東武東上線でTJライナーの運転開始後、西武のSトレイン、京王の京王ライナー、東急大井町線のQSEAT車はL／Cカーを使用した指定席列車を朝夕ラッシュ時などに走らせている。たしかに座席指定のこれらの列車に乗れば座れて快適ではある。

座席指定列車と一般列車の両方に使えることで重宝する車両と評価されるが、逆にどっちつかずの中途半端な車両であるといえる。

指定席列車でないロングシートモード時に扉間の座席数は6人である。通常は7人だから1人少ない。1両で6人少ないのである。ロングシートでも座れば快適だが、6人少ないのは通勤電車として、あまりよろしくない。

クロスシートモードにしたとき料金を取るが、これが高い。TJライナーは470円か370円、西武Sトレインは510円、京王ライナーは410円、東急QSEATは400円である。

シートピッチは短いものの、座り心地がいい座席ではあるが、リクライニングはしないし、窓がなく外を見ることができない座席もある。小田急ロマンスカーなどの特急車の座席にくらべると安っぽい。座席確保料金として200円程度がいいところだろう。

高くしているのは座席確保システムの構築に費用がかかったからだろうが、そうはいっても高い。京急が座席確保列車のウィング号を走らせている。快特用2100系を使用して座席保証料金として運転開始当初は200円と格安だった。現在は指定席制になったので300円に値上げしたが、それでも他にくらべて安い。

もう一つは座席指定時の座席数が少ないことである。中間車1両の座席定員は最大48人と少ない。地下鉄に直通できる小田急MSE車の中間車の定員は最大で68人である。それにくらべると少なすぎる。

少ないぶん、それに見合った収益を上げるためには料金を高くするしかない。また、座席指定のこれら列車に多数が乗車すれば、そのぶん、前後を走る一般電車の混雑が緩和する。つまり、指定席列車であっても混雑緩和に一役買っているのだ。

座席定員が少ないと、その貢献度合いは小さい。1両当たり20人多ければ、それだけ一般電車に乗る乗客が減る。

京王　扉に面した踊り場は無駄な空間

東急　ロングシート時の扉間の座席は通常タイプの7人にくらべ1人足りない6人

これらL／Cカーに乗ってみると、いかにも各扉に面している踊り場のスペースがもったいないと思えてならない。

このスペースに100円程度の立席承知料金を徴収して乗せるのもいいが、「立っているのに100円取るのか」ということで不評を買ってしまう。

かつて関西の京阪特急と阪急京

都線特急には各車両に折りたたみ椅子を20脚ほど置いていた。立っている客に対するサービスである。しかし、急停車したときに危ないということで、扉側の座席の背面に収納式補助椅子を設置する形に変更した。

そこでL／Cカーには踊り場の床に固定でき着脱可能な補助椅子を設置する。あるいはクロスシートに固定して京阪や関西の新快速と同じ構造の補助椅子を設置する。そして200円程度の割引料金を徴収するのがいいだろう。

とはいえ、2種類の料金体系は煩雑である。料金を払ってまで座る座席ではない。

中途半端なL／Cシートを改造して2扉リクライニングシートにしてもいいはずである。また両端の妻部《つまぶ》の座席はロングシートである。一般車は3人掛けだがL／Cカーは3人掛けにしてゆったりさせている。これをボックス式クロスシートにすると1両で4人分座席が増える。ホームドアは両端の扉だけ開くように対応改造することは難しくはない。

ようするに一般車としての使用はやめて座席指定専用にするのである。閑散時に走らせてもそれなりに需要はあるはずだし、一般車と違う雰囲気になることから誤乗も防げる。

たとえば京王はライナー用に5000系を5編成用意した。これを前記のように2扉車の専用指定席車に改造して、昼間時に新宿―高尾山口間に高尾ライナーとして走らせると3編成を使用して40分毎にできる。

高尾山は国際的観光地化しているから、閑散時に走らせても需要があるはずである。

西武もL／Cカーを専用車に改造して、昼間時は新木場―新宿線本川越間やそれこそ元町・中華街

—西武秩父間に走らせればいい。

東上線では昼間時に走る自由席で料金不要の川越特急にクロスシートモードにしたL／Cカーを使用している。これが本来のL／Cカーの使い方である。

小田急ロマンスカーGSE車は通勤利用もされている。それでいて扉は1か所しかない。しかも扉の幅は狭く、その分座席スペースに割り当てられる。そして4扉対応のホームドアを付けた駅に停車しても、1両に4か所あるうちの1か所のホームドアの可動柵に合わせるように対応している。同様にすればいいだけである。ライナーが停車すれば、対応する可動柵だけを開けるようにすることは簡単である。

L／Cカーの2扉化をやりたくないとすれば、閑散時にクロスシートモードにしても料金不要の優等列車に充てるのがいい。東武東上線では川越特急の増発、西武は快速特急の昼間時の運転、京王は特急としてL／Cカーを使用すればいい。

そして指定席列車は座席が多く快適な専用車両を投入するのが本来あるべき姿である。

京王八王子駅に停車中の京王ライナー

1両に1か所しか扉を開けない

混雑率は各社とも共通した計算方法でやっていない

表の混雑率の欄は国土交通省が公表しているもの、その右側の厳密計算混雑率は国土交通省が各社に指示している輸送力算出方法をより厳密に計算しなおしたものである。

順位	路線名	区間	混雑率	厳密計算混雑率
42	東武伊勢崎線	小菅→北千住	150	150
43	千葉都市モノレール	千葉公園→千葉	130	150
44	山手線外回り	上野→御徒町	151	149
45	根岸線	新杉田→磯子	154	148
46	京急本線	戸部→横浜	143	147
47	東京臨海高速鉄道	大井町→品川シーサイド	137	147
48	京成押上線	京成曳舟→押上	149	146
49	横浜市ブルーライン	三ツ沢下町→横浜	140	145
50	埼玉高速鉄道	川口元郷→赤羽岩淵	128	144
51	東急多摩川線	矢口渡→蒲田	137	140
52	東北線	土呂→大宮	142	139
53	東武野田線	新船橋→船橋	139	139
54	五日市線	東秋留→拝島	133	135
55	東武野田線	初石→流山おおたかの森	136	135
56	東武東上線	北池袋→池袋	136	134
57	東急池上線	大崎広小路→五反田	131	134
58	東西線	高田馬場→早稲田	130	133
59	青梅線	西立川→立川	131	132
60	東葉高速鉄道	東海神→西船橋	120	130
61	浅草線	本所吾妻橋→浅草	133	129
62	相模鉄道	平沼橋→横浜	135	129
63	京成本線	大神宮下→京成船橋	130	128
64	小田急江ノ島線	南林間→中央林間	127	126
65	東武野田線	北大宮→大宮	125	124
66	京王相模原線	京王多摩川→調布	124	124
67	新京成電鉄	上本郷→松戸	120	121
68	新京成電鉄	前原→新津田沼	118	120
69	金沢シーサイドライン	新杉田→南部市場	113	114
70	埼玉新都市交通	鉄道博物館→大宮	112	113
71	西武有楽町線	新桜台→小竹向原	112	111
72	ゆりかもめ	竹芝→汐留	99	107
73	江ノ島電鉄	石上→藤沢	92	104
74	北総鉄道	新柴又→京成高砂	91	103
75	東京モノレール	浜松町→天王洲アイル	101	101
76	中央緩行線	代々木→千駄ヶ谷	95	95
77	多摩都市モノレール	泉体育館→立飛	93	93
78	小田急多摩線	五月台→新百合ヶ丘	72	72
79	関東鉄道常総線	西取手→取手	66	70
80	流鉄流山線	小金城趾→幸谷	63	67
81	山万ユーカリが丘線	地区センター→ユーカリが丘	33	34
82	関東鉄道竜ヶ崎線	竜ヶ崎→佐貫	21	22

混雑率順位

順位	路線名	区間	混雑率	厳密計算混雑率
1	東西線	木場→門前仲町	199	203
2	総武緩行線	錦糸町→両国	196	195
3	横須賀線	武蔵小杉→西大井	197	194
4	千代田線	町屋→西日暮里	179	194
5	東急田園都市線	池尻大橋→渋谷	182	194
6	日暮里・舎人ライナー	赤土小学校前→西日暮里	189	193
7	東海道本線	川崎→品川	191	187
8	南武線	武蔵中原→武蔵小杉	184	187
9	京浜東北線北行	大井町→品川	185	186
10	東急目黒線	不動前→目黒	174	185
11	中央快速線	中野→新宿	182	183
12	東急東横線	祐天寺→中目黒	172	183
13	赤羽線(埼京線)	板橋→池袋	183	182
14	総武快速線	新小岩→錦糸町	181	178
15	京浜東北線南行	川口→赤羽	171	172
16	武蔵野線	東浦和→南浦和	173	172
17	丸ノ内線	新大塚→茗荷谷	169	170
18	半蔵門線	渋谷→表参道	168	170
19	横浜市グリーンライン	日吉本町→日吉	161	170
20	南北線	駒込→本駒込	159	169
21	銀座線	赤坂見附→溜池山王	160	167
22	有楽町線	東池袋→護国寺	165	167
23	横浜線	小机→新横浜	165	166
24	丸ノ内線	四ツ谷→赤坂見附	165	166
25	東急大井町線	九品仏→自由が丘	155	166
26	京葉線	葛西臨海公園→新木場	166	165
27	京王線	下高井戸→明大前	165	165
28	つくばエクスプレス	青井→北千住	169	163
29	高崎線	宮原→大宮	164	160
30	日比谷線	三ノ輪→入谷	157	160
31	三田線	西巣鴨→巣鴨	158	160
32	西武新宿線	下落合→高田馬場	159	159
33	新宿線	西大島→住吉	156	158
34	西武池袋線	椎名町→池袋	159	158
35	大江戸線	中井→東中野	159	157
36	山手線内回り	新大久保→新宿	158	156
37	常磐線快速・中電	松戸→北千住	154	154
38	副都心線	要町→池袋	152	154
39	常磐線緩行	亀有→綾瀬	152	152
40	井の頭線	池ノ上→駒場東大前	149	151
41	小田急小田原線	世田谷代田→下北沢	157	151

一番混んでいるのは東京メトロ東西線の木場《きば》→門前仲町間である。公表値は１９９％だが厳密計算では２０３％と４ポイント高い。東急田園都市線の池尻大橋《いけじりおおはし》→渋谷間は公表値よりも12ポイントも差がある。

どうしてこれだけの違いがあるかというと、公表値は東急電鉄独自のスペックによる各車両の定員をそのまま国土交通省に提出しているからである。混雑時間帯の輸送力を通過車両数で割ったものが

1両当たりの平均の定員である。東急スペックでは149・4人だが、厳密計算では140人になる。平均定員を7%も多めにしているから、混雑率にこれだけの差が出てしまうのである。1位の東西線の平均定員は142・4人である。東京メトロも平均定員を少しだけ多めにしている。JRはほぼ厳密計算と合致している。

過去に遡って混雑率をみてみると、東急と東京メトロはずっと自社のスペックの定員で計算している。しかも車両の基本構造が変わらないのに年々定員を増やしている。混雑率を意図的に下げるために増加させているとは思わないが、やはり厳密に計算すべきである。

同じ床面積でも中間車の定員が違う。
東急5000系の定員は152人

東京メトロ東西線ワイドドア車は154人

東武60000系は140人

混雑区間と混雑時間帯

混雑率は国土交通省が算出しているのではなく、各社が自社のデータを国土交通省に提出し、それを国土交通省が取りまとめて発表している。しかし、前述したようにそのデータのうち輸送力が各社まちまちなので、どこが混んでいるのか、空いているのか、きちっと見分けることができない。

混雑率は、該当する路線の一番混んでいる片道方向での区間を割り出し、その区間のピーク時1時間の乗客数（輸送量）を輸送力で割ったパーセンテージである。

混雑率と乗車率を混同しがちだが、乗車率は指定席列車での利用率である。このため100％を超えることはない。多くの列車で自由席があるために、乗車率150％とか発表されることがあるけれども基本的には指定席の利用率なので100％を超えない。

輸送量は交通量調査などで掌握した数値を使うが、100桁以下は四捨五入をしている路線もある。また、最混雑1時間としているが、そうでない路線も多い。

平成29年度の混雑率は西武鉄道池袋線では7時26分〜8時25分の59分にしていたり、江ノ島電鉄では走らせている列車のダイヤに合わせて7時24分〜8時12分の48分にしていた。平成25年度の小田急小田原線は7時46分〜8時48分の1時間2分にしていた。

西武鉄道はパターンダイヤにしていて15分を1サイクルにしている。その間に6本の電車が走っていると、1時間分の3サイクルでは24本になるが、1時間だと、そこに別のサイクルの1本が加わっ

田園都市線南町田グランベリーパーク駅ですでに満員

て25本になってしまう。あくまで3サイクルぶんの合計で計算するために59分にしていた。

同様に江ノ電では12分毎の運転だから、1時間の運転本数は5本ということになるが、7時24分から8時24分にすると運転本数は6本になってしまう。西武と同様に本来は1分短い7時24分から8時23分あるいは公表通り8時12分にするのが正解といえる。

平成25年度の小田急が1時間2分にしていたのは特急ロマンスカーがちょうど、混雑時間帯1時間の最終に入っていたからである。ロマンスカーは輸送力に含まないために、これを除くと1時間に29本の運転になってしまう。ラッシュ時は2分毎の運転、つまり1時間に30本走らせているのにロマンスカーが入ることで29本になってしまう。これを避けるためだった。現在は複々線になったことで、1時間に36本の運転が実現して変則的な時間帯の採用はやめている。

平成30年度からは、どの路線でも1時間ぶんにしているが、江ノ電は相変わらず運転本数は5本にしている。西武池袋線もそうである。

最混雑区間は1駅間にすることになっているが、JR五日市線は東秋留《ひがしあきる》→拝島として途中の熊川《くまがわ》駅を省略している。関東鉄道竜ヶ崎線は終点の竜ヶ崎→佐貫《さぬき》間にしている。実際は入地《いれじ》→佐貫間である。首都圏では竜ヶ崎線と五日市線だけだが、他の都市圏ではこのようなことは結構多い。

混雑率(JR)

路線名	区間	時間帯	輸送人員	編成両数	本数	通過車両数	輸送力	平均定員	混雑率	修正輸送力	修正平均定員	修正混雑率
東海道本線	川崎→品川	7:39～8:39	66780	13	19	247	35036	141.8	191	35796	144.9	187
横須賀線	武蔵小杉→西大井	7:33～8:33	36790	13	10	130	18640	143.4	197	18940	145.7	194
山手線外回り	上野→御徒町	7:40～8:40	56430	11	23	253	37444	148	151	37766	149.3	149
山手線内回り	新大久保→新宿	7:40～8:40	58990	11	23	253	37444	148	158	37766	149.3	156
中央快速線	中野→新宿	7:55～8:55	81000	10	30	300	44400	148	182	44172	147.2	183
中央緩行線	代々木→千駄ヶ谷	8:01～9:01	32240	10	23	230	34040	148	95	34086	148.2	95
東北線	土呂→大宮	6:56～7:56	36580	13	14	182	25816	141.8	142	26376	144.9	139
高崎線	宮原→大宮	6:57～7:57	42300	13	14	182	25816	141.8	164	26376	144.9	160
京浜東北線南行	川口→赤羽	7:39～8:39	63390	10	25	250	37000	148	171	36900	147.6	172
京浜東北線北行	大井町→品川	7:35～8:35	71250	10	26	260	38480	148	185	38376	147.6	186
常磐線快速・中電	松戸→北千住	7:18～8:18	59640	13 15	9 10	267	38852	145.5	154	38809	145.4	154
常磐線緩行	亀有→綾瀬	7:23～8:23	51150	10	24	240	33600	140	152	33600	140	152
総武快速線	新小岩→錦糸町	7:34～8:34	64150	13	19	247	35416	143.4	181	35986	144.9	178
総武緩行線	錦糸町→両国	7:34～8:34	75230	10	26	260	38480	148	196	38532	148.2	195
南武線	武蔵中原→武蔵小杉	7:30～8:30	40860	6	25	150	22200	148	184	21800	146	187
横浜線	小机→新横浜	7:39～8:39	37110	8	19	152	22496	148	165	22306	146.8	166
武蔵野線	東浦和→南浦和	7:21～8:21	29430	8	15	120	16800	140	173	17090	142.4	172
根岸線	新杉田→磯子	7:14～8:14	28480	10	13	130	19240	148	154	19188	147.6	148
五日市線	東秋留→拝島	7:04～8:04	7070	6	6	36	5328	148	133	5232	145.3	135
青梅線	西立川→立川	7:03～8:03	29836	6 10	9 10	154	22792	148	131	22608	146.8	132
赤羽線(埼京線)	板橋→池袋	7:50～8:50	51050	10	19	190	27960	147.2	183	27976	147.2	182
京葉線	葛西臨海公園→新木場	7:29～8:29	53740	8 10	8 15	224	32280	144.1	166	32564	145.3	165

混雑率(地下鉄)

路線名	区間	時間帯	輸送人員	編成両数	本数	通過車両数	輸送力	平均定員	混雑率	修正輸送力	修正平均定員	修正混雑率
浅草線	本所吾妻橋→浅草	7:30〜8:30	30576	8	24	192	23040	120	133	23664	123.3	129
日比谷線	三ノ輪→入谷	7:50〜8:50	42754	8	27	216	27216	126	157	26730	123.8	160
銀座線	赤坂見附→溜池山王	8:00〜9:00	29240	6	30	180	18300	101.6	160	17520	97.3	167
丸ノ内線	新大塚→茗荷谷	8:00〜9:00	38815	6	31	186	22989	123.6	169	22878	123	170
丸ノ内線	四ツ谷→赤坂見附	8:10〜9:10	36722	6	30	180	22248	123.6	165	22140	123	166
東西線	木場→門前仲町	7:50〜8:50	76674	10	27	270	38448	142.4	199	37800	140	203
東西線	高田馬場→早稲田	8:00〜9:00	44564	10	24	240	34176	142.4	130	33600	140	133
三田線	西巣鴨→巣鴨	7:40〜8:40	26546	6	20	120	16800	140	158	16640	138.7	160
南北線	駒込→本駒込	8:00〜9:00	25317	6	18	108	15948	147.7	159	14940	138.3	169
有楽町線	東池袋→護国寺	7:45〜8:45	56254	10	24	240	34176	142.4	165	33600	140	167
千代田線	町屋→西日暮里	7:45〜8:45	78583	10	29	290	44022	152.7	179	40600	140	194
新宿線	西大島→住吉	7:40〜8:40	35861	8 10	4 13	162	22960	141.7	156	22664	139.9	158
半蔵門線	渋谷→表参道	8:00〜9:00	64422	10	27	270	38448	142.4	168	37800	140	170
大江戸線	中井→東中野	7:50〜8:50	24726	8	20	160	15600	97.5	159	15720	98.3	157
副都心線	要町→池袋	7:45〜8:45	34526	8 10	10 8	160	22752	142.2	152	22360	139.8	154
横浜市ブルーライン	三ツ沢下町→横浜	7:30〜8:30	15150	6	14	84	10836	129	140	10418	124	145
横浜市グリーンライン	日吉本町→日吉	7:15〜8:15	11625	4	19	76	7220	95	161	6840	90	170

混雑率(大手私鉄)

路線名	区間	時間帯	輸送人員	編成両数	本数	通過車両数	輸送力	平均定員	混雑率	修正輸送力	修正平均定員	修正混雑率
東武伊勢崎線	小菅→北千住	7:30〜8:30	67956	大10 大8 大6 中8	12 7 4 18	344	45314	131.7	150	45256	131.6	150
東武東上線	北池袋→池袋	7:30〜8:30	45023	10	24	240	33120	138	136	33600	140	134
東武野田線	北大宮→大宮	7:30〜8:30	14487	6	14	84	11592	138	125	11648	138.6	124

東武野田線	初石→流山おおたかの森	7:10〜8:10	11251	6	10	60	8280	138	136	8320	138.6	135
東武野田線	新船橋→船橋	7:00〜8:00	12678	6	11	66	9108	138	139	9152	138.6	139
西武池袋線	椎名町→池袋	7:30〜8:30	47807	8 10	12 12	216	30072	139.2	159	30192	139.8	158
西武新宿線	下落合→高田馬場	7:31〜8:31	53283	8 10	10 16	240	33412	139.2	159	33460	139.4	159
西武有楽町線	新桜台→小竹向原	7:32〜8:32	24331	8 10	2 14	156	21716	139.2	112	21832	139.9	111
京成本線	大神宮下→京成船橋	7:20〜8:20	19810	6 8	5 12	126	15246	121	130	15536	123.3	128
京成押上線	京成曳舟→押上	7:40〜8:40	34660	8	24	192	23232	121	149	23664	123.3	146
京王線	下高井戸→明大前	7:40〜8:40	62428	10	27	270	37800	140	165	37740	139.7	165
井の頭線	池ノ上→駒場東大前	7:45〜8:45	29172	5	28	140	19600	140	149	19320	138	151
京王相模原線	京王多摩川→調布	7:20〜8:20	20835	10	12	120	16800	140	124	16800	140	124
小田急小田原線	世田谷代田→下北沢	7:31〜8:31	75482	8 10	6 30	348	49416	142	157	49962	144	151
小田急江ノ島線	南林間→中央林間	7:08〜8:08	19136	6 8 10	3 6 4	106	15052	142	127	15229	144	126
小田急多摩線	五月台→新百合ヶ丘	7:26〜8:26	9662	6 8 10	8 2 3	94	13348	142	72	13435	142.9	72
東急東横線	祐天寺→中目黒	7:50〜8:50	54376	10 8	10 14	212	31650	149.3	172	29624	139.7	183
東急目黒線	不動前→目黒	7:50〜8:50	36946	6	24	144	21264	147.7	174	19968	138.6	185
東急田園都市線	池尻大橋→渋谷	7:50〜8:50	73504	10	27	270	40338	149.4	182	37800	140	194
東急大井町線	九品仏→自由が丘	7:30〜8:30	27014	5 7	14 7	119	17472	146.8	155	16282	136.8	166
東急池上線	大崎広小路→五反田	7:50〜8:50	11532	3	24	72	8832	122.7	131	8616	119.7	134
東急多摩川線	矢口渡→蒲田	7:40〜8:40	10054	3	20	60	7360	122.7	137	7180	119.7	140

路線名	区間	時間帯	輸送人員	編成両数	本数	通過車両数	輸送力	平均定員	混雑率	修正輸送力	修正平均定員	修正混雑率
京急本線	戸部→横浜	7:30〜8:30	45909	12 8 6	16 2 8	256	32000	125	143	31226	122	147
相模鉄道	平沼橋→横浜	7:31〜8:31	48055	8 10	2 24	256	35560	139	135	37376	146	129

混雑率(中小私鉄)

路線名	区間	時間帯	輸送人員	編成両数	本数	通過車両数	輸送力	平均定員	混雑率	修正輸送力	修正平均定員	修正混雑率
関東鉄道竜ヶ崎線	竜ヶ崎→佐貫	6:30〜7:30	168	2	3	6	810	135	21	756	126	22
関東鉄道常総線	西取手→取手	7:00〜8:00	1621	2	9	18	2520	140	66	2304	128	70
流鉄流山線	小金城趾→幸谷	7:00〜8:00	888	2	5	10	1415	141.5	63	1320	132	67
新京成電鉄	上本郷→松戸	7:23〜8:23	12482	6	14	84	10444	124.3	120	10276	122.2	121
新京成電鉄	前原→新津田沼	7:06〜8:06	11457	6	13	78	9698	124.3	118	9542	122.2	120
北総鉄道	新柴又→京成高砂	7:24〜8:23	11150	8	11	88	12320	140	91	10846	123.3	103
東葉高速鉄道	東海神→西船橋	7:09〜8:07	21779	10	12	120	18216	151	120	16800	140	130
東京臨海高速鉄道	大井町→品川シーサイド	8:00〜9:00	23570	10	11	110	17180	156.2	137	16040	145.8	147
埼玉高速鉄道	川口元郷→赤羽岩淵	7:14〜8:14	18019	6	15	90	13230	147	128	12480	138.7	144
つくばエクスプレス	青井→北千住	7:30〜8:30	31022	6	22	132	18304	138.7	169	19060	144.4	163
江ノ島電鉄	石上→藤沢	7:10〜8:10	1375	4	5	20	1500	75	92	1320	66	104
東京モノレール	浜松町→天王洲アイル	7:45〜8:45	10550	6	18	108	10440	96.7	101	10440	96.7	101
多摩都市モノレール	泉体育館→立飛	7:24〜8:24	3841	4	10	40	4120	103	93	4120	103	93
千葉都市モノレール	千葉公園→千葉	7:30〜8:30	2133	2	10	20	1635	81.8	130	1420	71	150
山万ユーカリが丘線	地区センター→ユーカリが丘	6:55〜7:50	368	3	8	24	1120	46.7	33	1064	44.3	34
埼玉新都市交通	鉄道博物館→大宮	7:02〜8:01	4026	6	14	84	3598	42.8	112	3556	42.3	113
日暮里・舎人ライナー	赤土小学校前→西日暮里	7:20〜8:20	8322	5	18	90	4410	49	189	4320	48	193
ゆりかもめ	竹芝→汐留	8:00〜9:00	5844	6	19	114	5928	52	99	5472	48	107
金沢シーサイドライン	新杉田→南部市場	7:26〜8:26	4010	5	15	75	3540	47.2	113	3510	46.8	114

定員の数値はかなりいい加減である

混雑時間帯の取り方は59分間にするのが正確である。というよりも通勤圏の列車ダイヤの基本は5秒単位にしているから、59分55秒間にするのが一番正確である。そして到着駅の到着時間である。

輸送力はそこに走っている各車両の定員を合計したものである。国土交通省は定員の算出基準として、各車内の運転室と機械設置場所等の面積を除いた客室だけの有効床面積を0・35m^2で割った数字を旅客定員とすると定めている。この場合、小数点以下の端数は切り捨てる。0・35m^2で割るのはロングシート車の場合である。

クロスシート車の場合は0・4m^2で割った数値を定員とするが、座席数に対するクロスシートの割合が20％未満はロングシート車の基準にし、80％以上はオールクロスシート車の基準と同じ総座席数を旅客定員にするとしている。オールクロスシート車は座席数イコール定員にするとしている。

首都圏にはないが、関西圏や中京圏、福岡都市圏では3扉オール転換クロスシート車がある。扉部分は広いために立席定員を考慮する必要がある。また、JR東日本の4扉セミクロスシート車の場合は、クロスシートの座席幅が狭いため立積面積が広くなる。このため0・4m^2で割るのも問題である。

そこで本書や『関西圏鉄道事情大研究』ではクロスシート部分の面積を除いた床面積を0・35m^2で割り、この人数にクロスシート部分の座席数を合計したものを定員にした。厳密計算でもこれを採用した。相当に混んでいてもボックス席の中に立席客が入り込むことはほとんどないから、これが一番正確な定員といえよう。

0・35m^2は59cm四方の面積である。人が立っても座っても、圧迫感があまりない空間である。といっても4畳半の部屋に23人がいる状態、本間サイズ（955mm×1910mm、1・8241m^2）の畳1畳に5・2人がいる状態である。本来はすし詰め状態といえるのが定員である。

JR常磐線の各停の1両平均の定員は140人

同じ構造なのに東急東横線の平均定員は149.3人

JRと同じ構造の相鉄セミクロスシート車。オールロングシート車の定員より1人少ないだけである

20m通勤電車の平均定員は140人か148人

首都圏に多い車両の長さ20mの通勤電車というのは、車体長で見ると19・5mである。車体の前後にある連結器が車体からはみ出している長さは0・25mで、それを引くと19・5mになる。

そして妻面《つまめん》（連結側の壁）の厚さは車両によってまちまちだが、国鉄最初の新性能電車の101系でみると100㎜なので車内の長さは19・3mになるが、いろいろな機器を収納するために窓下に85㎜ほどの肉厚をとっている。このため19・135mが有効長となる。車体の幅は2・8mだが、側壁の厚さを100㎜とすると車内幅は2・6mになる。

車内の幅と長さを掛け合わせた49・75㎡が有効床面積であり、0・35㎡で割ると142・1457人になり、小数点以下を切り捨てた142人が定員ということになる。

しかし、先頭車は運転席があることから、運転席の面積3・3㎡（国鉄103系の場合）を引いた46・45㎡が有効床面積であり、その定員は132人となる。

中間車8両、先頭車2両の10両編成の定員は1400人、1両当たりの平均定員は140人ということになる。

その後、乗務員室の面積を広げたりしているものの、101系の場合、0・7人分を切り捨てているので拡大しても、定員は変わらない。

また、103系の後期車の側壁の肉厚は90㎜になり、これだと中間車1両につき定員は1人増えて、10両編成では１４０８人なって、平均定員は１４０・08人になるが、鉄道業界では小数点以下を表さないときは、四捨五入にせず切り捨てにするから、平均定員は１４０人のままである。

８両編成の場合、総定員は１１１６人、平均定員は１３９人、６両編成の総定員は８３２人で平均定員は１３８人、４両編成では総定員５４８人、平均定員１３７人と平均定員は減っていくものの、国鉄は誤差の範囲だとして20ｍ通勤電車の定員を一律１４０人とした。その値で混雑率を運輸省、それを引き次ぐ国土交通省に提出し、国側も異論をはさまなかった。そして大半の私鉄や地下鉄もそれを踏襲した。

ＪＲは20ｍ通勤車にも広幅車を導入するようになった。ホームにかかる高さでは幅を２・８ｍより広くするわけにはいかないが、ホーム面から上の車体側面は特急電車などと同様に膨らまして、40㎝ほどの高さのところで２・95ｍと１５０㎜広くした。

ドア部分でみると床面の面積は変わらないものの、人間の胴体部分の高さでは広くなる。足の部分は面積を取らないが、胴体部分は面積を取る。有効面積を計算するうえで、１５０㎜広くしてもいいということである。ただし、超満員時に扉に接して立つことになると姿勢が傾く。広幅車で非常に混んでいるときは扉部分に立たないほうが安定する。

また、座席部分で１５０㎜広くなるから、やはり有効床面積は広くなる。最初の広幅車の２０９系でみると有効床面積は中間車で53・１０２５㎡で１５１・７人、先頭車で48・２４８８㎡で１３７・９人である。

10両編成の総定員は小数点以下を切り捨てて計算すれば１４８２人、平均定員は１４８人となる。

ＪＲは通常幅車の１４０人と同様に、４両編成であっても広幅車の平均定員を１４８人にした。

しかし、私鉄や地下鉄のなかには、それを守っていないところもある。東京メトロの20ｍ車運用線区の平均定員は小数点以下１桁で四捨五入した場合で南北線と副都心線を除いて１４２・４人、副都心線は１４２・２人、南北線は１４７・７人にもなっている。地下鉄車両は基本的に広幅車を導入できず、すべて通常幅車だが、南北線の平均定員は広幅車に近い。

東京メトロでは自社のスペックによる定員計算を提出している。８０００系の場合、自社のスペックでは中間車が１４４人、先頭車が１３６人だから総定員は１４２４人になる。そして平均定員は小数点以下１桁を入れるとすると１４２・４人である。

しかし、８０００系の車体の長さは先頭車で19・５８１ｍ、中間車で19・５ｍ、幅は２・78ｍであり、側壁の肉厚は１００㎜、連結面は１８５㎜となっている。中間車の有効床面積は49・３５５４m^2で０・35m^2で割った定員は１４１人と少ない。同様に先頭車は１２２人、10両編成で１３７２人でしかない。平均定員は１３７・２人で自社スペックの定員より５・２人少ない。

南北線の９０００系の自社スペックの定員は先頭車が１４０人、中間車のうち車椅子スペースがある車両は１５１人、ない車両は１５０人にしている。ここから立席定員と着席定員について定員の算出方法を変えていることがわかる。いずれにしても８０００系よりも定員は多くなっている。６両編成の定員は８８２人である。

ところが平均定員は１４７人になるはずなのにさらに多い１４７・７人になっている。先頭車の車体長は20・16ｍと長くしているが、乗務員室の長さは２・21ｍとＪＲの２０９系などの１・86ｍにくら

東急東横線電車（写真下）は通常幅車なので、平均定員は140人のはず、横浜線（写真上）は広幅車なので148人である

べて長く、客室有効長はかえって195㎜短くなっている。

57頁の表にあるように東急田園都市線に至っては平均定員が149・4人にもなっている。田園都市線で使われている5000系の総定員は自社スペックで1498人、平均定員149・8人である。

しかし、国土交通省へは相互直通する他社の車両を考慮して平均定員149・4人と少しだけ下回った数値で提出している。いずれにしても広幅車よりも定員が多いのはおかしい。

多くの鉄道会社では通常幅車の定員は140人として計算してきたし、JRも通常幅車を使っている常磐緩行線は総定員を1400人、平均定員140人にしている。

常磐緩行線は東京メトロ千代田線と相互直通しているから、千代田線の平均定員も14

2・4人から140人にしないと比較にならない。

そして千代田線と同じ車両構造になっている半蔵門線も140人にする必要があり、そこに乗り入れている東急田園都市線の総定員も140人にしなければならない。というよりもそうするのが当たり前である。東武鉄道や京王電鉄は国土交通省計算基準に従っている。

東武鉄道の旧式車両の8000系は自社スペックの定員は170人だが、これでは他の車両の定員とあまりにも違いすぎる。そこで国土交通省へは140人にして提出している。

田園都市線の平均定員149・4人は水増ししすぎである。これで混雑率を計算すると182%となるが、平均定員140人で混雑率を計算しなおと194%と非常に混んでいることになる。

水増し率が大きいのは北総鉄道である。北総鉄道の車両は京成や京浜急行と同じ18m中形車である。18m中形車の定員は中間車で125人、先頭車で114人である。8両編成では978人、平均定員122・3人である。しかし、北総鉄道は平均定員を20m大形車と同じ140人にしている。混雑率は91%としているが、実際は104%と100%を超える。

JRも自社スペックの定員がある。E233系中距離電車ではクロスシートトイレ付先頭車の定員を135人、クロスシート中間車は161人、ロングシート中間車は160人にしている。中間車ではロングシート車よりもクロスシート車を多くしている。グリーン車を除く13両1編成の定員は1991人、平均定員153・2人と多い。

しかし、国交省へ出した定員はクロスシートトイレ付先頭車で124人、クロスシート中間車で144人、ロングシート車で151人としている。国交省の定員算出基準をきちっと守っている。

首都圏の混雑に対応しているE233系セミクロスシート車

多くの路線は水増し輸送力となっているが、東京メトロの日比谷線のように少なくなっている路線もある。とにかく、正確に統一された定員計算をしている鉄道は首都圏ではJRと西武鉄道、京王電鉄、東武鉄道、小田急くらいしかない。

ただし10両編成と8両編成とは乗務員室が占める割合が違うから、当然、平均定員も異なるので、一律140人にすべきではない。また、中央線の233系には6両＋4両編成となった10両編成がある。前後にだけ乗務員室がある10両編成よりも定員は当然少ない。

さらに車種が異なる車両が同じ線路に走っている路線ではそれを考慮する必要がある。たとえば埼京線ではJRは広幅車だが、乗り入れている東京臨海高速線は通常幅車である。

臨海高速線の大半は地下線だが、地下線は国鉄の通常の電化山岳複線トンネルの規格で掘削された。とくに新木場―東京テレポート間は貨物列車の走行を前提にしているから、極端に言えば蒸気機関車でも走行は可能である。このために広幅車の走行もできる。

小田急も古い車両は広幅車、新しい車両は地下鉄千代田線に乗り入れもするために通常幅車、そして最新の5000形は再び広幅車になっていて混在している。東武伊勢崎線では大形車と中形車が走っている。

JRの中距離電車やつくばエクスプレスではセミクロスシート車が連結されている。当然、定員は少なくなるが、国土交通省が定めたように0・4m^2で割るのでは定員が少なくなりすぎるので、実際にそぐわない。

そこでボックスクロスシートの部分を除いた有効床面積を0・35m^2で割った人数にボックスシートの座席定員を足したもので計算したほうがいいし、さらに中距離電車にはトイレがあるため、これも有効床面積から除く必要がある。これで計算してもロングシート車にくらべてそれほど定員は減らない。

4人ボックス席の面積は1・49m^2である。セミクロスシートの中間車にはボックス席が6個あるから合計の面積は8・94m^2である。これを0・35m^2で割ると25人である。一方、ボックス席は4人掛けで中間車のボックス席の定員は24人なので、ロングシート車よりも1人だけ少なくなるという結果になる。

ボックス長は1・5mしかない。2列当たりのシートピッチは750mmしかない。JR西日本の223系のシートピッチは910mmである。またE233系の2人席の掛け幅は995mm、223系は1010mmである。E233系のボックス席は狭いことから居心地はあまりよくない。逆に言うとE233系中間車のロングシート車よりも6人座席定員が多く、より多くの人が座れる。関西の223系の中間車の座席数は56人、前記計算方法での立席定員は79人、計135人に対して、E233系の座席定員は60人、立席定員は87人、計147人である。

E233系は首都圏の混雑しているクロスシート車に対応した座席である。それなのに今後投入される総武快速・横須賀線のE235系の普通車はオールロングシートなので乗る楽しみがなくなってしまう。

パート2

「新線計画」分析

首都圏で建設中の新線はわずかだが、計画は多数

現在、首都圏で建設中の新路線は東急新横浜線全線と相鉄新横浜線の羽沢横浜国大―新横浜間、それに本格着工には至っていないが、インフラ整備中の宇都宮ＬＲＴだけである。

すでに多くの計画路線が開通してしまったこともあるが、鉄道を建設しても旨味がないという理由で新線建設に熱心でなくなった鉄道会社が多くなったということである。

相模鉄道が建設に熱心なのは、どうしても東京都心へのルートを確保したい。確保しないと自社の沿線人口が減ってしまう。これを危惧したためである。

もう一つ、熱心なのはＪＲの羽田空港への乗り入れである。国鉄時代には新幹線の羽田空港乗り入れを画策していたことがあった。東海道新幹線の大井車両基地への回送線を車両基地から羽田空港に延ばすというものだった。しかし、新線建設は莫大な費用がかかる。新線建設によって国鉄の財政がひっ迫してしまい、結局分割民営化されてしまった。

それを引き継いだＪＲも新線建設には完全に不熱心だった。鉄道建設公団が建設した京葉線の品川ふ頭―新木場間は路盤が完成したのにＪＲの路線として引き受けなかった。この結果、東京臨海高速鉄道が引き受けて開通させた。ただし同鉄道の株式の2・41％はＪＲ東日本が所有している。

第2常磐線の建設は国鉄が常磐開発線として計画したものである。この建設についてはＪＲ東日本は出資すらしなかった。そしてつくばエクスプレスとして開通した。当然、羽田空港への乗り入れ

も、運輸省や国交省が運輸政策審議会の答申に取り上げても、まったく後ろ向きだった。

ところがＪＲの出費がさほどでもない成田空港乗り入れは行った。成田空港高速鉄道に32・97％の株式を出資して乗り入れを開始した。当時の運輸大臣だった石原慎太郎氏の鶴の一声でというよりもすでに完成していた成田新幹線の路盤への乗り入れだから費用もかからないしリスクもあまりない。

成田空港へ直通電車を走らせてみると、結構利用されるようになって大いに潤った。成田空港内でのエキナカ事業も展開できた。

それならばと国土交通省に協力してもらえる羽田空港にも乗り入れしたくなってきた。そこで東京方面と京葉線方面、新宿方面の3方面から羽田空港への路線の建設が決定した。現在環境アセスが進行中でこれが通ると、許可をもらって建設を開始する。ＪＲの羽田乗り入れは決定しているのである。

しかし、国交省がぜひともしたい内際直結、つまり成田空港と羽田空港を結ぶ高速の計画路線については、まったくなにも答えていない。中央線の混雑緩和のための京葉線東京駅から新宿を経て三鷹《みたか》に至る路線などもそうである。

国交省として認定しているのは、目標年次を２０１５年とした運輸政策審議会答申18号で、未完成になってしまった24路線を平成28年（２０１６）４月に「東京圏における今後の都市鉄道の在り方について」という表題で答申した。

同答申では目標年次を定めていないが、おおむね平成42年を念頭に置いて整備するとした。平成42年はもうない。平成42年は令和12年（２０３０）のことである。また、答申18号のフォローアップを念頭に置いている。

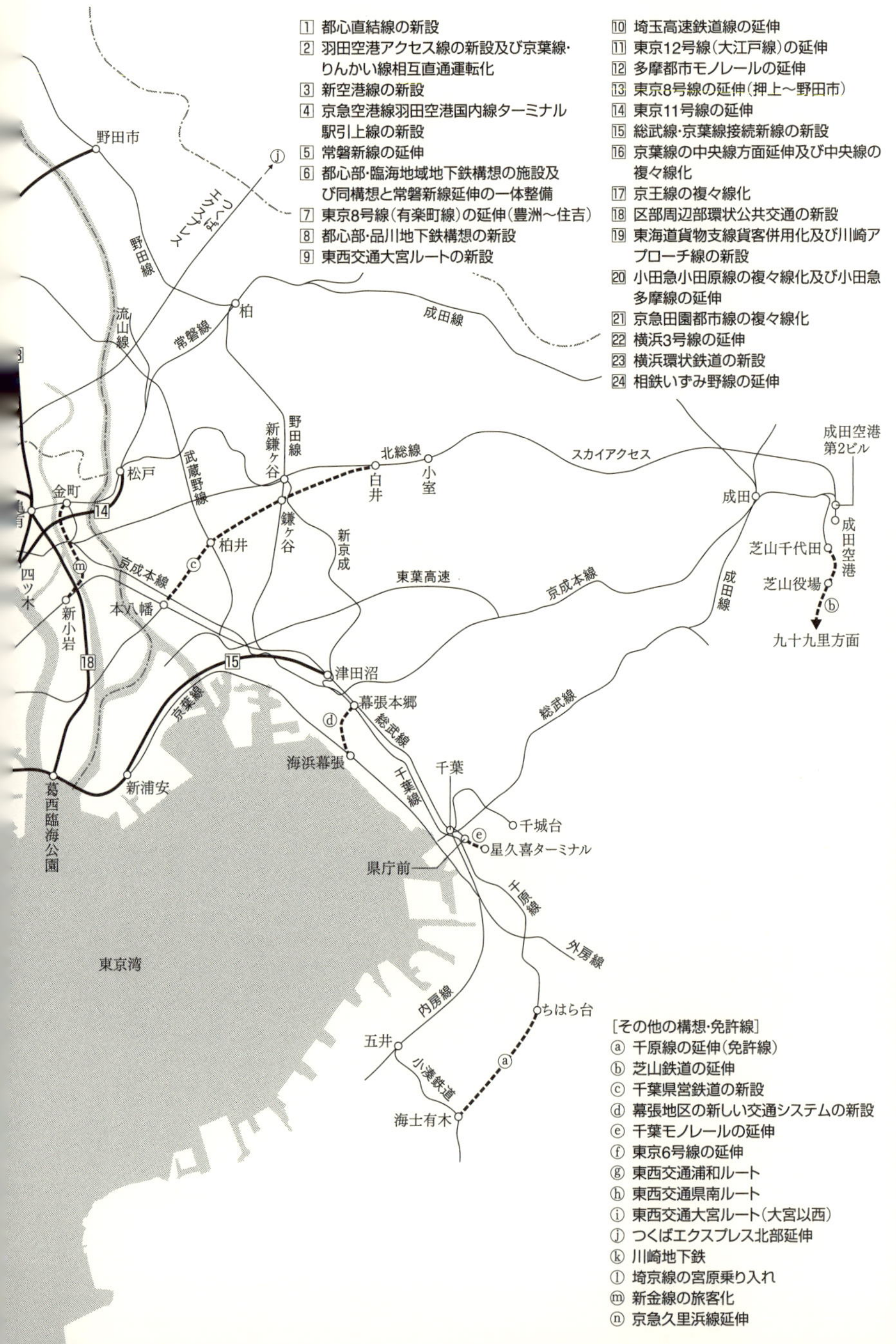
1 都心直結線の新設
2 羽田空港アクセス線の新設及び京葉線・りんかい線相互直通運転化
3 新空港線の新設
4 京急空港線羽田空港国内線ターミナル駅引上線の新設
5 常磐新線の延伸
6 都心部・臨海地域地下鉄構想の施設及び同構想と常磐新線延伸の一体整備
7 東京8号線（有楽町線）の延伸（豊洲～住吉）
8 都心部・品川地下鉄構想の新設
9 東西交通大宮ルートの新設
10 埼玉高速鉄道線の延伸
11 東京12号線（大江戸線）の延伸
12 多摩都市モノレールの延伸
13 東京8号線の延伸（押上～野田市）
14 東京11号線の延伸
15 総武線・京葉線接続新線の新設
16 京葉線の中央線方面延伸及び中央線の複々線化
17 京王線の複々線化
18 区部周辺部環状公共交通の新設
19 東海道貨物支線貨客併用化及び川崎アプローチ線の新設
20 小田急小田原線の複々線化及び小田急多摩線の延伸
21 京急田園都市線の複々線化
22 横浜3号線の延伸
23 横浜環状鉄道の新設
24 相鉄いずみ野線の延伸
[その他の構想・免許線]
ⓐ 千原線の延伸（免許線）
ⓑ 芝山鉄道の延伸
ⓒ 千葉県営鉄道の新設
ⓓ 幕張地区の新しい交通システムの新設
ⓔ 千葉モノレールの延伸
ⓕ 東京6号線の延伸
ⓖ 東西交通浦和ルート
ⓗ 東西交通県南ルート
ⓘ 東西交通大宮ルート（大宮以西）
ⓙ つくばエクスプレス北部延伸
ⓚ 川崎地下鉄
ⓛ 埼京線の宮原乗り入れ
ⓜ 新金線の旅客化
ⓝ 京急久里浜線延伸
野田市
つくばエクスプレス
野田線
流山線
常磐線
柏
成田線
新鎌ヶ谷
野田線
武蔵野線
北総線
白井
小室
スカイアクセス
成田空港第2ビル
成田
成田空港
芝山千代田
芝山役場
九十九里方面
松戸
金町
鎌ヶ谷
柏井
新京成
京成本線
東葉高速
京成本線
成田線
四ツ木
新小岩
本八幡
津田沼
幕張本郷
総武線
総武線
京葉線
海浜幕張
千葉線
千葉
千城台
星久喜ターミナル
県庁前
新浦安
葛西臨海公園
千原線
外房線
東京湾
内房線
ちはら台
五井
小湊鉄道
海士有木

首都圏新線整備全体図

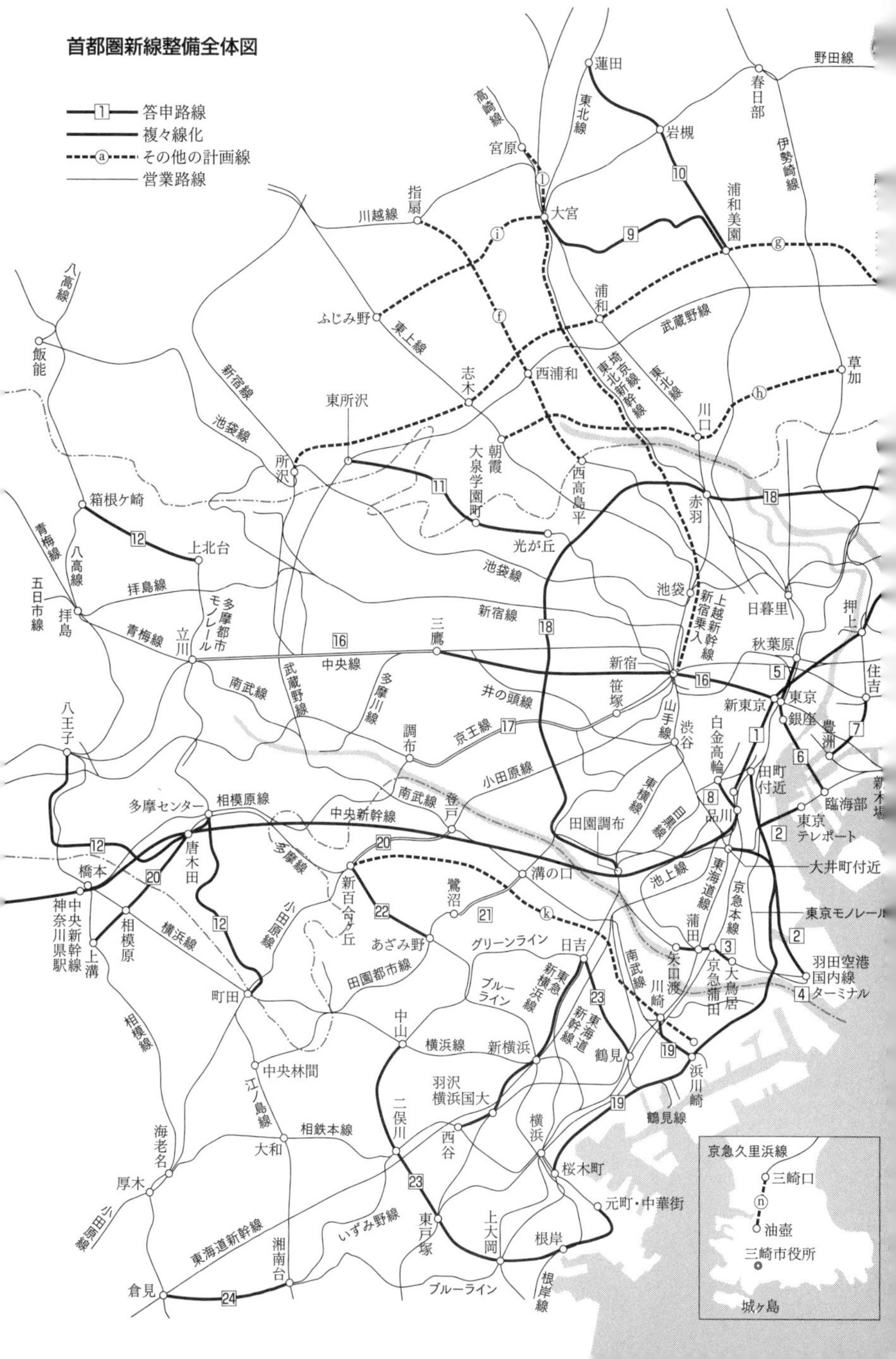

1 答申路線
複々線化
a その他の計画線
営業路線
蓮田
野田線
春日部
東北線
高崎線
宮原
岩槻
伊勢崎線
指扇
川越線
大宮
浦和美園
八高線
飯能
ふじみ野
東上線
浦和
武蔵野線
新宿線
池袋線
志木
西浦和
埼京線・東北新幹線
東北線
草加
東所沢
朝霞
川口
所沢
大泉学園町
西高島平
箱根ケ崎
赤羽
青梅線
光が丘
上北台
池袋線
池袋
五日市線
拝島
拝島線
多摩都市モノレール
新宿線
上越新幹線新宿乗入
日暮里
押上
青梅線
立川
三鷹
秋葉原
中央線
新宿
住吉
南武線
武蔵野線
多摩川線
井の頭線
笹塚
東京
新東京
八王子
京王線
山手線
渋谷
銀座
豊洲
調布
白金高輪
小田原線
田町付近
臨海部
新木場
多摩センター
相模原線
南武線
登戸
東横線
目黒線
品川
東京テレポート
中央新幹線
田園調布
唐木田
大井町付近
橋本
多摩線
溝の口
池上線
東海道線
京急本線
東京モノレール
神奈川県駅
中央新幹線
相模原
小田原線
新百合ヶ丘
鷺沼
横浜線
あざみ野
グリーンライン
日吉
蒲田
上溝
羽田空港国内線ターミナル
田園都市線
ブルーライン
東急東横線
新横浜線
南武線
矢口渡
京急蒲田
大鳥居
町田
東海道新幹線
川崎
相模線
中山
横浜線
新横浜
鶴見
中央林間
羽沢横浜国大
浜川崎
江ノ島線
二俣川
西谷
鶴見線
海老名
相鉄本線
横浜
大和
桜木町
厚木
京急久里浜線
三崎口
小田急線
元町・中華街
油壺
東海道新幹線
いずみ野線
三崎市役所
東戸塚
上大岡
根岸
湘南台
倉見
ブルーライン
根岸線
城ヶ島

首都圏新線

国際協力の強化に資する鉄道ネットワークのプロジェクト

都心直結線の新設［押上《おしあげ》―新東京《しんとうきょう》―泉岳寺《せんがくじ》間］

新答申で一番最初に取り上げられている路線である。成田と羽田の両空港を短時間で結んで内際直結路線の核にするものである。

現在、押上―泉岳寺間には都営浅草線が通っている。昼間時にエアポート快特（北総・スカイアクセス線内の種別はアクセス特急）が運転され、成田空港―羽田空港間を1時間33分で結んでいる。これをもっと短縮するのが狙いである。そのために高速運転ができるように新しく都心直結線を造り、都心直結線でも京成電鉄やスカイアクセス線と直通運転をする。

都営浅草線のエアポート快特は押上―泉岳寺間を20分で結んでいる。それを10分程度に短縮する。また、エアポート快特は昼間時に40分毎しか運転されていない。浅草線は通勤路線でもあるから終日にわたって頻繁運転はできない。

都心直結線の途中駅は新東京のみである。そして東急新横浜線と同様に大深度地下鉄として、地上の建物に制約されずに短絡ルートをとれる。

地下駅の建設はホームまで達する階段やエスカレーター、エレベーターの設置が必要でかなりの費用がかかる。駅がなければシールドマシンによって掘り進むだけでいい。

エアポート快特だけを走らせても、成田空港―羽田空間の所要時間は1時間20分程度にしかならない。しかし、京成スカイライナーを走らせると1時間未満に短縮する。それでも内際直結といえるほどにはならない。

北総鉄道の新鎌ヶ谷《しんかまがや》―印旛《いんば》日本医大《にほんいだい》間に残されている成田新幹線用用地を使って300キロ運転をすればさらに10分程度短縮して50分を切ることができる。国交省はこれも考えているようである。

しかし都心直結線の建設だけで3000億円以上することと、おそらく営業主体になる東京都は費用をどこまで負担させられるのか心配して、いい顔をしてない面がある。ただ、品川駅で新幹線と連絡することもあって、内際直結をするスカイライナー以外にも快特も頻繁運転される。これによって浅草線は一般輸送に専念でき、快特が通過する駅で昼間時に10分も待つこともなくなる。

都心直結線の新設

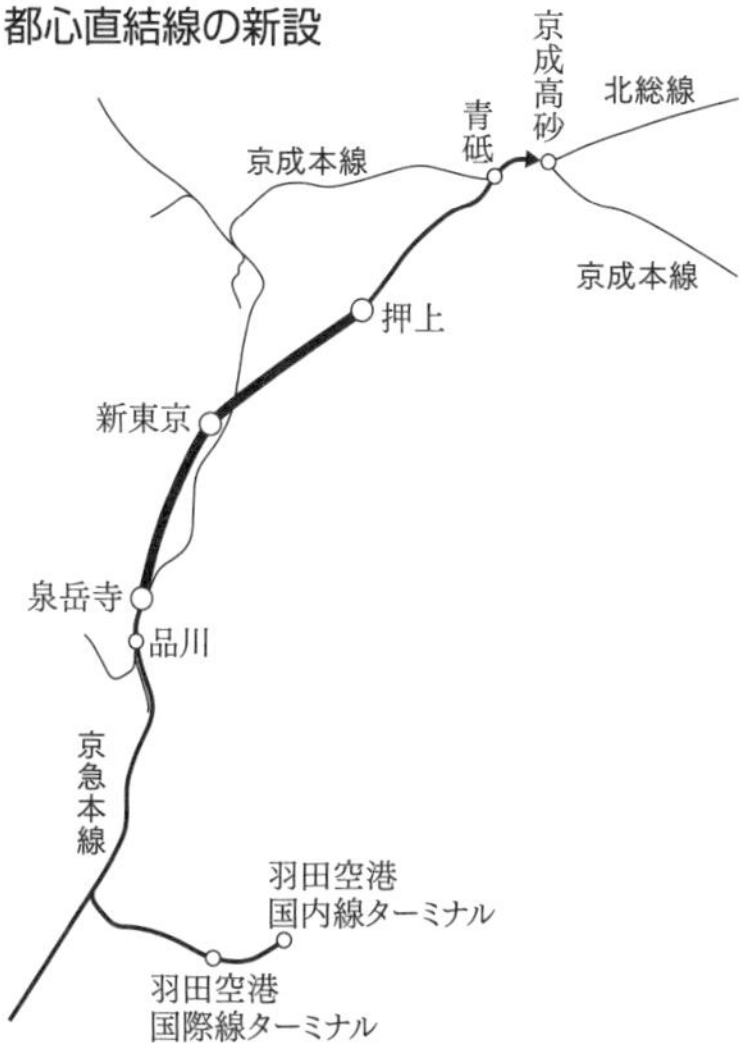

羽田アクセス線の建設

［田町付近・大井町付近・東京テレポート―東京貨物ターミナル付近―羽田空港国内線ターミナル間］

ＪＲ各線と東京りんかい線の3方面から羽田空港への新線である。田町付近からのルートは東山手ルートと呼ばれ、東海道本線と大井町付近からのルートは西山手ルートと呼ばれ、りんかい線と東京テレポート駅からのルートは臨海部ルートと呼ばれ、りんかい線と相互直通運転を行う。

臨海部ルートは新木場駅で京葉線とも直通運転をし、東山手ルートは東北本線と高崎線、常磐線とも直通運転をし、西山手ルートも山手貨物線経由で埼京線方面と中央線方面とも直通運転をする。

現在、新木場駅でりんかい線と京葉線はレールがつながっている。りんかい線電車をＪＲの工場で検査するためにつなげている。すぐにでも直通電車を走らせることができるが、例えばディズニーリゾートがある舞浜に行くのに東京駅経由かりんかい線経由か判別がつかないために行われていない。

また、りんかい線の車両基地は大井の東京貨物ターミナル（以下東京貨物タ）に隣接している。東京貨物タは南下して塩浜や鶴見、羽沢《はざわ》貨物駅を経由、小田原までの東海道貨物支線につながっている。そして東京貨物タには旅客駅の用地もりんかい線の車両基地の横に確保されている。

東京貨物タの南端から少し先に羽田空港がある。羽田空港国内線ターミナル駅の位置は京浜急行と直交した地下に設置するようである。これによって国際線ターミナルへの延伸も可能にする。

浜松町―東京貨物タ間には7・7キロの東海道貨物線がある。このうち浜松町―田町間のレールは撤去されている。田町から札ノ《ふだの》辻《つじ》陸橋までは東海道新幹線、東海道本線、山手・京浜東北線と並行し、札ノ辻陸橋の先でこれらの路線と分かれる。ここまでは単線だが、複線路盤は確保されている。

分かれて少し進むと複線になり、東海道新幹線の大井回送線と並行して進んで東京貨物タまで行く。

しかし、東海道本線と貨物支線との間には東海道新幹線がある。田町駅付近には新幹線をくぐって東海道本線につなげるスペースはない。このため先述の札ノ辻陸橋の南側あたりで東海道新幹線をくぐって接続することになる。

西山手ルートの接続駅であるりんかい線の大井町駅は上下2段式になっている。このため分岐線はりんかい線の本線を平面横断する必要はない。

課題としては新木場駅でのりんかい線と京葉線の直通運転は、東京駅を経由した客と区別がつかない。しかし、羽田空港からわざわざ大崎駅を経由して遠回りで千葉方面に行く人はいない。すべてりんかい線経由として運賃設定をすればいい。

羽田空港アクセス線の新設

また、答申では羽田アクセス線を走るのはすべて長距離列車にすることを示唆している。というのは「その整備効果が広範囲に及ぶよう本事業との連携を期待」と最後に述べている。

ようはすべて指定席列車を走らせるというものである。京葉線からの直通列車も特急だけにすれば、運賃収受ははっきりわかる。また、東北本線の久喜《くき》駅で東武伊勢崎線からの直通運転についても述べられている。それならば東山手ルートでは常磐線特急、西山手ルートでは東武特急「きぬ」と「けごん」や中央線特急「あずさ」「かいじ」の乗り入れも考えられる。

新空港線の建設［矢口渡《やぐちのわたし》—蒲田《かまた》—京急蒲田—大鳥居《おおとりい》間］

従来から蒲蒲《かまかま》線として計画されている路線である。大田区役所が入っているKBKビルの地下にはすでに蒲蒲線が通り抜ける地下空間が確保されている。

答申では矢口渡駅で東急多摩川線、大鳥居駅で京急空港線と相互直通するとしている。しかし、軌間（レールの幅）は東急が狭軌1067㎜、京急が標準軌1435㎜で異なる。乗り入れる方法として軌間可変電車を用意するか、狭軌と標準軌の両方のレールを設置するかである。地下線なので車体中心が偏る3線軌はできないから、車体中心を同じにする4線軌にしなければならない。

4線軌区間は既存の京急空港線大鳥居—羽田空港国際線ターミナル間が望ましい。東急側は東横線を経て副都心線、さらには西武池袋線と東武東上線から羽田空港への直通電車を走らせることになっている。こちらを4線軌にするわけにはいかない。また、軌間可変電車による直通運転も、相当な数の車両を用意しなければならず合理的な選択ではない。

運営主体を東急にするのか京急にするのかも未定である。現在は渋谷、新宿からは品川駅を経由している。これが蒲田経由になるのでは京急としては損失になる。蒲田—大鳥居

新空港線と白金高輪—品川間の新設

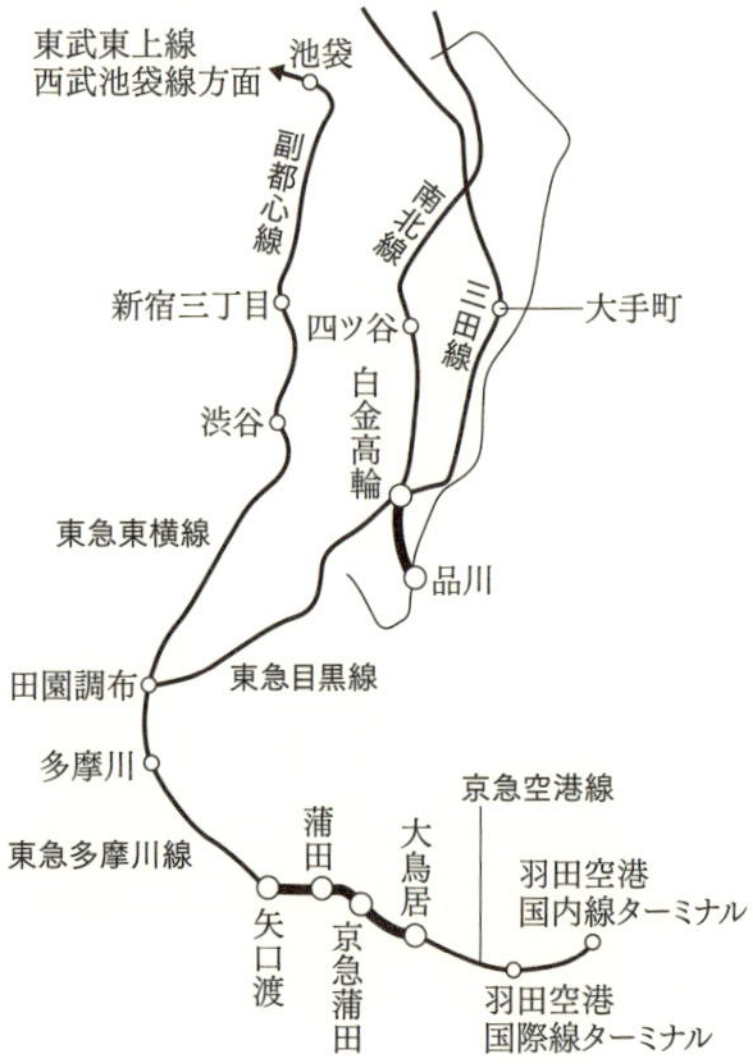

間は京急の運営にして運賃を高くして損失分を補う必要があろう。

しかし、蒲田―京急蒲田間は気軽に行き来できる必要があるので運賃を安くしたいところである。ということは矢口渡―京急蒲田間は東急、京急蒲田―大鳥居間は京急ということになろう。

京急空港線羽田空港国際ターミナル駅引上線の新設ならびに京急品川駅の改良

新しく取り上げられた事業である。羽田国際線ターミナル駅の終端に引上線を設置して運転本数を増加させるとともに、乗車ホームと降車ホームを分ける。

品川駅を地上に設置して島式ホーム2面4線にする。同時に八ツ山橋の踏切の廃止とカーブの緩和をする。

常磐新線の延伸［秋葉原―新東京間］

常磐新線はつくばエクスプレスのことである。現在の起点である秋葉原駅から東京駅まで延伸する。東京駅の位置は都心直結線の新東京駅に隣接する。

都心部・臨海地域地下鉄構想の新設及び同構想と常磐新線延伸の一体整備［臨海部―銀座―東京］

答申18号にはなかった新線計画である。臨海

常磐新線の延伸

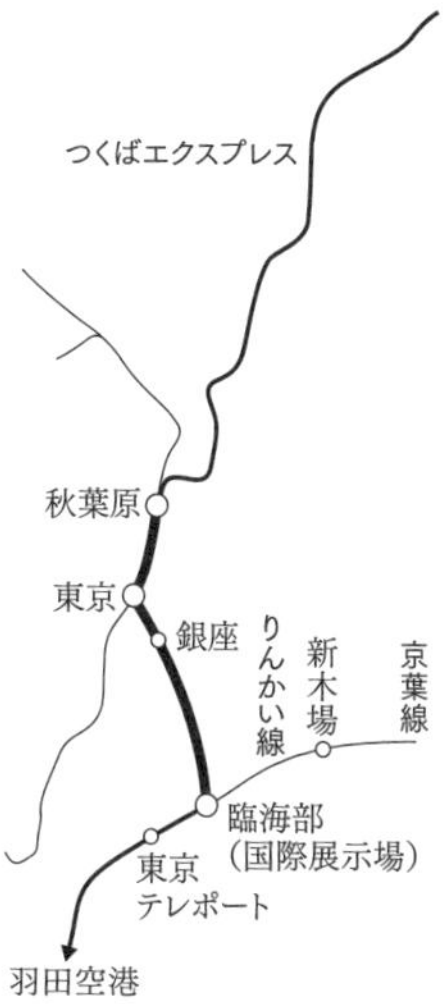

部と東京を直結して、さらにつくばエクスプレスと直通運転をする。ただし検討路線である。

東京8号線（有楽町線）の延伸［豊洲《とよす》―住吉《すみよし》間］

18号答申の前の都市交通審議会の最終答申で取り上げられた路線である。この答申では8号線有楽町線の豊洲駅から分岐して亀有駅に達する8号分岐線だった。運輸政策審議会の7号答申では途中の住吉駅で11号線半蔵門線が合流し四ツ木《よつぎ》駅まで共用区間とした。四ツ木駅から先は8号線が亀有駅まで、11号線は松戸駅まで行くとした。

なお、東京の地下鉄には番号が振られている。1号線は浅草線、2号線は日比谷線、3号線は銀座線、4号線は丸ノ内線、5号線は東西線である。開通した順ではなく、品川駅から順に高田馬場駅までの山手線の各駅から都心に向かう路線に番号を振ったものである。

東京8号線の分岐線の新設

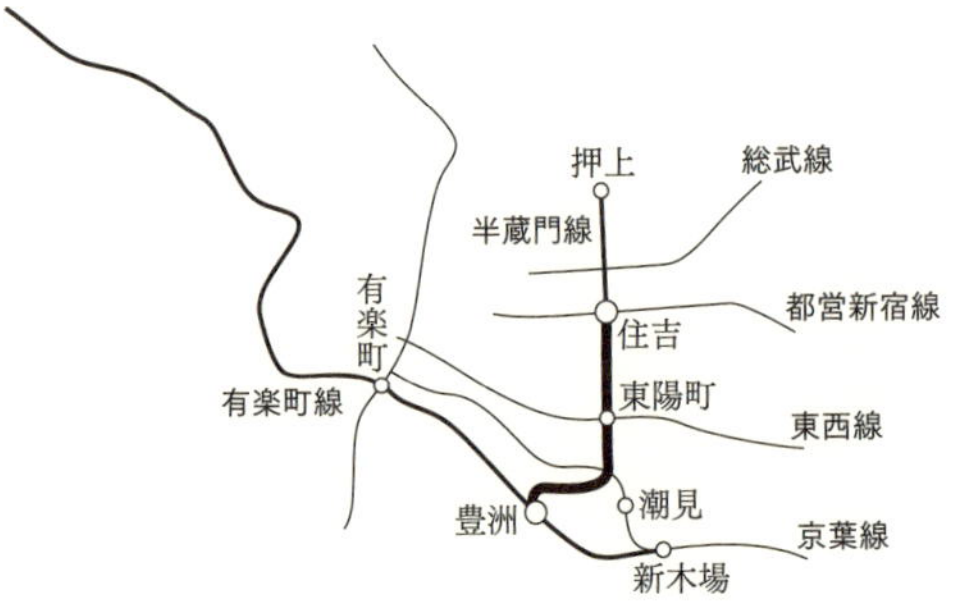

4号線丸ノ内線は池袋を終点にしている。6号線以降は計画された年代順になっている。6号線は三田線、7号線は南北線、8号線は有楽町線和光市―新木場間と豊洲―松戸間である。9号線は千代田線、10号線は都営新宿線、11号線は半蔵門線、12号線は大江戸線、13号線は副都心線（池袋―渋谷間）である。

8号線の豊洲駅には開通時から住吉駅への分岐線が分かれるよう

線路は敷かれてはいないが、島式ホーム2面4線にできるようになっている。住吉駅は上下2段式の地下駅で、ここもすでに島式ホームが設置され、将来、豊洲方面になる線路は留置線として使用されている。

豊洲―住吉間には京葉線と連絡する潮見、東西線と連絡する東陽町の2駅が設置される模様である。

都心部・品川地下鉄構想の新設［白金高輪《しろかねたかなわ》―品川間］

答申18号にはなかった計画線である。南北線と三田線が合流する白金高輪駅での両線の約半分の電車が白金高輪駅で折り返している。その折返電車を品川までのこの地下鉄新線に振り向けることで、六本木駅や神保町駅などから東海道新幹線やリニア中央新幹線の駅である品川駅に乗り換えなしで行けるようになる。

品川からは後述する京浜湾岸線品川―桜木町《さくらぎちょう》間と接続することが考えられているものと思われる。

地域の成長に応じた鉄道ネットワークの充実に資するプロジェクト

東西交通大宮ルートの新設［大宮―さいたま新都心―浦和美園間］

答申18号から引き継いだ計画線である。中量軌道システム、つまり新交通システムで建設するもので、導入空間として一部の道路は幅26mで供用しているが、すべての区間が確保されているわけではない。

新交通システムの方式は案内軌条式にしたいところだが費用がかかる。モノレールもそれなりにかかる。一番安いのはＬＲＴである。どれにするかは決まっていないが、ＬＲＴによって早期に開通させたほうがいい。

埼玉高速鉄道の延伸〔浦和美園―岩槻《いわつき》―蓮田《はすだ》間〕

埼玉県東部地区を貫通して都心と直結するとともに、岩槻駅で東武野田線と、蓮田駅で東北本線と連絡して、両線の短絡線的役目を果たす。

沿線開発を同時にしないと採算が取れないだけでなく、結構長距離路線になるので、急行運転をしないと利用されない。しかし、浦和美園以南では急行が普通を追い越せる駅は皆無だし、浦和美園駅も島式ホーム2面3線にすることができるだけである。

さらに東武もＪＲも乗客が減るとして、あまりいい顔をしていない。

大江戸線の延伸〔光《ひかり》が丘《おか》―大泉学園町《おおいずみがくえんちょう》―東所沢《ひがしところざわ》間〕

東京都区部北西部と北多摩北部および埼玉県南西部と都心部とのアクセス利便性の向上を図るものである。光が丘―大泉学園町間は道路と一体で整備することになっており、道路整備のほうは大泉学園町付近を除いて供用を開始している。

大泉学園町以北はまったくの手付かずの状態である。新座《にいざ》市を貫通して清瀬《きよせ》市を経て所沢市にある

埼玉高速鉄道の延伸

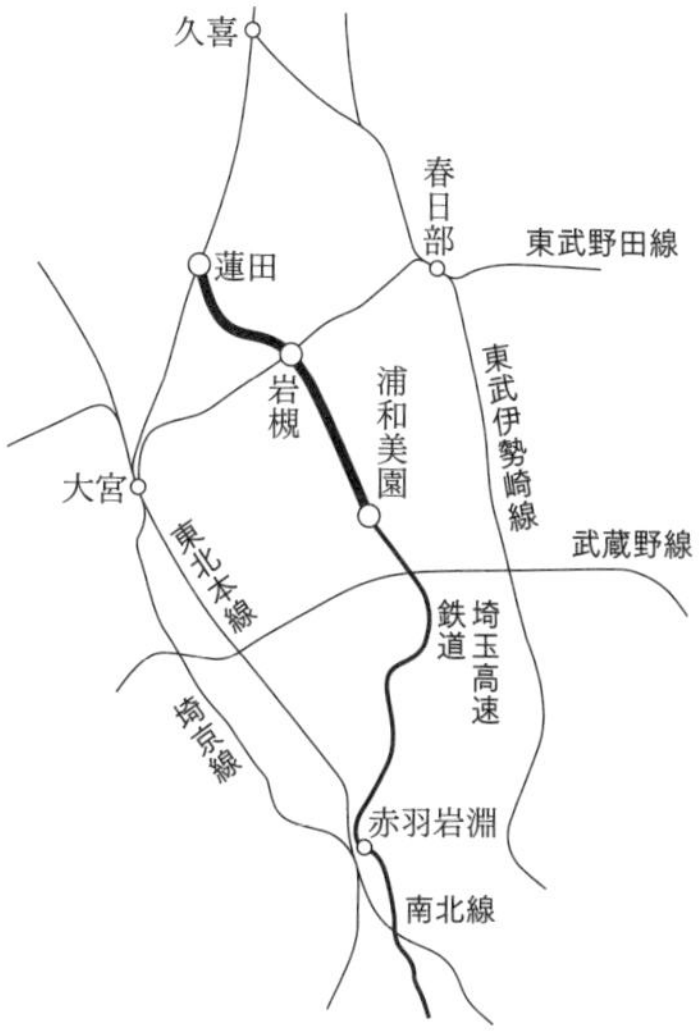

東京12号線(大江戸線)の延伸

東所沢駅に達する。新座市と所沢市は埼玉県にあるので東京都が単独で建設するわけにはいかない。埼玉県と協調して事業主体を決めなければならない。

新宿から東所沢までは結構距離がある。やはり急行運転が必要だが、既存の大江戸線には追越設備がある駅は皆無である。

多摩都市モノレールの延伸 ［上北台《かみきただい》—箱根ケ崎《はこねがさき》間、多摩センター—八王子間、多摩センター—町田間］

上北台—箱根ケ崎間の導入空間は、ほぼ全区間にわたって通ることになる新青梅街道と箱根ケ崎駅付近の都道１６６号線の拡幅工事が終了している。事業化は早いものと思われる。

多摩センター——八王子間については拡幅されていないか道路そのものがない個所が多数ある。多摩センターを出ると多摩郵便局前で右折、小田急多摩線の東側を通る都道158号線に移る。多摩市総合福祉センター前交差点で右折して尾根幹線に入る。

尾根幹線の南多摩斎場入口交差点で右折して北上する。右折前の尾根幹線までは導入空間が確保されている。しかし、北上する道路はない。ただし拡幅は可能のようである。

南大沢交差点で左折する。現在は片側1車線である。柏木小学校北交差点からは片側2車線と中央分離帯がある。京王南大沢駅の西側で同線を乗り越す。片側1車線しかないが緑地帯などがあって導入空間はある。

その先で野猿《やえん》街道に入る。野猿街道は充分導入空間がある。野猿街道は国道16号のところで終了する。T字交差の鑓水《やりみず》交差点で終了している野猿街道だがモノレールはそのまままっすぐ進んでいく。ここには道路がなく新しく都市計画道路がつくられることになっている。

東京造形大の北を通って横浜線を横切った先で、八王子みなみ野住宅地の南側に達して北上する。ここからは導入空間が確保されている道路を通る。八王子みなみ野駅の西側を北上し、つどいの森西交差点で右折し、北野街道に突き当たる。ここまでも導入空間はある。

しかし、北野街道は立ち退きを伴う道路拡幅が必要である。ただし北野街道を通る距離は短い。すぐに国道16号に達し左折して同国道上を通る。京王高尾線京王片倉《けいおうかたくら》駅の東側を乗り越すが、この辺り国道16号は片側1車線になっている。ただし拡幅用地はある。

子安町《こやすちょう》交差点で駅南通りに入って八王子駅に達する。この道路は導入空間が確保されている。

多摩センター—町田間も導入空間になる道路があまり拡幅されていない。多摩センターから多摩

多摩都市モノレール全体構想図

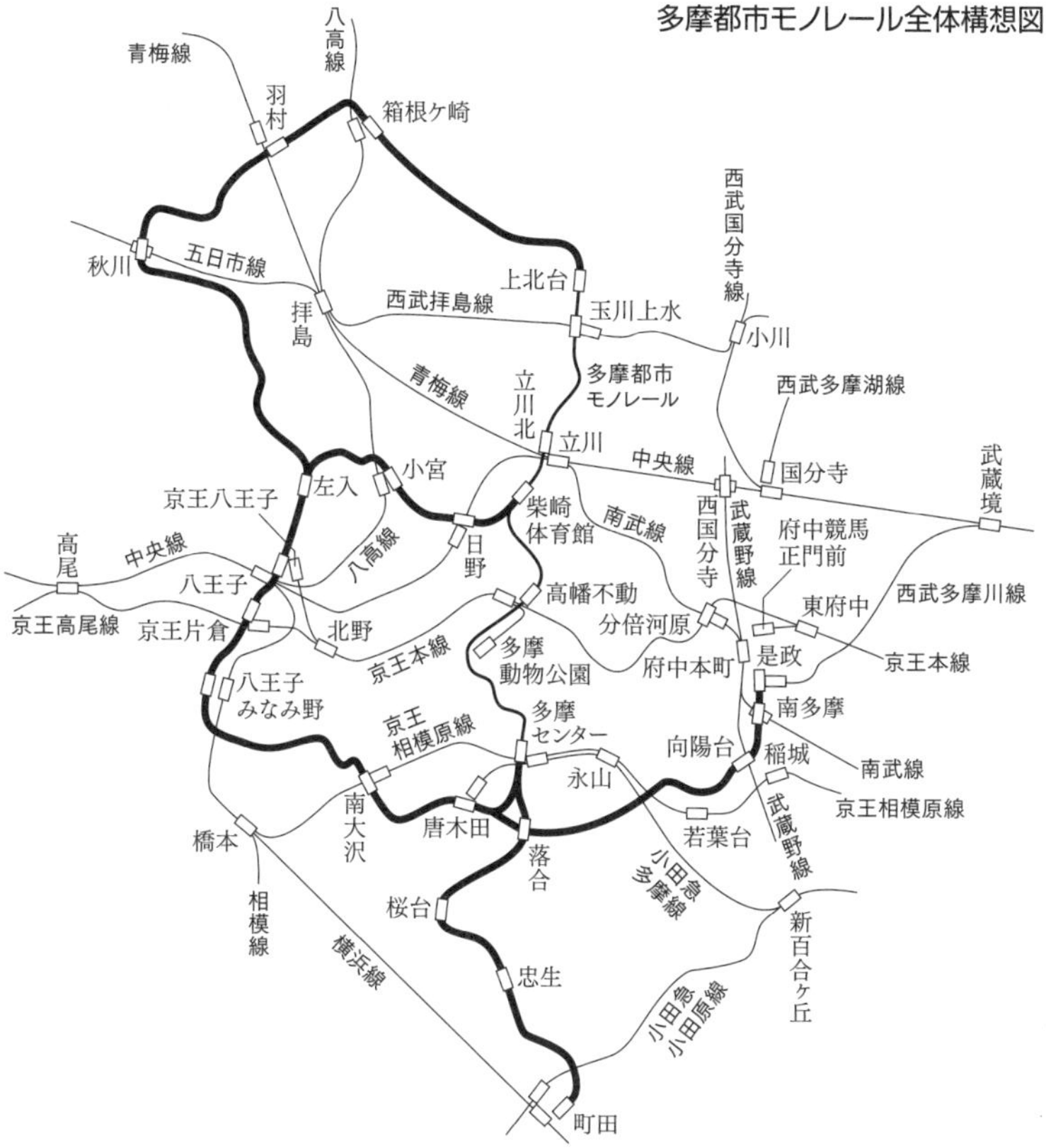

モノレール通りを南下する。尾根幹線と交差する多摩南野交差点の北側に落合《おちあい》駅が予定されている。多摩南野交差点からやや南に進んだ南野二丁目バス停付近から先は拡幅されていない。

モノレールは南下しながら徐々に西に向き変えて小山田《おやまだ》緑地の南側を東西に通り抜ける。これに沿って都市計画道路も新設される模様である。途中に、小野路《おのじ》、小山田緑地、下小山田、桜台《さくらだい》の各駅が予定されている。

通称戦車道、尾根緑道

の町田寄り端をかすめて新町田街道となる予定の都市計画道路を通る。新町田街道は導入空間が確保されている。新町田街道は木曽団地南交差点までしか完成していないが、鋭意工事中である。町田市民病院付近で町田街道バイパスにつながる。つながる手前に町田市民病院駅ができる。

桜台駅からは順に桜美林《おうびりん》学園、忠生《ただお》、木曽山崎、町田市民病院の各駅が設置される予定である。モノレールは町田街道バイパスを通らない。片側1車線で導入空間がないからである。

町田街道バイパスをかすめて協和発酵キリン東京リサーチパークの北側の敷地に沿って緩くカーブして進む。旭町体育館の横を通り、小田急を越えて芹ヶ谷公園を経て西向きになる。そして少し前に完成した原町田中央通りに入って町田駅になる。

原町田中央通りはモノレール駅ができることを想定して造られたので駅の用地も十分といっているが、町田市民病院から原町田中央通りまではまったくなにも用意されていない。道路用地を確保するにはかなりの用地買収が必要だが、一戸建て住宅の密集地帯なのでかなり難航する。

町田街道バイパスを通るルートに変更することもできない。この道路の旧町田市役所南側から原町田中央通りまでの両側にはマンションが林立している。マンションを取り壊さない限り導入空間は確保できない。

ルートを変更して町田市役所に面した通りも市役所に面した個所以外は導入空間が確保できない。町田への導入空間が確保されているのは多摩センター――小野路手前間と桜美林学園付近――町田市民病院間、町田駅前付近だけである。開通にはまだまだ時間がかかりそうであり、何度かのルート変更もありそうである。

多摩都市モノレールの延伸

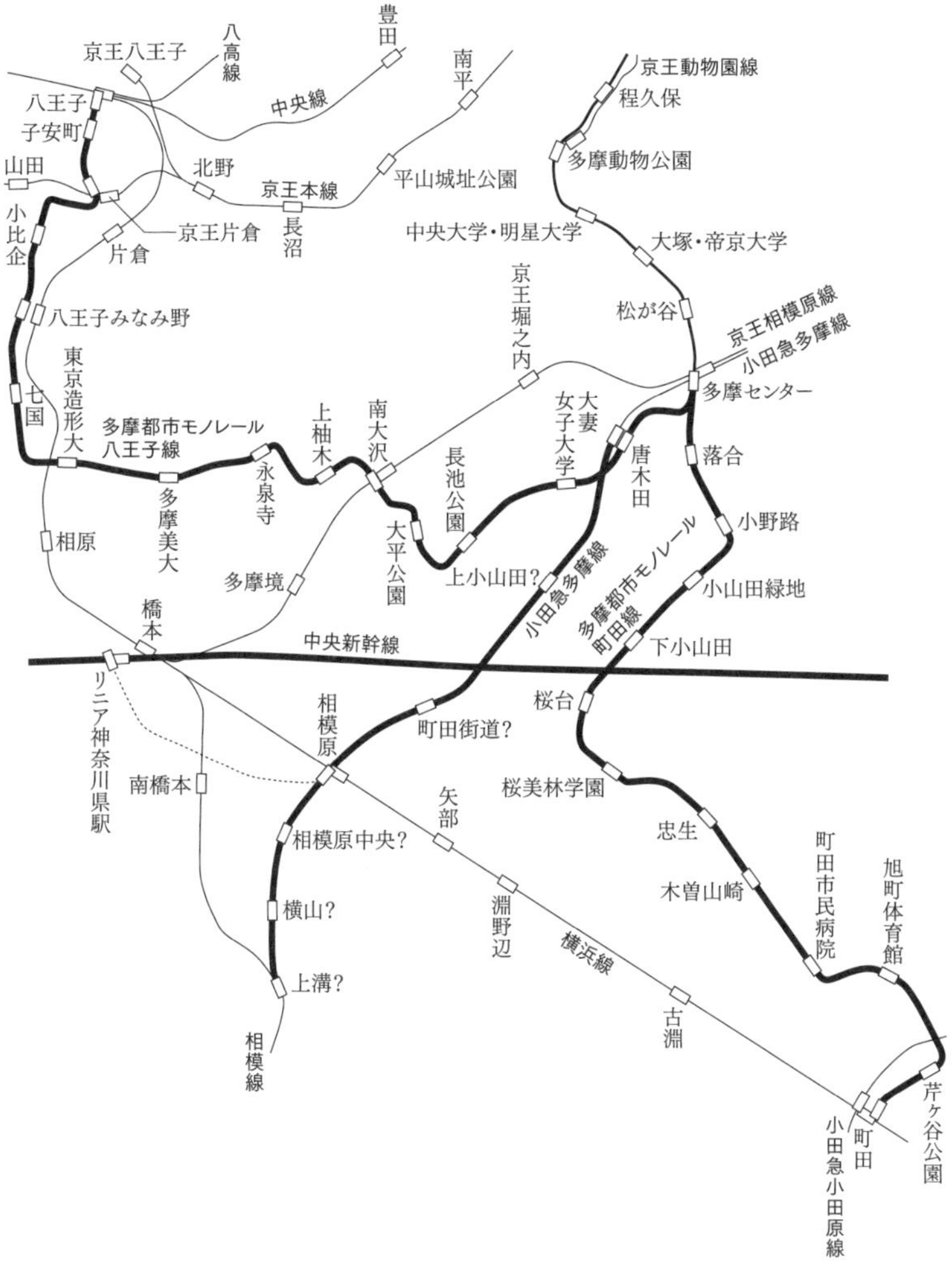

なお、多摩都市モノレールの全体構想は雄大である。多摩センター—八王子間の路線はさらにJR八王子駅を通り越して、ひよどり山道路を北上、中央道八王子IC経て左入町《さにゅう》に達する。左入町で新滝山街道方向と16号バイパスを経て小宮《こみや》方向に分かれる。

新滝山街道方向は五日市線秋川《あきがわ》駅、青梅線羽村《はむら》駅を経て八高線の箱根ケ崎駅に達して早期開業を目指している上北台からのモノレールと接続する。小宮方面は日野を経て開通している甲州街道駅と柴崎体育館駅につなげる。

多摩センターから八王子駅への路線は唐木田《からきだ》駅が設置される。その唐木田駅から東進して町田ルートの落合駅と連絡し、さらに尾根幹線を東進して小田急多摩線と京王相模原線を乗り越し、若葉台住宅の北側をかすめ向陽台で尾根幹線と分かれて北上、南武線南多摩駅を経て西武多摩川線の是政《これまさ》駅を終点とするものである。

尾根幹線については自動車専用道とともに導入空間は確保されているが、向陽台—是政間の大半は拡幅が必要である。それよりも尾根幹線をさらに東進して鶴川街道に入って南武線矢野口《やのくち》駅を経て京王線調布駅に達するほうがいい。こちらはすでに導入空間がある。

東京8号線（有楽町線）の延伸［押上《おしあげ》—野田市《のだし》間］

押上から四ツ木を経て亀有までの計画は昭和47年の都市交通市議会から取り上げられていた。運輸政策審議会では野田市までの延伸を取り上げ、今回の答申も引き継いでいる。押上—四ツ木間と開通している住吉—押上間は11号線（半蔵門線）と共用する。

野田市までは距離がある。つくばエクスプレスのように宅地開発と一体化して建設しなければならないが、今後の少子高齢化社会のなかで新しい住宅地が本当に必要なのか見極めなくてはならない。

東京8号線（有楽町線）の延伸

東京11号線（半蔵門線）の延伸
［押上―四ツ木―松戸《まつど》間］

常磐線の混雑緩和に寄与する路線で、これも都市交通審議会からずっと予定されている路線である。国道6号に沿って松戸駅まで至る。京成本線と金町《かなまち》線とほぼ並行しており、京成の乗客を減らすことになる。

京成金町駅から国道6号に沿って松戸駅までの短区間だけを建設する。しかも狭軌の半蔵門線規格ではなく、標準軌の京成規格にし、同じ規格の新京成電鉄が乗り入れればいい。

これによって新京成の乗客の多くは常磐線に乗り換えなくてもそのまま上野と浅草や日本橋に行くことができる。

総武線・京葉線接続新線の新設

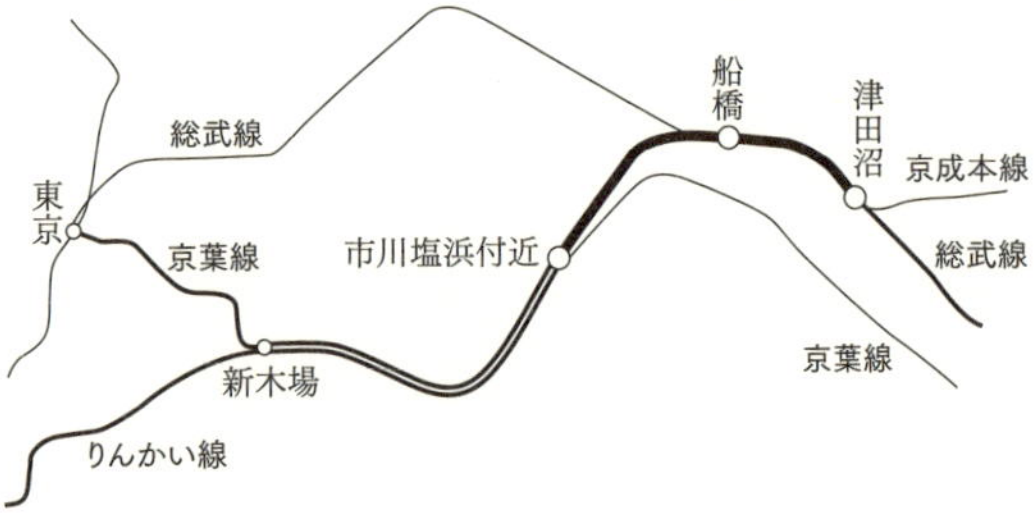

京葉線の中央線方面延伸及び中央線の複々線化

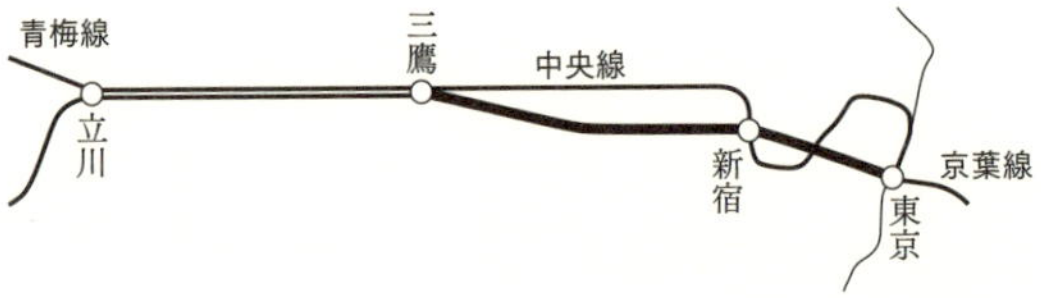

総武線・京葉線接続新線の新設
［新木場―市川塩浜《いちかわしおはま》付近―津田沼《つだぬま》間］

新木場―市川塩浜付近間は京葉線を複々線化する。津田沼駅で総武線、新木場駅でりんかい線と京葉線と、それぞれ相互直通運転をする。

運輸政策審議会の答申18号を引き継いだ計画線である。津田沼―船橋間は地下別線にする。

複々線化も含めて多くの用地は確保されている。

千葉方面と臨海副都心との利便性が向上する。また、成田空港と羽田空港を結ぶアクセス列車も走らせることができ、都心直結線とともに内際直結のJRルートが形成される。

京葉線の中央線方面延伸及び中央線の複々線化 ［京葉線東京―新宿―三鷹―立川間］

京葉線の東京駅はもともと成田新幹線の駅として計画されていた。このために他の路線と離れた位置に設置されている。国鉄は成田新幹線とリニア規格ではない中央新幹線の相互直通運転を考えていた。

それをそのまま狭軌線で行って中央線の混雑緩和と所要時間の短縮を図るようにしたものである。国鉄は三鷹《みたか》―立川間も複々線化する予定だったが、分割民営化によってとん挫した。

湘南新宿ラインと上野・東京ラインによって南北軸が形成されているが、東西軸でもこれを強化するとともに東京―新宿―三鷹間では高速運転をして特快や特急のスピードアップを図る。

大深度地下線で建設をし、途中駅は新宿駅のみ、あっても四ツ谷駅くらいにする。京葉線東京駅の終端部分はすでに延伸できる構造になっている。

三鷹駅からの複々線化は国分寺―国立間を除いて地下別線にする。国分寺駅と西国分寺駅は緩行線と快速線とで方向別複々線にすると考えられている。

総武線・京葉線接続新線を通る成田空港―甲府間の高速特急を走らせることができる。

京王線の複々線化［笹塚《ささづか》―調布《ちょうふ》間］

答申18号から引き継いでいるが、18号では検討路線のBとなっている。

計画では笹塚―つつじヶ丘間を甲州街道の地下を通る別線とし、中間駅はゼロにする。駅を建設するには費用がかかることと大変な用地が必要である。建設費を軽減するためである。

つつじヶ丘―調布間は上下2段式の複々線にするが、まずは別線線増の笹塚―つつじヶ丘間を優先して建設する。

同時に在来線を連続立体交差事業によって高架化する。すでに一部区間で高架化のための仮線の建設をはじめている。さらにネックになっている明大前《めいだいまえ》を島式ホーム2面4線にして朝ラッシュ時のノロノロ運転を解消させる。2面4線であれば停車時間を1分にしたとしても、交互に同時進入発車ができて駅の手前で信号待ちをしなくてすむ。

複々線化が完成するとラッシュ時に増発とスピードアップができる。また、線増線に途中駅がないので、急行や快速は在来線を走らせることになる。

区部周辺環状公共交通の新設［葛西臨海公園《かさいりんかいこうえん》―赤羽《あかばね》―田園調布《でんえんちょうふ》間］

葛西臨海公園―赤羽間は環状七号線（以下環七）に、赤羽―田園調布間は環状八号線（同環八）に沿って建設するものである。環七に沿う路線はメトロセブン、環八に沿う路線はエイトライナーと呼ばれて、古くから提案されている路線である。

運輸政策審議会を引き継いだものだがB路線で、このときは田園調布から羽田空港方面までも取り上げられていた。こちらは東急多摩川線があることから必要ないとして削除されている。

東急多摩川線と同じ規格にして相互直通も考えられているが、輸送需要は大きくないと考えられており、中量輸送機関であるモノレールや案内軌条式も提案されている。

東海道貨物支線貨客併用化及び川崎アプローチ線の新設［品川・東京テレポート―浜川崎《はまかわさき》―桜木町間、浜川崎―川崎新町《かわさきしんまち》―川崎間］

これも答申18号を引き継いだもので、京浜湾岸線と呼ばれている。東海道貨物支線を旅客列車も走ることができるようにするが、起点は浜松町でなく、羽田空港アクセス線の田町付近でもない品川駅としている。このあたり調整が必要だが、先述した都心部・品川地下鉄線と接続することを念頭に置いているものと思われる。

東京テレポートからは羽田アクセス線と同じルートで大井貨物タに入る。

浜川崎駅からは鶴見線を流用する。東海道貨物支線と鶴見線はレールがつながっていない。単線の乗越橋があるが、両線の接続部のレールは撤去されている。複線の乗越橋を新設する必要がある。

鶴見線は弁天橋《べんてんばし》駅の先で右にほぼ直角に曲がって鶴見駅に向かう。計画では、まっすぐに進んで工場街を貫通して、新興貨物駅で同じ東海道貨物支線の高島貨物線に接続する。高島貨物線の東高島貨物駅の先で単線になるが複線用地は残っている。

みなとみらい地区を地下線で貫通しているものの、この地下線は単線である。横浜地下鉄ブルーラ

区部周辺部環状公共交通の新設

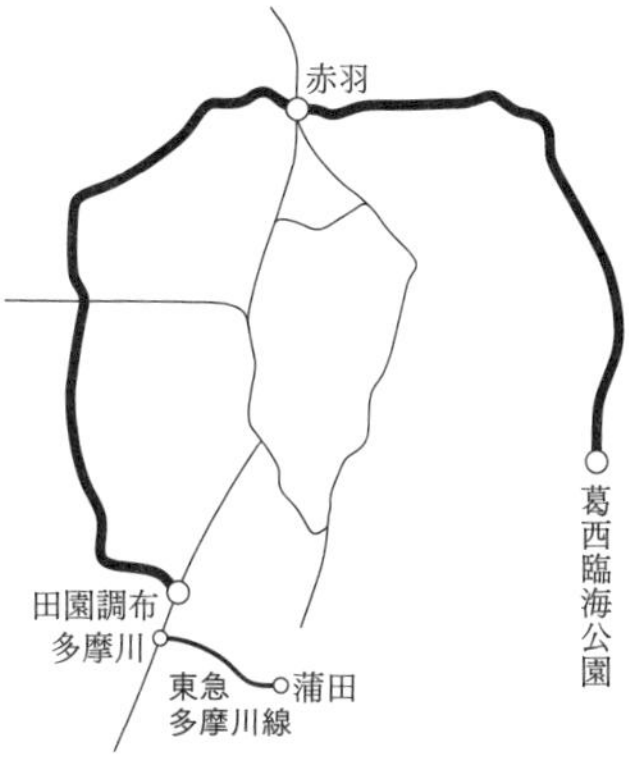

東海道貨物支線貨客併用化

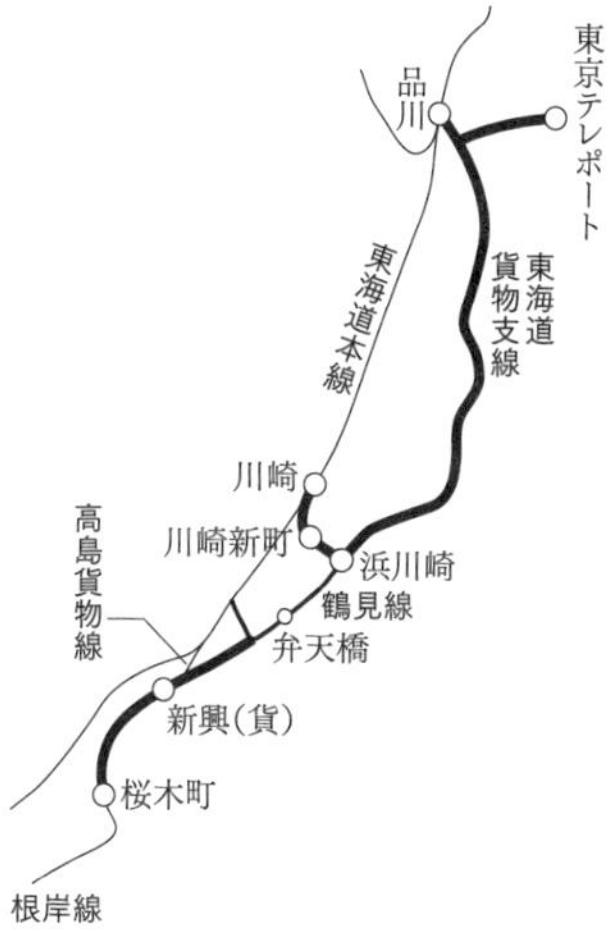

イン高島町駅の東側で地上に出て、ＪＲ根岸線の上下線に割り込んで桜木町駅で同線と合流する。

工場街を貫通する区間と東高島貨物―桜木町間の単線区間がネックであり、桜木町駅も手狭なので改良が必要である。桜木町駅の改良は旧東急東横線を用地にして島式ホーム2面4線にすることで解決する。工場街を貫通させなくても浜川崎から南武支線経由で鶴見に達し、同駅で高島貨物支線とつながっている。鶴見駅の貨物支線に旅客ホームはないが、貨物線は同駅で羽沢貨物駅方面の羽沢貨物線と桜木町方面の高島貨物線が分かれている。このため4本の貨物着発線が置かれている。

かつて八丁畷《はっちょうなわて》―川崎間に貨物連絡線があった。現在は売却されてマンションなどが建っている。駐車場になっているところもあるが、再び線路を敷設するわけにはいかない。八丁畷側は駐車場が多いので可能だが、川崎寄りは地下を通すしかない。

小田急小田原線の複々線化および小田急多摩線の延伸
［登戸《のぼりと》―新百合ヶ丘《しんゆりがおか》間（複々線化）、唐木田《からきだ》―相模原―上溝《かみみぞ》間］

答申18号ではいずれも複々線化がA_1路線、唐木田からの延伸はB路線とし、横浜線・相模線方面へ延伸としていたのをＪＲ相模原《さがみはら》駅を経て上溝までとした。

米軍相模総合補給廠《しょう》の一部が返還され、ＪＲ相模原駅への延伸のネック個所が解消した。懸案の小田原線の代々木上原《よよぎうえはら》―登戸間が複々線化されて一段落したことにより、多摩線の延伸が現実味を帯びてきた。

採算性がいいのは唐木田―相模原間である。このため同区間を先行開業することが検討されている。相模原—上溝間は上溝駅で相模線との乗り換え需要はさほど大きくないからである。

それならば小田急としてもリニア中央新幹線の駅が設置される橋本《はしもと》駅に乗り入れたいところなので、よりリニア中央新幹線の駅に近い位置に設置すればいい。京王とJRの橋本駅はリニアの駅から若干離れている。

小田急小田原線の複々線化及び小田急多摩線の延伸

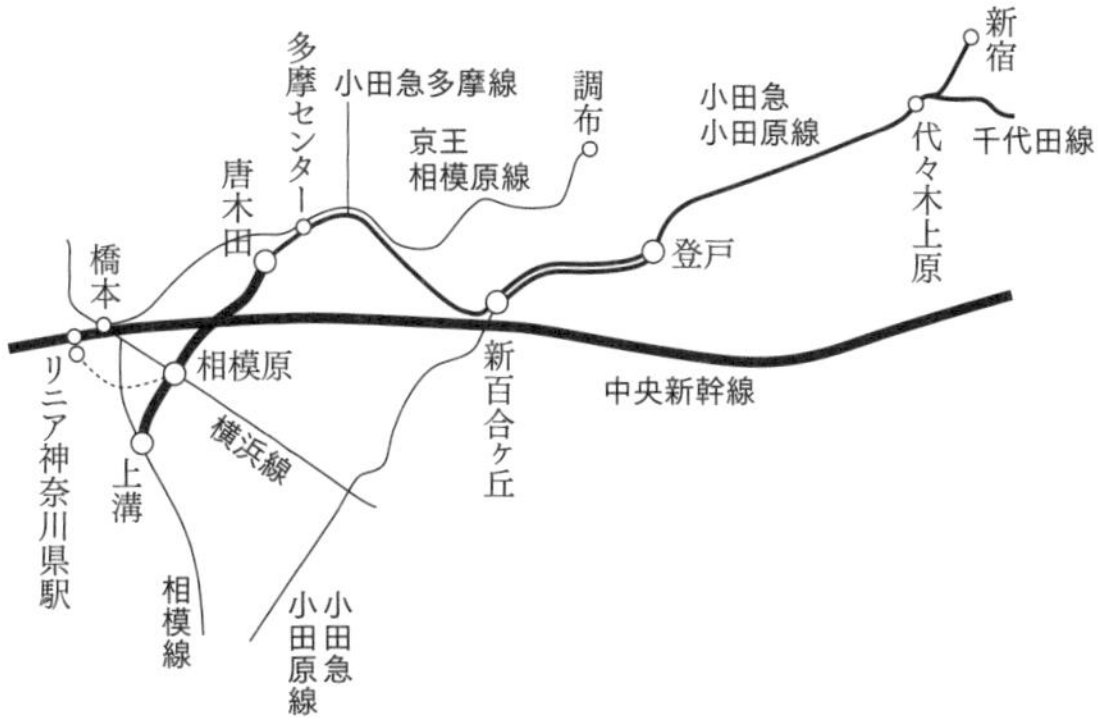

ルートとしてはJR相模原駅の先で横浜線と離れて並行している氷川通りの地下を通ってアリオ橋本をかすめた先の地下に駅を設置すれば、リニア駅と直結できる。

なお、唐木田—上溝間のルートは唐木田駅から南下して上小山田地区を経て町田街道に達して、補給廠の一部返還後に設置された道路で相模原駅に達する。

相模原駅からは南西に進んで横山公園付近を経て上溝駅に達する。大半がトンネルと地下線になる模様である。駅は上小山田、町田街道、相模原、相模原中央、横山の5駅が設置されると思われる。

登戸—新百合ヶ丘間の複々線化は費用と時間が莫大にかかる。代々木上原—登戸間の複々線化は決定して完成するまで半世紀以上かかってしまった。同じようなことになる。必要なのは朝ラッシュ時のノロノロ運転の緩和である。そのためには上り線だけを2線化するという手もある。また、向ヶ丘遊園―百合ヶ丘間は踏切が多い。このため連続立体交差による高架化が必要である。

東急田園都市線の複々線化［溝《みぞ》の口《くち》―鷺沼《さぎぬま》間］

答申18号ではB路線だった。ようは大井町線電車の鷺沼駅への延長運転のための複々線化である。溝の口―梶《かじ》が谷《や》間は途中に複線トンネルを掘削すれば早期に複々線化はできる。その先は用地取得が必要だが、小田急小田原線にくらべて全線が立体化され、掘割になっている区間が多い。法面《のりめん》をほぼ垂直にすることで線増用地を確保することもできよう。

横浜3号線（ブルーライン）の延伸［あざみ野―新百合ヶ丘間］

答申18号ではあざみ野―すすき野付近間がA_1路線、すすき野付近―新百合ヶ丘間がA_2路線としていた。すすき野付近までが横浜市内なので横浜市が建設できるが、この先は川崎市のために横浜市が出費するわけにはいかない。川崎市と費用負担について協調する必要があった。

平成31年に横浜市と川崎市の合意がなされ、令和12年（2030）ごろに開業することになった。

横浜環状鉄道の新設［鶴見―日吉間、中山―二俣川―東戸塚―上大岡―根岸―元町・中華街間］

答申18号では日吉―中山間がA_1路線、残りがA_2路線だった。A_1路線はすでに開通している。建設費を軽減するためにリニア駆動ミニ地下鉄線として開通した。このため残る区間もミニ地下鉄で造られ

横浜環状鉄道の新設

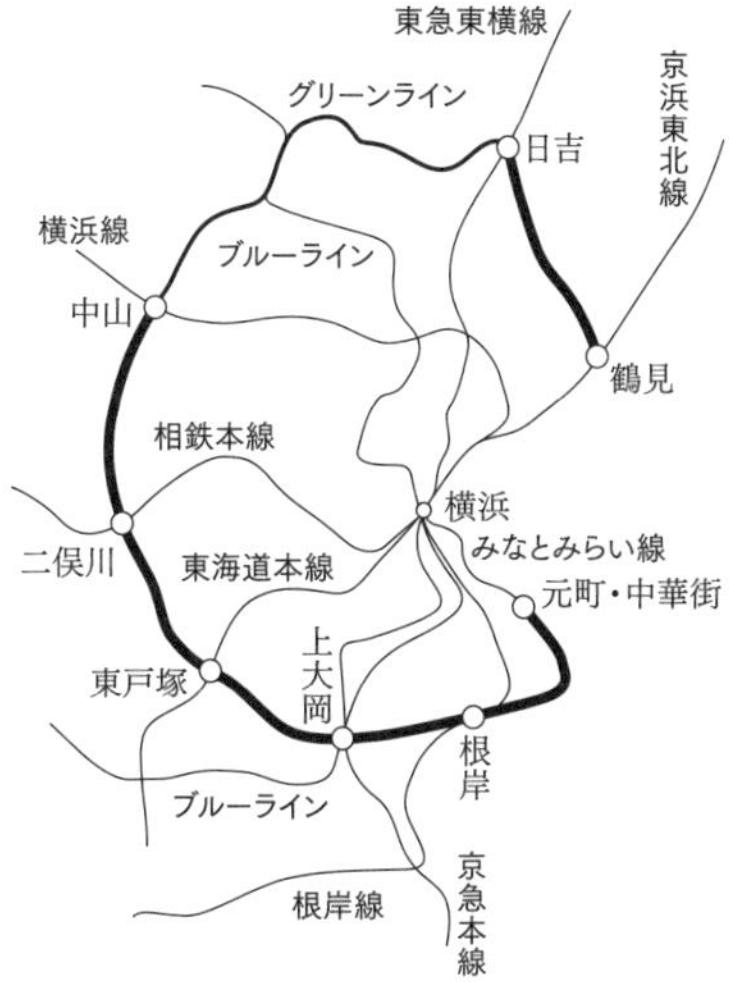

る。中山—元町・中華街間は需要がさほどあるわけではない。鶴見—日吉間はそれよりも需要はあるものの、事業性に欠ける。需要確保のための施策が必要である。

相鉄いずみ野線の延伸［湘南台《しょうなんだい》—倉見《くらみ》間］

答申18号では湘南台から相模線方面をB路線として取り上げているに留まっている。相模鉄道の免許線では相模線の香川《かがわ》駅を経由するとしていたのでルートが異なる。

倉見にしたのは東海道新幹線の新駅を同駅にするという構想から来ているものと思われる。途中に慶応大学湘南藤沢キャンパス（SFC）があり、一定の需要が見込まれる。さらに倉見まで延伸すれば相模線からのSFCへの乗換客も期待できる。

また、新幹線新駅を相模川上にする案や国道129号付近にする案もある。いずみ野線を新幹線に沿っていずれかの新幹線新駅まで延伸すればいいといえる。

答申では米軍上瀬谷《かみせや》通信施設跡地を少子高齢化を踏まえた住宅地とし、いずみ野線の駅からそこまでLRTを導入することも検討したいとしている。

パート3

各線徹底分析

JR山手線　正式な山手線は品川─新宿─田端間

環状運転している山手線《やまのてせん》電車だが、正式には品川─大崎《おおさき》─渋谷─新宿─池袋─田端《たばた》間20・6キロである。起点は品川、終点は田端となっている。東京─品川間は東海道本線の電車線、田端─東京間は東北本線の電車線である。一周の営業距離は34・3キロである。

正式な山手線区間は線路別複々線になっており、片方は山手電車線として通常の山手線電車が走る。もう片方は山手貨物線として以前は貨物列車が頻繁に走り、ときおり臨時旅客列車が走っていた。また、原宿駅の貨物線には宮廷ホームがある。一般旅客ホームから離れた新宿寄りのところである。

山手線の読みは現在は「やまのてせん」としているが、国鉄は正式の読みは「やまてせん」としていた。その後、案内時の読みについて「やまのてせん」とするようになったが、正式の読みは「やまてせん」のままだった。現在でも「やまてせん」と読む人はずっとそう読み続けて慣れ親しんでいる60代以上の人か鉄道関係者である。しかし、「やまてせん」と呼んでも間違いではないのも確かである。

品川駅は島式ホームになっていて内回りと外回り電車が発着する。他線との乗り換えは2階コンコース経由なので不便なだけでなく、ラッシュ時のコンコースは人で溢れかえっている。ホームも幅が狭く、ここも危険なほど人が溢れている。

代々木《よよぎ》駅の山手線内回りと中央緩行線（中央・総武線の各停）の下り中野方面とは同じホームに面しており、中央緩行線の下り電車から渋谷、品川方面への乗り換えは便利である。

品川駅のホーム、コンコースの混雑解消のために、現在の島式ホームは内回り線専用にして片面ホームになる。隣の島式ホームは京浜東北線の北行と南行の電車が発着しているのをやめる。従来北行電車が発着していた線路を廃止して山手線内回り電車の線路までホームを拡幅する。そして南行電車が発着していた線路

JR山手線

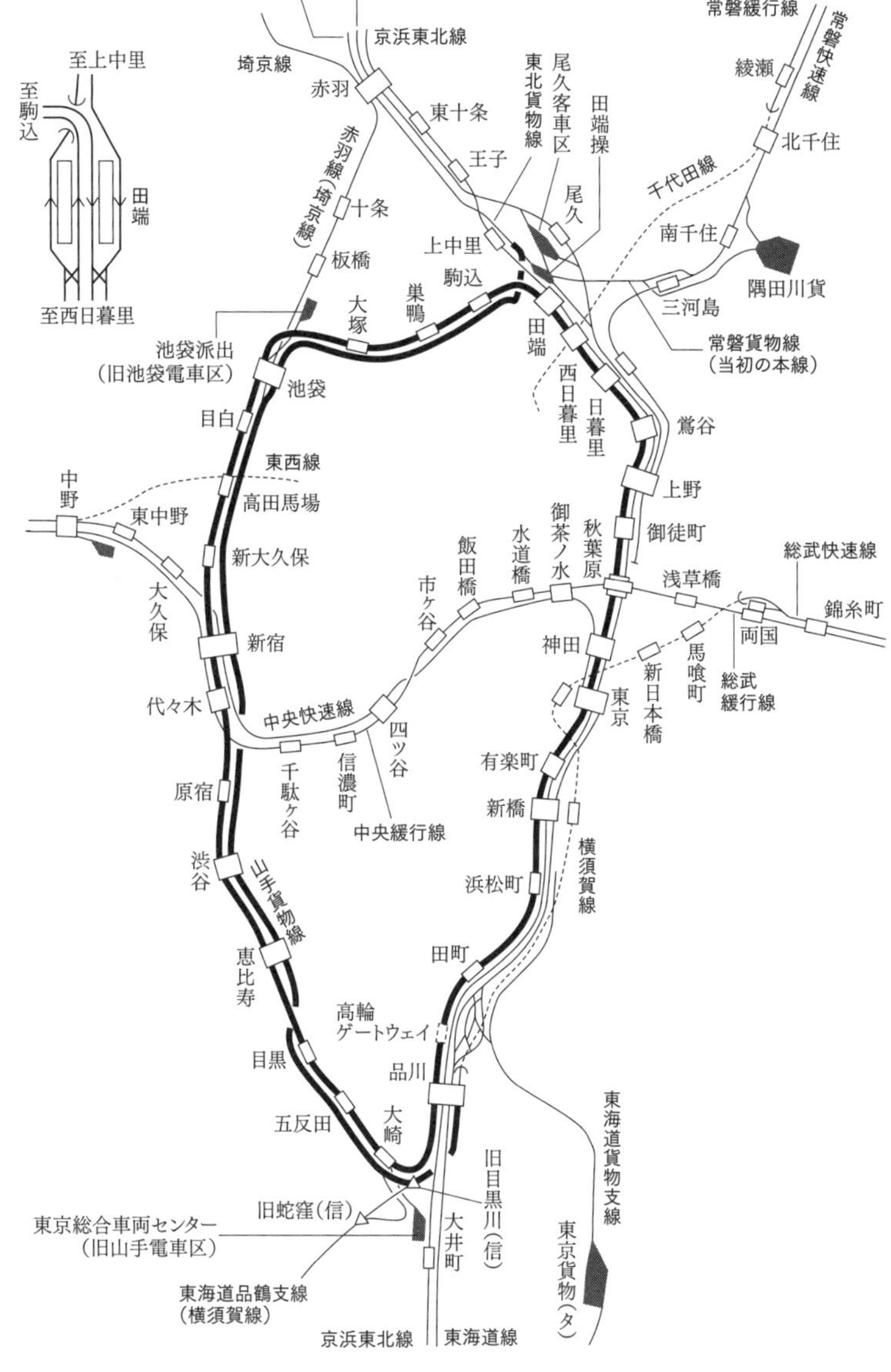
至上中里
至駒込
田端
至西日暮里
東北貨物線
東北本線
京浜東北線
埼京線
赤羽
東十条
王子
赤羽線（埼京線）
十条
板橋
上中里
駒込
巣鴨
大塚
池袋派出
（旧池袋電車区）
池袋
目白
東西線
高田馬場
新大久保
中野
東中野
大久保
新宿
代々木
原宿
渋谷
山手貨物線
恵比寿
目黒
五反田
大崎
品川
高輪ゲートウェイ
田町
浜松町
新橋
有楽町
東京
神田
秋葉原
御徒町
上野
鶯谷
日暮里
西日暮里
田端
東北貨物線
尾久客車区
田端操
尾久
常磐緩行線
常磐快速線
綾瀬
北千住
千代田線
南千住
隅田川貨
三河島
常磐貨物線
（当初の本線）
市ヶ谷
飯田橋
水道橋
御茶ノ水
浅草橋
総武快速線
錦糸町
両国
総武緩行線
馬喰町
新日本橋
中央快速線
四ツ谷
信濃町
千駄ヶ谷
中央緩行線
横須賀線
旧蛇窪（信）
旧目黒川（信）
東京総合車両センター
（旧山手電車区）
大井町
東海道品鶴支線
（横須賀線）
京浜東北線
東海道線
東海道貨物支線
東京貨物（タ）

は北行電車の線路にする。南行電車の線路はさらに隣の島式ホームに移す。

これによって代々木駅と同様に京浜東北線の北行電車から山手線の外回り電車への乗り換えが同じホームになる。つまり大井町駅方面から渋谷方面への乗り換えが同じホームでできるのである。

新宿駅では中央緩行線と方向別ホームになる。これによって内回り電車と千葉方面、外回り電車と中野方面との乗り換えが便利である。しかし、このようになったのは昭和のはじめごろで、当時は広く思われたホームは手狭になっており拡幅が必要である。

といっても拡幅するスペースはまったくない。やるとすればほとんど電車が発着しない中央快速線の11・12番線ホームのうち12番線を廃止して、13番線を移設して、そのスペースを使って拡幅すればいい。下り快速は交互発着しないので1線だけでもあまり問題がない。

大崎駅と池袋駅は車庫からの入出庫電車による始発、終発電車があるために島式ホーム2面4線になっている。田端駅では京浜東北線と島式ホーム2面4線による方向別ホームになっている。

山手貨物線は、もうほとんど貨物列車は走らない。とくに品川―大崎間は全く走らなくなっている。

品川駅の横須賀線電車が発着する13〜15番線が山手貨物線の起点である。しかし、貨物列車は一切走らない。東海道本線と京浜東北線を乗り越して山手旅客線と並行するようになる。その先で横須賀線電車などが走る品鶴《ひんかく》線が分かれる。分岐点は今は大崎駅構内となっているが、もとは目黒川信号場と呼ばれていた独立した駅だった。

山手電車区への入出庫線を乗り越すと大崎駅に入るが山手貨物線本線にはホームがない。両隣にホームがある。西側は山手旅客線の島式ホーム2面4線、東側は埼京線電車や湘南新宿ライン、りんかい線電車の発着用の島式ホーム2面4線である。

新宿寄りで西側の線路が平面交差で合流する。山手貨物線本線を走るのは特急「成田エクスプレス」くらいしかないので平面交差しても問題はない。逆に言うと副本線である5〜8番線のほうが運転本数は格段に多く、実際はこちらのほうが本線といえる。

この先、山手旅客線の西側を並行して北上するが目《め》黒《ぐろ》—恵比寿《えびす》間で旅客線をくぐって旅客線の東側で並行するようになる。そして恵比寿、渋谷には貨物線にもホームがある。渋谷駅の貨物線のホームが旅客線と離れているのは、ここに渋谷貨物ヤードが目黒寄りにあり、その跡地用地を流用してホームを設置したためである。

東急東横線の駅が地下に潜ったために、不要となった高架の東急渋谷駅の用地の一部を流用して旅客線とほぼ同じ位置にホームを移設する工事を現在行っている。

恵比寿駅では貨物ヤードが旅客線のホームとほぼ同じ位置にあったために貨物線のホームも旅客線ホームとほぼ並んでいる。

新宿駅では1～6番線が貨物線の線路だといえる。中央線と山手線のホームと離れており、新宿駅でもこれらホームが代々木駅寄りにずれているのは、やはり貨物ヤード跡を流用したためである。これら線路に長い貨物列車が通過することがあり、ホームにいる人がびっくりすることが多い。

1番線が湘南新宿ライン横浜方面、2番線が埼京線大崎方面、3番線が埼京線大宮方面と埼京線新宿折返電車、4番線が湘南新宿ライン、5、6番線が成田エクスプレスや東武直通特急が基本的に発着する。大崎方面の貨物列車は1番線を通過する。

池袋駅で貨物線は島式ホーム2面4線になっている。外側が埼京線、内側が湘南新宿ラインの電車が発着する。埼京線は10両編成、湘南新宿ラインは最大15両編成なので、内側の線路に面したホームだけが新宿寄りに延びている。埼京線というより赤羽《あかばね》線が分かれて行く。

旅客線のほうも島式ホーム2面4線で、外側は田端寄りにある車庫への入出庫電車が発着する。

巣鴨《すがも》駅にも貨物ヤードがあったが、現在は保守基地になっている。駒込《こまごめ》駅を過ぎると旅客線は右カーブするが、貨物線は左カーブして中里トンネルに入っていく。

トンネルを出ると貨物仕訳線などが多数配置されている広大な田端信号場に入る。山手貨物線はその北端、京浜東北線でいえば上中里《かみなかざと》駅の北側で田端信号場から出てきた東北貨物線と合流する。

正式には山手線ではない田端―田町《たまち》間は京浜東北線と方向別複々線で南下する。内側が山手線、両外側が京浜東北線の線路である。山手線側はすでにホームドアがあるが、京浜東北線側はまだない駅が多い。両方ともホームドアがないと危なっかしい。

田端の南側と田町の南側にはシーサスポイントがあって、互いの電車が違う線路に転線できるようになっている。以前はこれによって両線の電車を同じ複線に走らせて、走らなくした線路を昼間時に保線工事をしていたが、現在では両線電車とも昼間時でも運転本数が多くなって工事をやらなくなった。

田町―品川間で京浜東北線北行の線路が山手線を斜めに乗り越して品川駅まで線路別複々線になる。高輪ゲートウェイ駅は線路別ホームになる。

E235系とE231系11両編成53本が配置されている。今後、すべてをE235系に置き換える予定である。E235系はより省エネを図った車両である。

両形式とも4扉ロングシートの広幅車両だが、E231系は山手線用車両として500番台を使用している。他と異なるのは交通量が多くダンプが通る踏切がない山手線なので先頭乗務員室にクラッシャブルゾーンがないために有効床面積が少し広いことである。

E235系は今後の汎用車と位置付けているためにクラッシャブルゾーンがある。

最混雑区間は外回りが上野→御徒町《おかちまち》間で混雑率は公表で151％、実計算で149％である。最混雑時間帯は7時40分から8時40分である。平成25年度の集中率は25％と低い。集中率とは終日の輸送人員に対してピーク1時間に乗っている人の割合である。集中率が低いと閑散時でも大いに利用されていることになる。

休止されていた東北本線列車線の東京―上野間が再び復活して上野・東京ラインの愛称が付き、東北・高崎線と常磐線の中距離電車が走るようになった。これによって中距離電車から山手線に乗り換える客が減って、山手線の上野―御徒町間の混雑は緩和された。

しかし池袋・巣鴨方面から東京方面に向かう通勤・通学客がわざわざ上野駅で上野・東京ラインに乗り換えることはしない。そのまま山手線電車に乗り続けるに決まっている。このため現在も上野→御徒町間が最混雑区間のままになっているのである。

公表では広幅車両の平均定員は一律１４８人にしているが、山手線のＥ２３１系は11両編成で中間に先頭車はないから平均定員は１４８人を当然超える。

また、前述のように山手線用のＥ２３１系５００番台の先頭車乗務員室にはクラッシャブルゾーンはないから先頭車の有効床面積も広くなる。新しいＥ２３５系は平成30年度時点では55編成中26編成であった。このため約半分をＥ２３５系として計算した。

クラッシャブルゾーンがないＥ２３１系の先頭車の定員は１３７人と他のＥ２３１系よりも３人多い。

公表では11両１編成で定員を１６２８人にしているが、Ｅ２３１系の１編成の定員は１６３３人、平均定員は１４８・５人である。

最混雑時間帯に11両編成が23本走っている。平成24年度までは25本の運転だったが、25年度に24本に減り、26年度から23本になっている。うち10本をＥ２３５系として計算すると輸送力は３万７７６６人になり、混雑率は１４９％になる。

平成25年度の最混雑１時間の輸送人員も８万１３００人あったが、上野・東京ラインが運転開始したのちの30年度は５万６４３０人に減ってしまい、混雑率は低くなった。これに合わせて運転本数を減らしたのだが、これには理由がある。25本の運転だと、遅れた場合、正常に戻すのが大変で時間がかかるが、運転本数を減らすと、それだけダイヤに余裕を持たせられ、回復も早くなるのである。

内回りの最混雑区間は新大久保《しんおおくぼ》→新宿間で混雑率は公表で１５８％、厳密計算で１５６％、混雑時間帯は７時40分から８時40分までの１時間で、平成26年度の集中率は16％と20％を大きく下回っている。ほぼ終日にわたって混んでいるといえる。

内回りも最混雑１時間に11両編成23本に減らしている。新大久保→新宿間が最混雑区間になるのは、東武東上線と西武池袋線からの乗換客が多いことに起因する。この区間のほうも東京メトロ副都心線の開通で乗客が減った。平成25年度には６万３１４０人あったのが、５万８９９０人に減ってしまった。そのぶん混雑率が低くなっているので、ダイヤも余裕を持たせた。

一周の所要時間は閑散時で64分、大崎駅で１分停車

池袋付近を走る山手線用E235系

するから、大崎駅で発車し一周して、次に発車する時間は65分である。その間に14本の電車が走る。平均運転間隔は4分20秒である。

かつての昼間時は63分で一周していた。運転間隔は3分30秒にして走らせていた。ホームドアによって停車時間が5秒程度増えるようになって65分に延ばし、かつ乗客がやや減ったことで運転本数を減らしたのである。

朝ラッシュ時は各駅での停車時間を延ばして一周の所要時間を67分に、夕ラッシュ時は66分にしている。

今、問題なのは一番必要な新宿駅にホームドアを付けていないことである。ラッシュ時にホームが混雑し、発車前に閉めにくいことから、ダイヤが乱れるのを懸念して、付けるのをためらっていると思われる。しかし、電車が来ないとき、黄色の線の外側（線路側）を歩いている人が多い。とくに階段があるところでは人が立っていることが多いのでそうせざるを得ない。階段の位置に立たないように案内しているが、それでも立っている人は絶えない。ホームドアがあれば安心して歩ける。

ホームの見通しが悪いこともあるが、遮蔽物を減らして、なんとかホームドアを設置してもらいたいものである。一番いいのは、前述した中央快速線の2線ある下り発着線の1線を廃止して、山手・中央緩行線のホームを拡幅すれば、ホームの見通しもよくなる。悲惨なホーム転落事故を防ぐためにも、新宿駅のホームドアの設置は早急にするべきものだと思う。

JR京浜東北線

田端―田町間は山手線とで方向別複々線になっている

京浜東北線《けいひんとうほく》は大宮―横浜間だが、正式路線名ではない。正式には大宮―東京間が東北本線の電車線、東京―横浜間は東海道本線の電車線である。

東北本線は日暮里《にっぽり》から尾久《おく》を経由して赤羽《あかばね》へ向かう。こちらは通称尾久支線と呼ばれ、実距離は7・6キロである。営業キロは7・4キロと200m短くなっている。営業キロは電車線、つまり京浜東北線のほうを採用している。距離が短いほうを採用するというのではなく、当初の列車線は今の京浜東北線の線路を使っていた。列車と電車を分離するときに、列車線のほうを尾久経由にしたのである。

京浜東北線は横浜駅で横浜―大船間の根岸《ねぎし》線と全電車が直通運転をしている。このうち横浜―桜木町《さくらぎちょう》間はもともと東海道本線の一部だった。というよりも桜木町駅が最初の横浜駅だった。国府津《こうづ》方面に延ばすために横浜駅は徐々に北上して現在の位置になっても桜木町までの線路は東海道本線の支線にしていた。

ともあれ、京浜東北線の横浜駅は島式ホーム1面2線のいわゆる棒線で折り返しはできない。

東神奈川駅で横浜線と接続をし、多くの横浜線電車が京浜東北・根岸線に直通している。このため島式ホーム2面4線になっていて、内側の2、3番線の2線に横浜線電車が発着する。スルー電車以外はこの2、3番線で折り返している。

鶴見《つるみ》駅の横浜寄りに引上線が2線あり、鶴見駅折返電車がラッシュ時に設定されている。蒲田駅は島式ホーム2面3線で中線《なかせん》は両側にホームがある。横浜寄りに引上線が1線あり、その向こうに車庫がある。

品川駅の北側で北行電車は山手線を乗り越して、この先から山手線と方向別複々線になる。高輪ゲートウェイ駅が建設中で、すでに南行線路は高輪ゲートウェイ駅の線路に移設されている。同駅の北側に山手線と立体交差する新しい乗越橋が出来上がり、令和元年11月から使用開始している。

JR京浜東北線・東海道線
（品川—横浜）

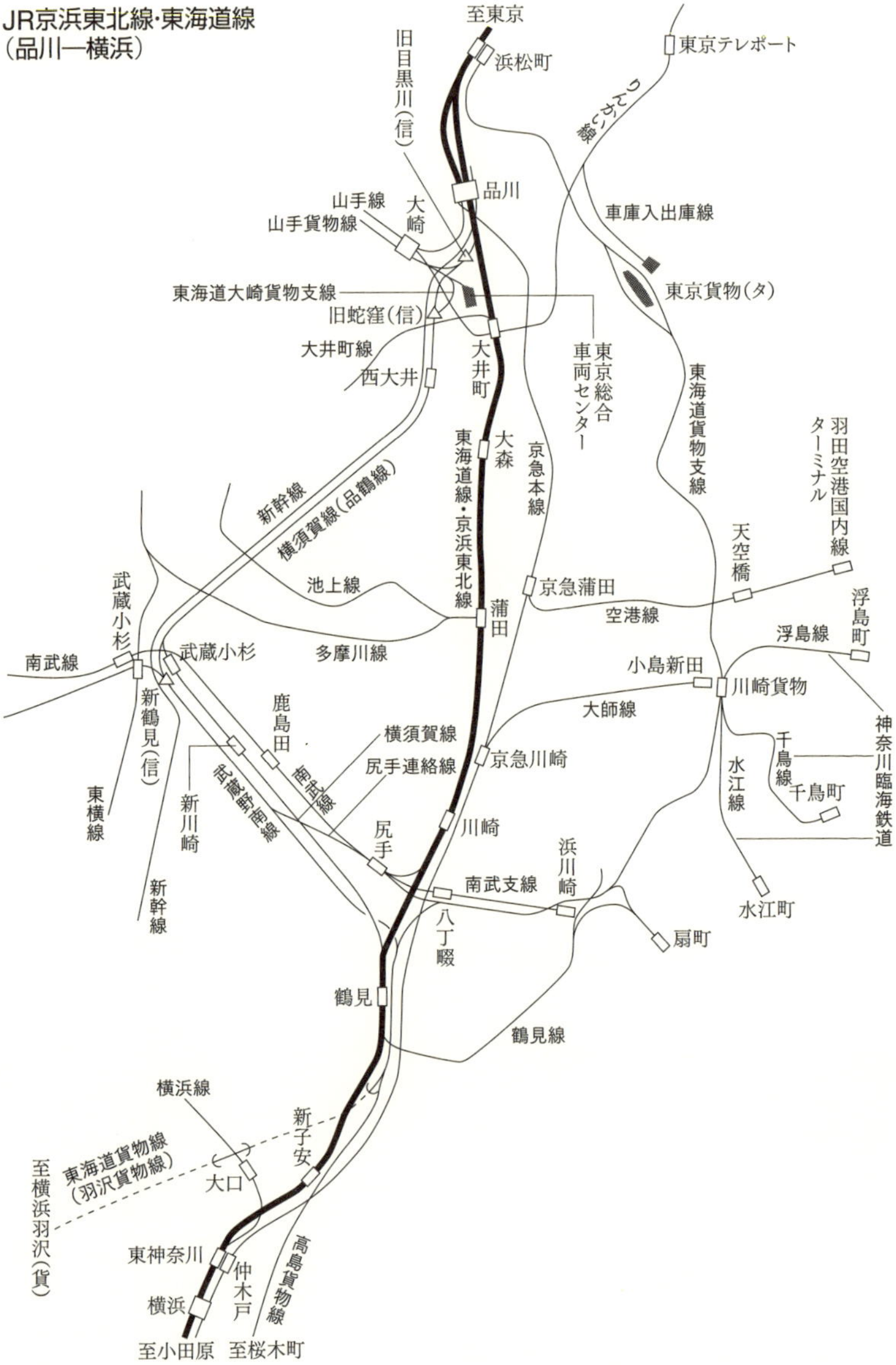

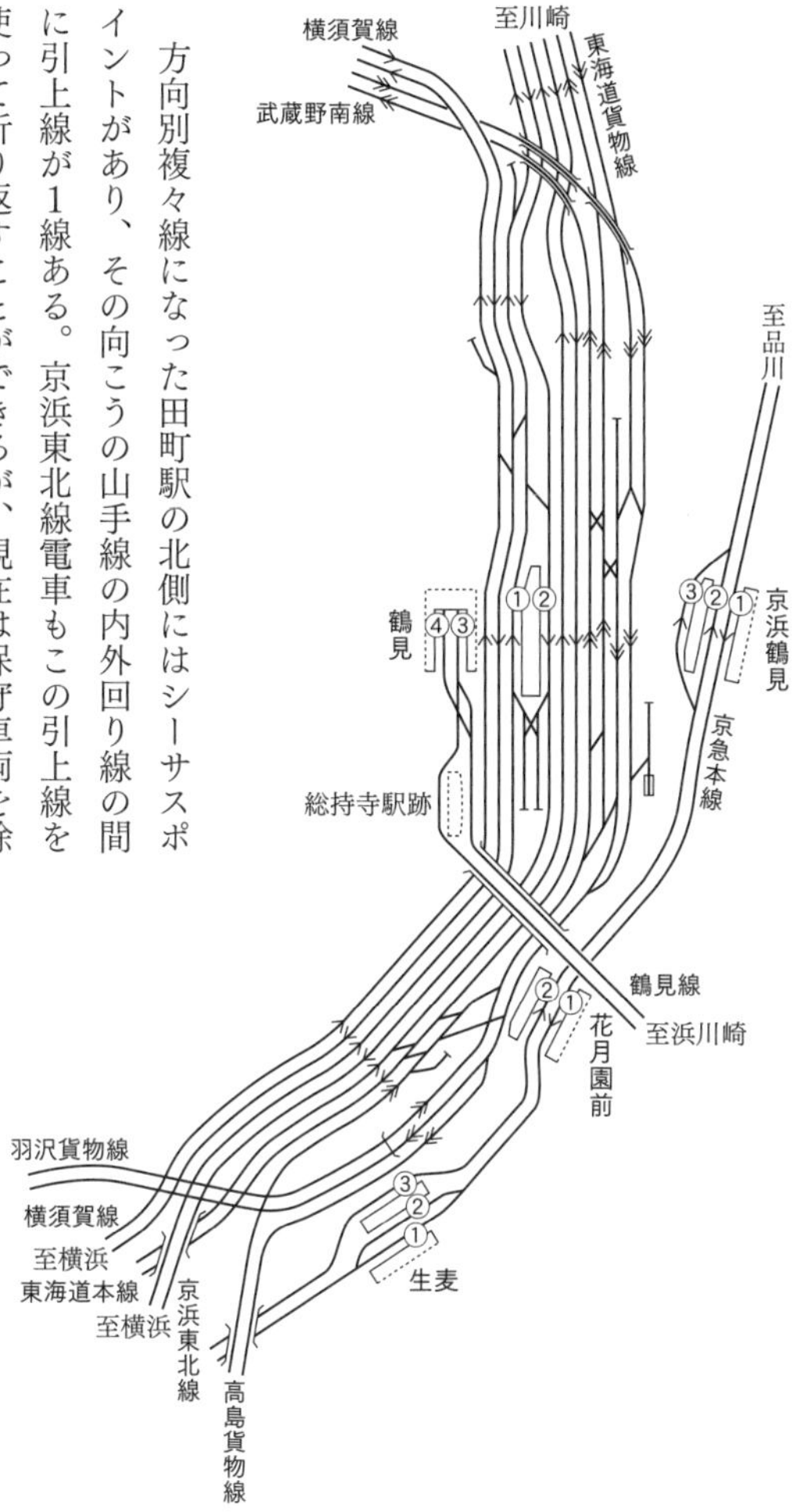

方向別複々線になった田町駅の北側にはシーサスポイントがあり、その向こうの山手線の内外回り線の間に引上線が1線ある。京浜東北線電車もこの引上線を使って折り返すことができるが、現在は保守車両を除いて使うことはない。しかし、何かの要因で運転支障が起これぱここで折り返しができるし、本線で故障した車両を収納して、本線を開通させることもできる。非常用に残してあるのである。

　東京駅は中央線ホームを上にあげ、もとの中央線ホームは京浜東北線北行と山手線内回りのホームに転用した。各線路を順に西側に移設して、東北新幹線の島式ホーム1面2線を増設した。

　田端駅は南側、東京寄りに田町駅と向きを逆にした形の配線でシーサスポイントと引上線がある。田端駅で山手線と分かれるが、今度は山手貨物線と合流して

JR京浜東北線（東京―品川）

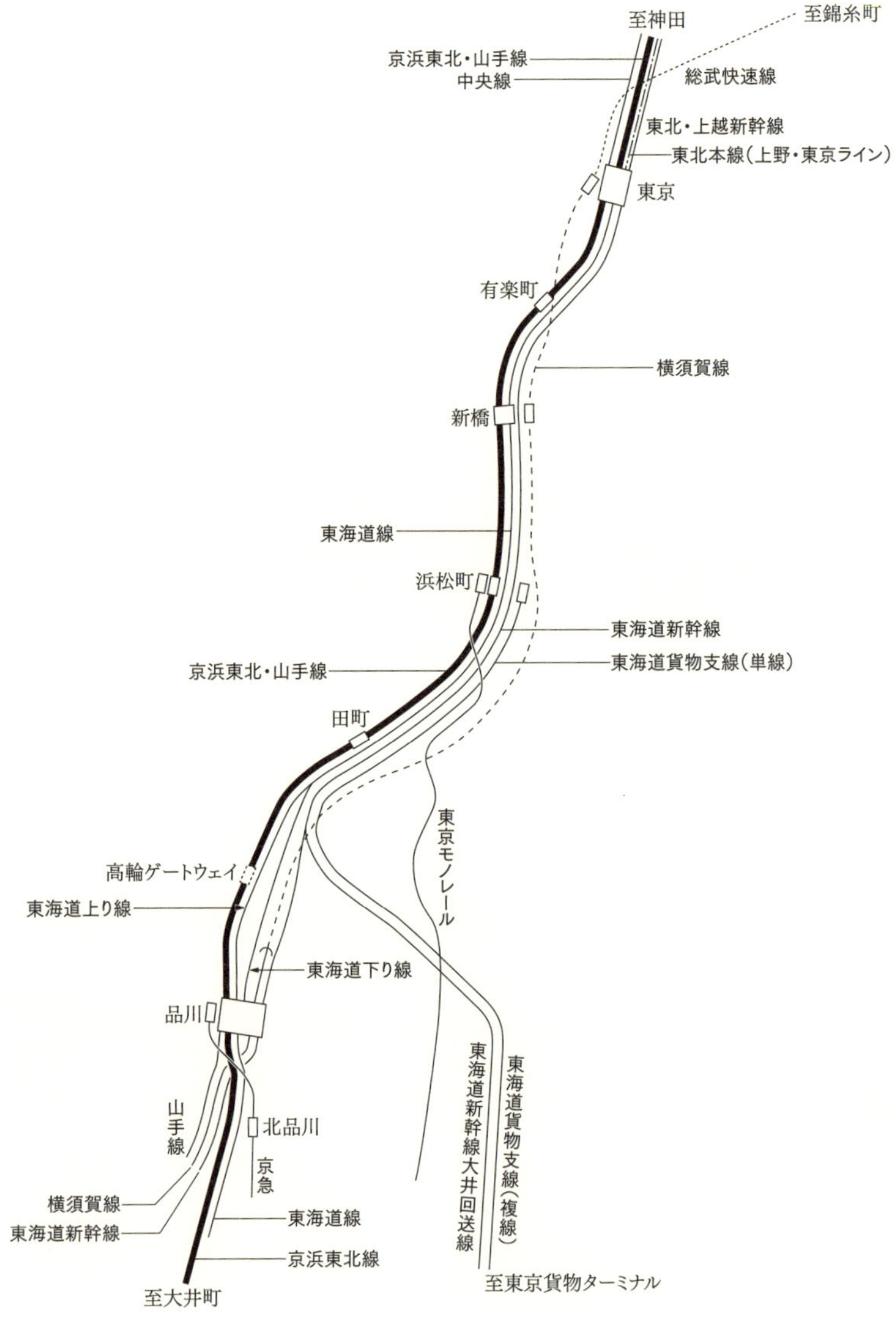

JR京浜東北線（東京以北）

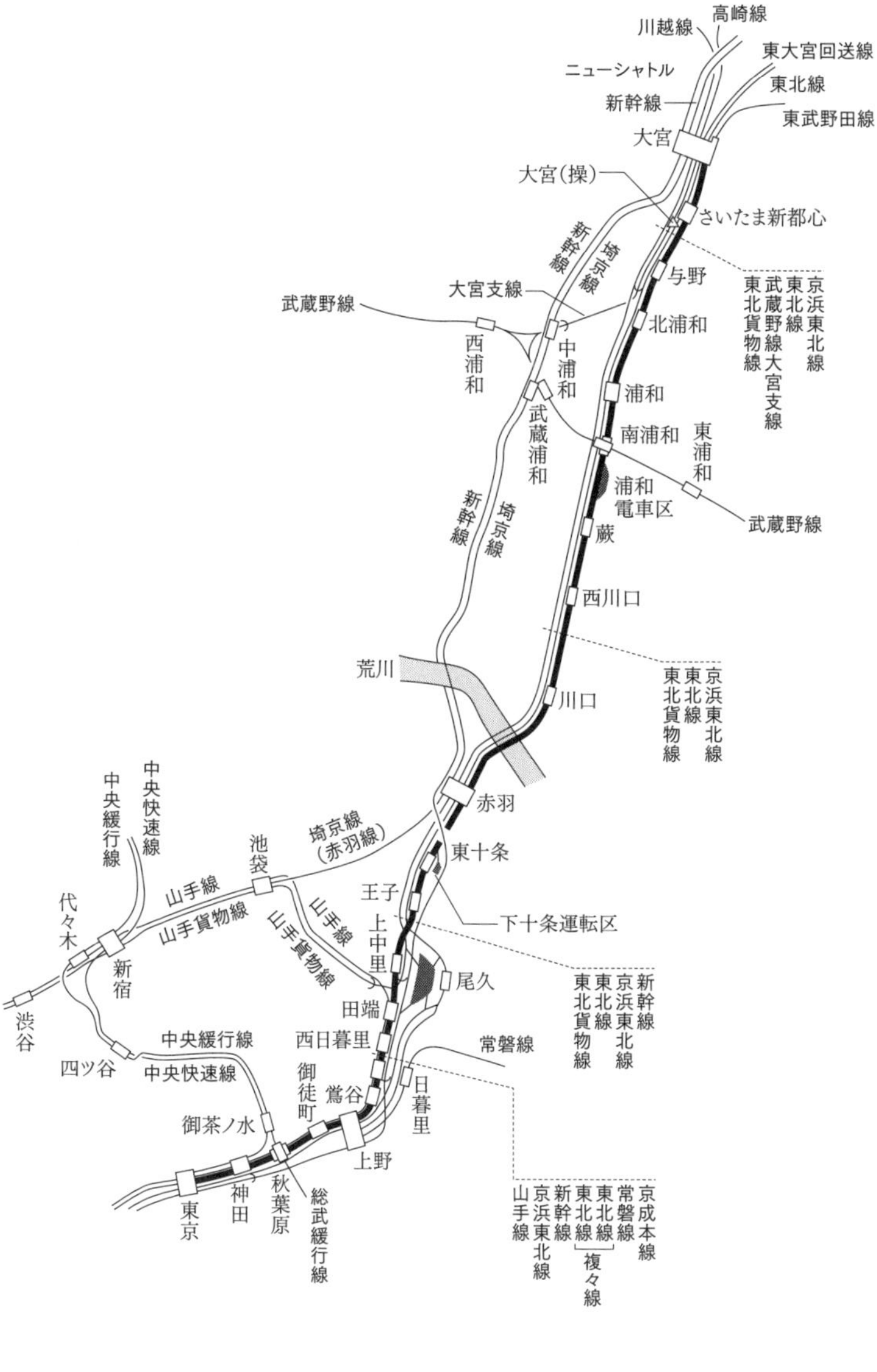

品川駅の5番線に停車するようになった京浜東北線南行

田端駅は左の山手線電車と方向別ホームになっている

並行する。貨物仕訳線がある田端信号場からの東北貨物線が山手貨物線と接続する。接続点が山手貨物線の終点である。

その先で東北本線も合流してくるが、京浜東北線は東北本線と東北貨物線を乗り越して、東側を走るようになる。もちろん東北新幹線も京浜東北線の東側を並行している。

東十条《ひがしじゅうじょう》駅は島式ホーム2面3線、中線は折返用兼下十条運転区からの始終発電車が発着する。赤羽駅で東北新幹線が斜めに乗り越していく。赤羽駅の北側に引上線があって同駅着の最終電車がこの引上線で夜間滞泊して翌日始発の大船行になる。

川口《かわぐち》駅の東側には貨物ヤードがあって、同駅の北側で京浜東北線、東北本線、東北貨物線の上り線を乗り越し、東北貨物線の上下線に接続していた。貨物ヤードは保守基地になり、乗越橋を通って乗り上げポイントで東北貨物線とつながっている。

その先で京浜東北線の上下線が広がって、その間にさいたま車両センター（旧浦和電車区）が広がっている。ようするに抱込み式の車両基地である。

同車両センターからの線路は南浦和駅でつながっている。このため同駅は島式ホーム2面4線になっている。大宮寄りには引上線もあって折返電車も設定されている。

京浜東北線の大宮駅ホームは南側にシーサスポイン

トがある単純な折返駅だが、隣の東北線ホームと線路がつながっている。直通はできないので、夜間の保守車両の往来用である。

最混雑区間は南行が川口→赤羽間である。以前は上野→御徒町間だったが、上野・東京ラインができて、上野で東北・高崎・常磐各線からの乗換客が大幅に減ったために川口→赤羽間が最混雑区間になった。

上野→御徒町間にくらべて、川口→赤羽間は郊外区間なので最混雑時間は7時25分から8時25分と早くなっている。

広幅車のE233系10両編成が使用されている。京浜東北線には踏切がないからクラッシャブルゾーンは不要だが、他線区への転用を考慮してクラッシャブルゾーンがあり、先頭車の有効床面積は山手線のE231系にくらべて少し狭くなる。このため10両編成の定員は1476人になるが、混雑率は変わらない。

川口駅の東京方面の定期の乗客数は平成26年度で37482人である。中距離電車が停車する浦和駅は36657人なので浦和駅よりも多い。

中距離電車の停車を望む声が出るのもわからないでもない。乗客の増加状態を見ると国鉄時代は浦和駅も川口駅も2万8000人程度だった。JR化後、東京都心に近い川口駅が先に3万人を突破した。しかし、浦和駅に湘南新宿ラインの電車が停まるようになって、浦和駅も増えてきた。反面川口駅は近年では微増が続いている。埼玉高速鉄道の開通で近くに川口元郷《かわぐちもとごう》駅ができて乗客が分散されたからである。

川口駅は中電その他が停まる赤羽駅の一駅手前にある。中電が停まると連続して停まるので、中電の速達性が失われるとしてJRはいい顔をしていない。

それよりも埼玉高速鉄道と相互直通している東京メトロ南北線に朝ラッシュ時上りだけに急行を走らせればいい。川口元郷駅以南の停車駅は赤羽岩淵《いわぶち》、王子、駒込、田端、後楽園以南各駅とする。各停の追越は王子神谷《かみや》駅で行う。同駅には南行ホームの裏側に引上線が設置されており、それを待避線に改造すればいい。

南行の最混雑時の運転本数は赤羽駅到着でみて25本である。平均運転間隔は2分25秒である。内訳は大宮発が18本、南浦和発が7本である。大宮—北浦和間は3分20秒間隔になっている。南浦和始発が走るとき、その後ろを走る大宮発は北浦和—浦和—南浦和間でゆっくり走って3分20秒間隔から4分50秒間隔にする。そうすると南浦和以南では2分25秒間隔になる。

南浦和始発は車庫があるからだけではなく、さいたま新都心—南浦和間の各駅の乗客が南浦和駅で始発を待って座ることができるようにするためである。

北行の最混雑区間である大井《おおい》町《まち》↓品川間はずっと変わっていない。昭和30年度は298%もあったが、現在は186%に下がっている。といっても現在の混雑水準からすると186%は混んでいるほうである。

北行はより都心に近い大井町↓品川間なので、混雑時間帯は7時34分から8時34分になっている。

最混雑1時間の運転本数は品川着でみて26本となっているが、これは平成30年度時点である。令和元年の現在は25本と1本減っている。南行の朝ラッシュ時の乗車人員は減少傾向にある。このため運転本数を減らしたようである。

ともあれ、始発駅の内訳は大船《おおふな》発が13本、磯子発が3本、桜木町発が2本、鶴見発が1本、蒲田発が6本である。

大船発は3〜10分間隔と平均化した間隔になっていない。磯子発が走るときに後発の大宮発はほとんど速度を落とさずに走って間隔調整をしない。桜木町発のときもあまりしない。するのは蒲田発である。

昼間時は田端—浜松町間で全電車が快速で走る。同区間の停車駅は上野、秋葉原、神田、東京である。所要時間は17分、並走する山手線は22分だから5分速い。京浜東北線の運転間隔は5、6分、山手線は4、5分間隔だから、サイクルが合わない。

田端駅から有楽町駅に行く場合、京浜東北線の快速に乗っても東京駅で山手線電車に乗り換えられるとは限らない。乗っていた快速の扉が開いたと同時に山手線電車の扉が閉まるといったことも多い。

結局、快速が停まらない有楽町駅へは山手線に乗ったほうがイラつかないので山手線電車を乗り通す人が多い。ようは快速停車駅間利用は京浜東北線、通過駅は山手線というように考えている人が多いのである。

ホームドアがある駅は少ないが、車両は全車ホームドア対応改造がなされているので、今後、急速に設置されていく。

ＪＲ埼京線
武蔵浦和以北は不便になった

埼京線《さいきょう》は正式には山手貨物線の大崎―池袋間、赤羽線池袋―赤羽間、東北本線別線の赤羽―武蔵浦和《むさしうらわ》―大宮間、そして川越線大宮―川越間で成り立っている。本稿では赤羽線と東北本線別線、川越線大宮―川越間を紹介する。埼京線は愛称線名なのである。

かつて池袋駅で赤羽線電車は現在の山手線の8番線、当時の4番線で発着していた。新宿方面から赤羽線に乗り換える、あるいは赤羽線から田端方面に乗り換えるのは便利だった。

現在は山手貨物線に島式ホーム2面4線が設置され、両外側に埼京線電車が発着する。埼京線電車の上り新宿方面の線路は山手貨物線と山手旅客線を乗り越し、下り川越方面の線路とともに現在は東京総合車両センター池袋派出所という長ったらしい名前の車庫になっているが、端的に言えば旧池袋電車区の入出庫線と平面交差をする。

旧池袋電車区は山手線電車と成田エクスプレスが留置されている。入出庫の頻度は少ないので平面交差になっていても問題はない。

板橋《いたばし》駅はＪＲになってからもコンクリート工場があったために貨物を取り扱っていた。現在は工場が移転したために貨物の取り扱いはしていない。貨物側線の跡は3線の電留線が設置されている。

赤羽駅の大宮寄りの上下線間に引上線が設置されている。赤羽からは東北本線の別線区間に入る。しいて埼京線というなら赤羽駅から大宮駅までの区間であろう。

左手に東北新幹線が並行する。戸田公園《とだこうえん》、武蔵浦和、南与野《みなみよの》の3駅を除く中間駅はすべて島式ホームである。左手に東北新幹線があるから、ホームと線路の膨らみは新宿方面上り線のほうになっている。ホームの長さは10両編成だが、高崎線電車が乗り入れることを想定していたので15両編成に延伸できるようになっている。

JR埼京線

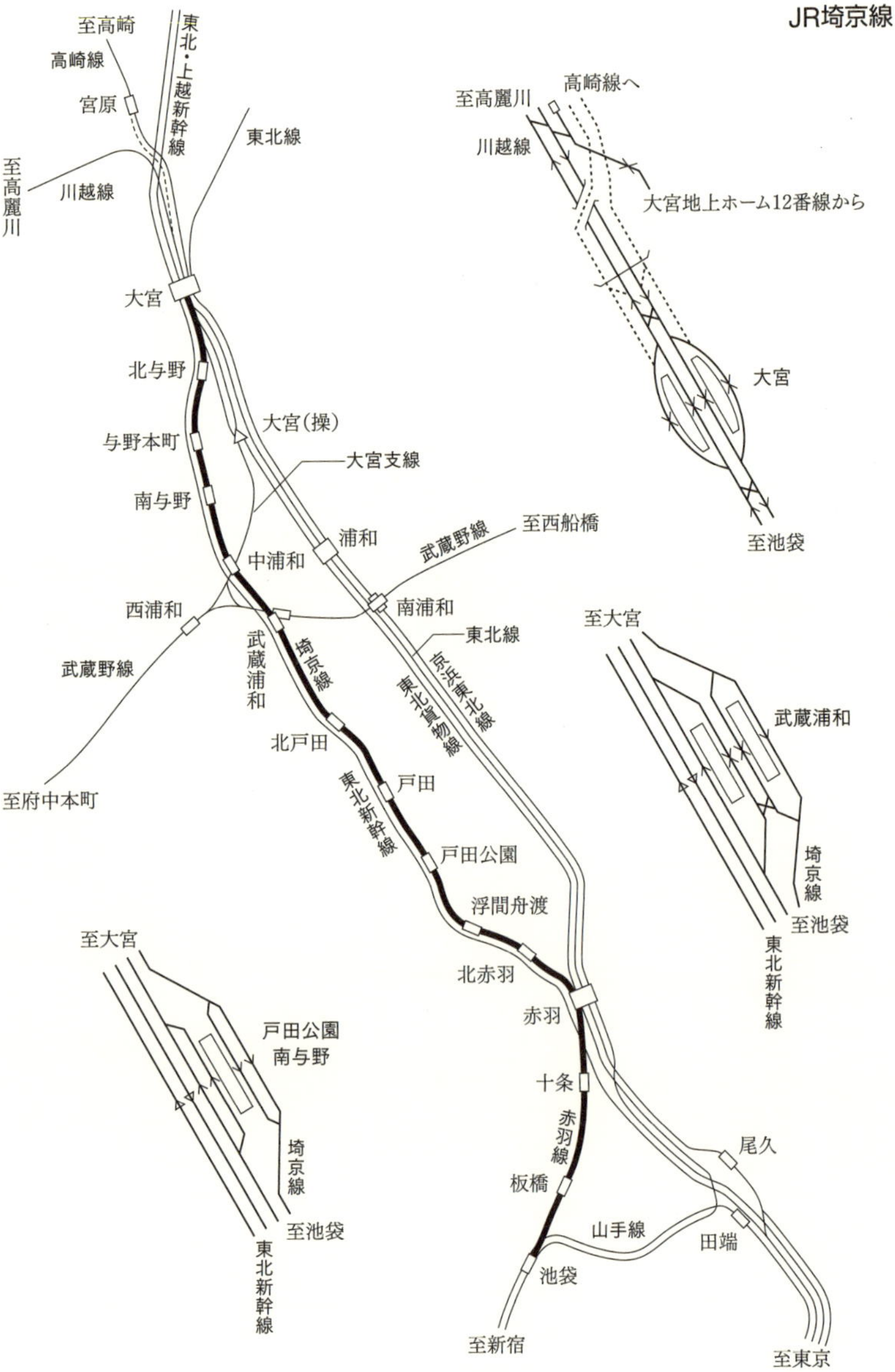
至高崎
高崎線
宮原
東北・上越新幹線
東北線
至高麗川
川越線
大宮
北与野
与野本町
大宮(操)
大宮支線
南与野
浦和
中浦和
武蔵野線
至西船橋
西浦和
南浦和
東北線
武蔵野線
武蔵浦和
埼京線
京浜東北線
東北貨物線
北戸田
戸田
東北新幹線
至府中本町
戸田公園
浮間舟渡
北赤羽
赤羽
十条
赤羽線
板橋
尾久
山手線
田端
池袋
至新宿
至東京
至高麗川
高崎線へ
川越線
大宮地上ホーム12番線から
大宮
至池袋
至大宮
武蔵浦和
埼京線
至池袋
東北新幹線
至大宮
戸田公園
南与野
埼京線
至池袋
東北新幹線

戸田公園駅と南与野駅は外側に通過線がある島式ホーム1面4線で左側の下り通過線は直線、右側の上り通過線は緩いカーブで外側に膨らんでいく。

武蔵浦和駅も同様な構造だが、池袋方《かた》に折り返しができるように内側の副本線の池袋寄りにシーサスポイントが置かれている。

大宮駅の手前で高架から地下に潜るので34‰の急勾配で下る。地下に入ってすぐにシーサスポイントがあって、その先に島式ホーム2面4線がある。

大宮駅から先は川越線となるが、地下線は複々線になっている。現在は内側の2線しか敷かれていないが、両外側に高崎線宮原駅までの路盤が設置されている。路盤は宮原駅まで用意されているが、使用されていないので一部は月極駐車場になったりしている。

川越方面への線路は新幹線をくぐって日進《にっしん》駅に向かう。日進駅からは単線になる。西大宮駅、指扇《さしおうぎ》駅は行き違いが可能である。荒川を渡った先で川越車両センターへの入出庫線が分かれる。この辺りは複線用地が確保されている。

南古谷《みなみふるや》駅も川越車両センターとの入出庫線が接続している。このため上り線の北側に上り1番副本線が設置されたJR形配線になっている。

東武東上線をくぐって川越駅になる。島式ホーム2面3線で中線は主として高麗川《こまがわ》方面の普通が発着し、快速は両外側で発着する。

最混雑区間は赤羽線区間の板橋→池袋間である。公表混雑率は183%、平成25年度の集中率は18%と低いが、埼京線区間ではもっと高いと思われる。都心地区なので最混雑時間帯は7時50分から8時50分である。

赤羽駅では埼京線北赤羽以遠からの直通客よりも、京浜東北線を含む東北本線から池袋方面への乗換客が2・5倍いる。逆に埼京線から東北本線上野方面への乗換客は池袋駅まで乗り通す客の25%程度でしかない。北赤羽駅ですでに混雑しているのに、赤羽駅でどっと乗ってきてぎゅう詰めになってしまう。

広幅車両を使用しているが、相互直通している東京臨海高速鉄道の車両は通常幅車である。公表の輸送力の平均定員は147・2人とりんかい線の通常幅車両を考慮している。

東武東上線北池袋駅から見た埼京線電車新宿行

板橋駅の旧貨物ヤードは埼京線の電留線に転用されている

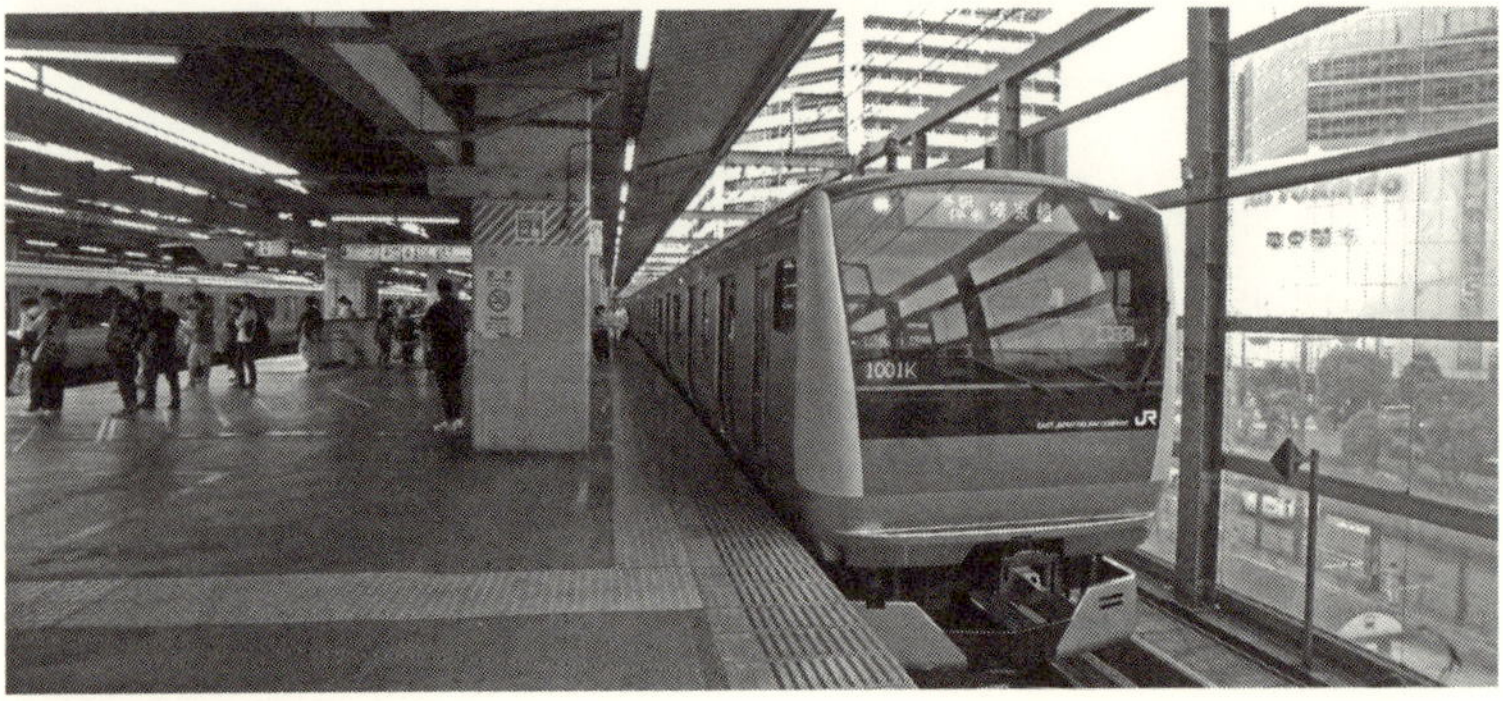

赤羽駅に停車中の各停大宮行

平均定員は同じだが、輸送力で見るとJR車両の先頭車の定員がやや少ないだけの差でしかないので、輸送力が16人少ない。混雑率は182%になる。

最混雑時間帯に19本の運転である。うち川越発の通勤快速が4本運転される。運転間隔は14〜16分である。その間に各停が3、4本運転されている。各停は指扇発が5本、大宮発が5本、武蔵浦和発が4本、赤羽発が1本である。赤羽→池袋間が混んでいるので赤羽発を2本程度増発する必要があろう。

しかし、池袋―新宿間には湘南新宿ラインの電車が池袋駅から7本加わって1時間に26本の運転になっている。増発電車は池袋駅を折り返さなくてはならないが、ホーム上での折り返ししかできない。しかし、埼京線だけで平均3分毎の運転をしている中ではできない。新宿寄りに引上線が欲しいところである。

なお、通勤快速の停車駅は大宮まで各駅、武蔵浦和、赤羽から各駅である。追い越しは南与野、武蔵浦和、戸田公園の追越駅すべてで行われる。

昼間時は快速が走る。快速の停車駅は赤羽まで各駅、戸田公園、武蔵浦和以遠各駅で、20分サイクルに快速、新宿―大宮間と新宿―武蔵浦和間の各停が各1本の完全パターンダイヤになっている。各停のうち武蔵浦和駅折返は快速を接続する。

夕ラッシュ時以降は再び通勤快速になる。20分毎の運転で、その間に普通が3本運転される。2本は大宮まで行くが、1本は武蔵浦和か赤羽で折り返している。普通は戸田公園と一部武蔵浦和で待避をする。

令和元年11月まで、快速は武蔵浦和―大宮間で与野《よの》本町《ほんまち》駅に停車し、武蔵浦和で各停を追い越していた。

これを武蔵浦和以北で各駅に停車するように変更し、各停の1本を武蔵浦和駅折返にした。

快速の所要時間が4分遅くなるだけでなく、各停の武蔵浦和折返電車は同駅で快速に乗り換える場合、下りか上りのいずれかが別のホームで発着することになる。ようするに長い階段を昇り降りして線路下のコンコースを通らなければ乗り換えができなくなった。

相鉄線直通で乗務員と車両が足りなくなり、そのあおりを食った形になっている。埼京線は黒字路線なのだから、車両や乗務員を増やして元に戻すべきである。

東京臨海高速鉄道

東京テレポート―東京貨物(タ)間は旅客化する

東京臨海高速《とうきょうりんかいこうそく》鉄道りんかい線は新木場《しんきば》―大崎《おおさき》間12・2キロの路線である。もともと国鉄京葉線塩浜《しおはま》―木更津《きさらづ》間の一部として日本鉄道建設公団（現鉄道建設・運輸施設整備支援機構＝略して鉄道・運輸機構）が建設したものである。

塩浜―東京貨物ターミナル間は国鉄貨物線、新木場―蘇我《そが》間は京葉線として開通した。新木場―東京貨物ターミナル間はトンネルと路盤が完成したが、ＪＲ東日本は自社の営業路線として引き受けなかった。

そこで東京都が91・32％、ＪＲ東日本が2・41％、品川区が1・77％の株を出資して第3セクターの東京臨海高速鉄道を設立、臨海部から大崎駅までの地下新線を追加して新木場―大崎間のりんかい線を完成させることになった。とりあえず路盤が完成している新木場―東京テレポート間を平成8年3月に開通、平成13年3月に東京テレポート―天王洲《てんのうず》アイル間、14年12月に天王洲アイル―大崎間を開通させて全通した。

新木場駅のホームは東京メトロ有楽町線のホームとともに2階にあるが、有楽町線のホームのほうが西にずれている。3階のコンコースにりんかい線、有楽町線そしてＪＲ京葉線の改札口がある。4階に京葉線のホームがある。

りんかい線の線路はそのまま東に延びていて2階に降りてきた京葉線の線路と合流している。京葉線とつながっているのは、東京テレポートまでの部分開通のときに、1カ月検査以上の定期点検をＪＲに委託していたからである。

相対式ホームの東雲《しののめ》駅の先で地下に潜る。通常の地下鉄線ではなく貨物列車の走行を前提にした山岳トンネルの規格で掘削されたため、極端にいえば蒸気機関車でも走行が可能になっている。

東京テレポート駅を過ぎると東京貨物ターミナルにある車両基地への入出庫線が分かれる。というよりも入出庫線に行くほうが直線、大崎への本線のほうが右

東京臨海高速鉄道（りんかい線）

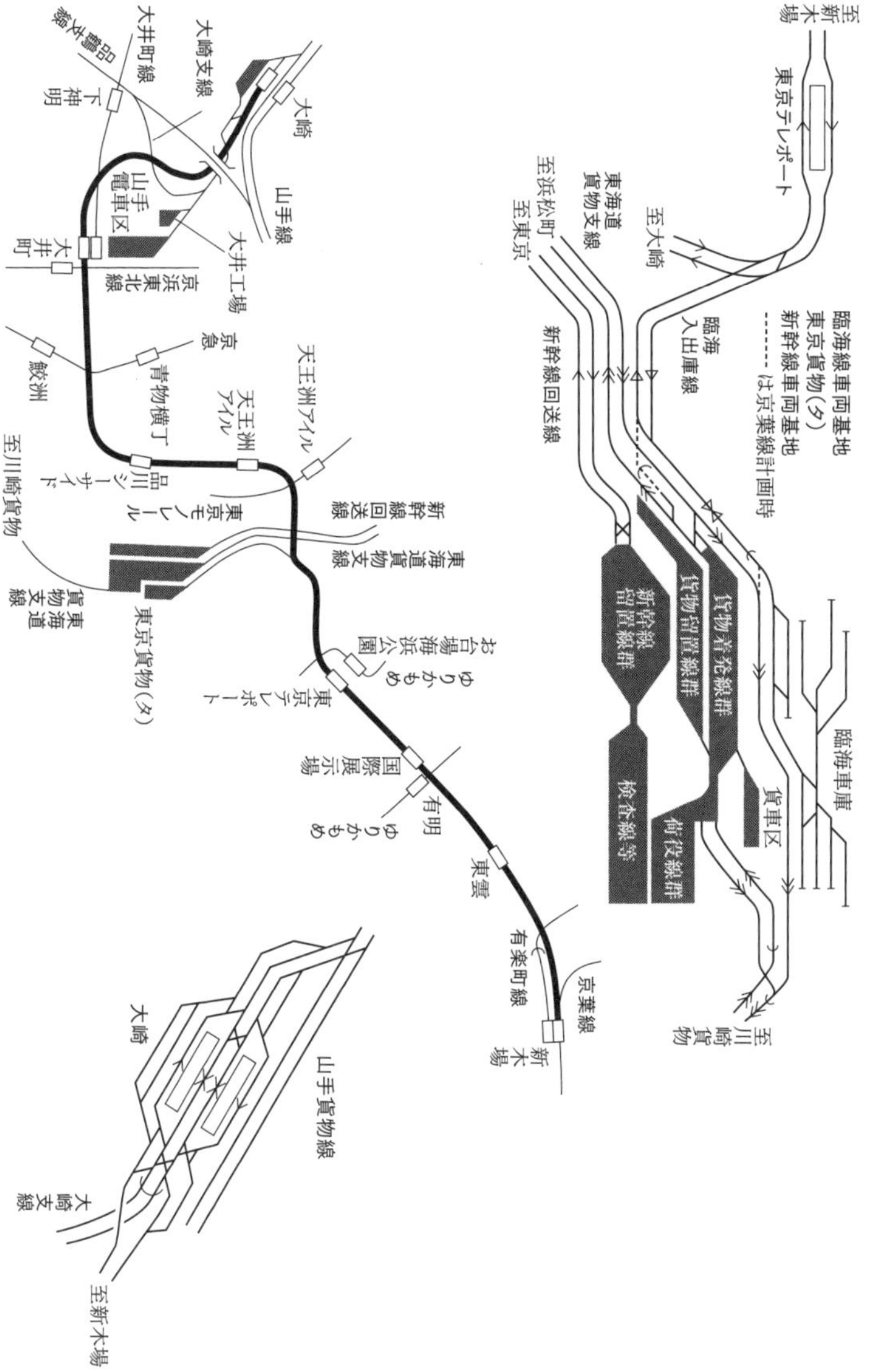

新木場駅に進入するりんかい線電車

にカーブしている。

大崎駅では湘南新宿ラインとで島式ホーム2面4線になっている。方向別ホームだが、内側2線の新宿寄りにシーサスポイントがあって新宿方面からの折り返しができる。両外側の線路は内側にあるりんかい線の線路との間に渡り線があって、そのりんかい線の上下線間にシーサスポイントがあるので、新木場方面からの折り返しがすべての発着線からできる。湘南新宿ラインの電車は両外側の5、7番線で発着する。

新木場―大崎間の所要時間は19分である。埼京線電車の主として快速、通勤快速と相互直通をしている。快速、通勤快速といってもりんかい線内は各駅に停車する。

朝ラッシュ時は4～7分毎。昼間時は20分毎に埼京線の快速が走り、その間に新木場―大崎間運転の各停が1、2本走る。1本だけの運転で快速とで10分毎にしてもいいが、大崎駅を通る湘南新宿ラインの電車とすぐに連絡できるようにするために2本の運転にして、うち1本が1分で接続するようにしている。しかし、意味がなく2本運転をしているときもある。

羽田アクセス線ができると、その山手西ルートは大井町から分岐することになっている。大崎―大井町間だけがりんかい線の区間になるから結構な運賃になる。臨海部ルートは、りんかい線の車両基地がある入出庫線を旅客化することになる。すでに車両基地の近くに島式ホーム2面4線が設置できる用地が用意されている。ここから羽田空港までがJR線ということになる。

JR京葉線

京葉線東京駅は成田新幹線用だった

京葉《けいよう》線は東京―蘇我《そが》間43・0キロの路線である。東京臨海高速鉄道で述べたように、京葉線は塩浜―木更津間の貨物線として計画された。木更津の工業地帯、京葉間の埋立地に計画されている工業地帯と京浜工業地帯を結ぶのが目的であった。

昭和40年代後半に起こったオイルショックなどで京葉臨海部は住宅地と商業地にすることになり、京葉線は旅客線として計画転換をせざるをえなくなった。そこで工事が進んでいて武蔵野線と接続する西船橋―蘇我間を旅客化することになった。

しかし、西船橋駅から東京都心に行くには総武線と営団（現東京メトロ）東西線である。ただでさえ混んでいる両線に京葉線からの乗換客が加わるとパンクする恐れがある。

そこで都心へのアクセス線がいろいろ考えられた。一番最初に考えられたのが営団有楽町線を南船橋駅まで延伸するものだった。しかし、営団はこの計画に対しては熱心でなかった。営団としては新木場駅まで建設して、ここで東から延びてくる京葉線と接続するのがいいとした。

国鉄も独自に都心へ行ける路線として、新木場駅を経由し東京駅に至るルートと建設中の京葉線のお台場付近から大崎駅まで建設して大崎駅で山手貨物線につなぐルートを検討した。検討の結果京葉都心線として東京―南船橋間を建設することになった。

西船橋―千葉みなと間は昭和61年3月、新木場―南船橋間と市川塩浜―西船橋間、それに千葉みなと―蘇我間はJR化後の昭和63年12月に開通、そして成田新幹線として計画されていた東京駅から新木場までの開通は平成2年3月である。大崎ルートは東京臨海高速鉄道が開通させている。

なお、千葉みなと―蘇我間は一部川崎製鉄専用線を使用して昭和50年5月に貨物線として開通している。途中に千葉貨物ターミナルがあったが、同貨物ターミ

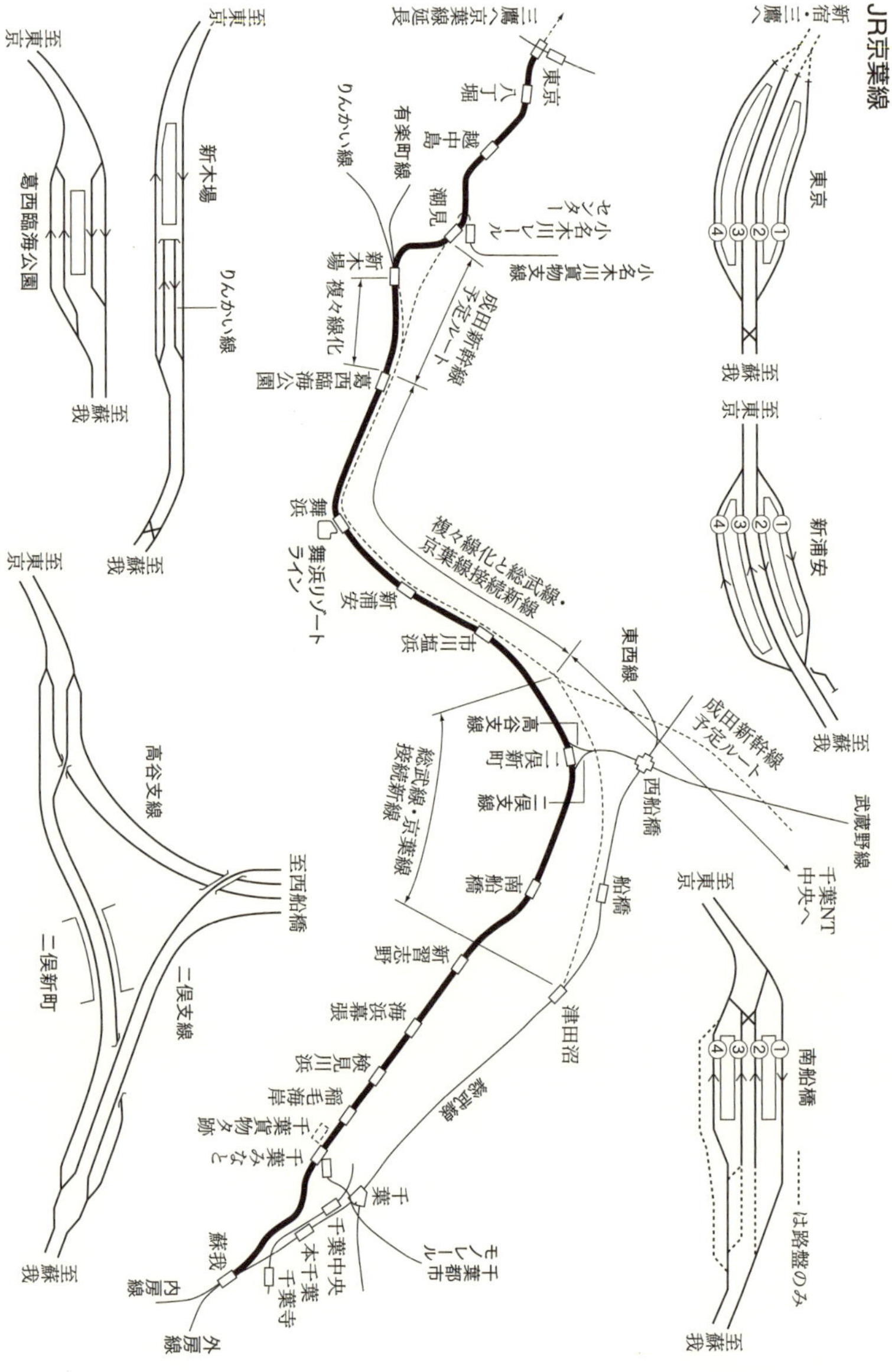
JR京葉線
新宿・三鷹へ
東京
至蘇我
至東京
新浦安
至蘇我
至東京
南船橋
……は路盤のみ
至蘇我
三鷹へ京葉線延長
東京
八丁堀
越中島
有楽町線
りんかい線
潮見
センター小名木川レール
小名木川貨物支線
新木場
複々線化
成田新幹線予定ルート
葛西臨海公園
舞浜
舞浜リゾートライン
新浦安
複々線化と総武線・京葉線接続新線
市川塩浜
東西線
成田新幹線予定ルート
高谷支線
二俣新町
二俣支線
西船橋
武蔵野線
千葉NT中央へ
総武線・京葉線接続新線
南船橋
船橋
新習志野
津田沼
海浜幕張
総武線
検見川浜
稲毛海岸
千葉貨物ターミナル跡
千葉みなと
千葉
千葉都市モノレール
千葉中央
本千葉
千葉寺
蘇我
内房線
外房線
至東京
新木場
りんかい線
至蘇我
至東京
葛西臨海公園
至蘇我
至東京
高谷支線
至西船橋
二俣新町
二俣支線
至蘇我

ナルは廃止された。

既存の路線と250m離れた京葉線東京駅は地下4階に島式ホーム2面4線がある。頭端部は新宿への延伸に備えてホームが途絶えた先まで線路は伸びている。既存の東京駅とは動く歩道で結ばれているが、階段もあって結構大変である。

越中島《えっちゅうじま》駅を過ぎて地下から高架になるが、地平になったところで越中島貨物駅にある保守基地からの線路が乗り上げポイントで京葉線の線路と接続している。

新木場駅のホームは4階にある。2階にはりんかい線と有楽町線のホームがあり、これら3線のコンコースは3階にある。

葛西臨海公園《かさいりんかいこうえん》は島式ホーム1面4線で外側に通過線がある追越駅である。東京ディズニーリゾートの最寄駅の舞浜《まいはま》駅は島式ホームである。新浦安駅は外側に待避線がある島式ホーム2面4線になっている。

市川塩浜駅の先で西船橋に行く高谷《こうや》支線が分岐する。京葉線の支線だが走っているのは武蔵野線の電車である。二俣新町《ふたまたしんまち》を過ぎて今度は西船橋から蘇我方面への二俣支線が合流する。同支線には武蔵野線電車のほかに貨物列車も走り、貨物列車は京葉線を走り抜ける。

南船橋駅は島式ホーム2面4線だが、内側の線路は武蔵野線電車の折返用になっているので蘇我寄りで京葉線本線と合流していない。ただし、合流できる路盤は用意されている。

新習志野《しんならしの》駅に京葉車両センターが隣接している。入出庫と折返用に島式ホーム1面と片面ホーム2面で発着線は4線になっている。中央にある島式ホームに面した2、3番線は同駅始発や終着が停車する。通常の電車は片面ホームに面した1、4番線を通る。

海浜幕張駅は島式ホーム2面4線で内側の線路が待避線である。稲毛海岸《いなげかいがん》駅の先で上り線は高架になる。そして地平の下り線には貨物待避線が1線設置されている。この南側に千葉貨物ターミナルがあった。

千葉みなと駅はJR形配線になっている。片面ホームは下り線側にある。北側に千葉モノレールの駅が並行している。その先で上下線の間隔が広がる。ここは旧都川信号場で貨物待避線を設置する予定だったが実現しなかった。

南船橋駅に進入する京葉線各停

終点蘇我駅の3、4番線が京葉線のホームである。駅の手前で2番線と5番線への渡り線、駅の先でも外房線と内房線に直通できるようになっている。

最混雑区間は葛西臨海公園→新木場間である。新木場駅でりんかい線と東京メトロ有楽町線に乗り換える客があるためである。最混雑時間帯は7時29分から8時29分と中途半端である。ちょうど君津《きみつ》発の快速が7時29分に新木場駅に到着し、最後の通勤快速が8時29分に到着するからである。現在はいずれも1分速くなったので7時28分から8時28分になっている。

京葉線用の広幅車両10両編成15本と直通している武蔵野線8両編成8本が走る。混雑率は166％になっているが、輸送力は厳密に計算すると284人少ないので修正混雑率は1ポイント下がった165％である。平成25年度の集中率は22％である。

現在、最混雑時間帯に通勤快速4本、快速1本、蘇我発普通が9本、新習志野発が1本、武蔵野線直通が8本の計23本と2本少なくなっている。

快速の停車駅は上りで見て海浜幕張まで各駅、南船橋、新浦安、舞浜、新木場、八丁堀《はっちょうぼり》、通勤快速は新木場と八丁堀で、内外房線の君津、上総湊《かずさみなと》、上総一ノ宮、勝浦《かつうら》を始発駅にしている。内房線では巌根《いわね》駅以外の各駅に停車するが、外房線では上総一ノ宮まで各駅、茂原《もばら》、大網《おおあみ》―蘇我間各駅に停車する。快速も君津発である。

　最混雑時に走る快速は普通をまったく追い越さないが、新習志野駅で快速が通過すると、すぐに同駅始発の普通が発車する。快速が停車する新浦安駅ではこの普通は2分で快速と接続する。

　通勤快速は千葉みなと、海浜幕張、新習志野、新浦安で普通を追い越す。蘇我―東京間の所要時間は39分（1本だけ38分）、停車駅は非常に少ないのに表定速度は67・9キロと遅い。これは舞浜―東京間で普通を追い越さない平行ダイヤにしているからである。蘇我―新木場間の表定速度は76・3キロと速い。

　最混雑時の前に特急「さざなみ」と「わかしお」が各1本、後に「さざなみ」2本、「わかしお」1本が走る。京葉線内はノンストップで、表定速度は「さざなみ」4号で75・9キロである。葛西臨海公園駅でも普通を追い抜き、この普通の前の普通との間隔を8分開けているので、普通の後追いをしてノロノロと走らない。

　昼間時は快速が3本、普通は東京―蘇我間が1本、東京―海浜幕張間が2本、武蔵野線直通が3本、これにときおり特急「わかしお」が走る。「わかしお」の下りはすべて、上りは10号から海浜幕張駅に停車する。

　快速は普通をまったく追い越さず、また完全な等間隔で走っていない。下りで見て15～29分となっている。29分間隔のときにときおり特急を走らせている。武蔵野線直通は完全な20分間隔になっているのだから、快速も20分間隔にした20分サイクルのパターンダイヤにするのが理想的である。毎時2分発の快速は外房線の上総一ノ宮駅まで直通する。

　特急が走るときでも、ほとんど発車時間が乱れないパターンダイヤにできるはずである。

　夕ラッシュ時の東京発18時16分と19時18分に通勤快速が走る。朝と違って平行ダイヤになっていないので東京―蘇我間を33分で走る。18時16分発は勝浦行、19時18分発は君津行である。快速も上総一ノ宮行と君津行がある。

　京葉線にはもう一つのラッシュがある。それは東京ディズニーリゾートが終了する21時台に舞浜駅からの帰宅客の輸送である。このため舞浜発東京行が3～8分毎に運転されている。

　夜間、下りの快速は1時間に3本または4本走る。普通は武蔵野線直通と東京―蘇我間の運転だけになる。

　羽田アクセス線ができると新木場駅からりんかい線に直通することになっている。羽田空港駅から京葉線に行く客の多くはディズニーリゾートがある舞浜駅を目指す。大崎回りは運賃が安くなるが、非常に遠回りになる。ほとんどはりんかい線経由になるから、運賃収受もりんかい線経由としてもいい。

　舞浜駅以外では幕張メッセがある海浜幕張駅でも夕方にラッシュがある。

　京葉線・総武線接続新線ができると内際結合ということで成田空港と羽田空港を行き来するようになる。ただし速度160キロ運転にして所要時間をできるだけ短くしなければ利用されない。

市川塩浜付近を走る蘇我行普通

JR武蔵野線

武蔵野南線は京浜湾岸線直通で旅客化を

武蔵野線《むさしの》は鶴見《つるみ》―西船橋《にしふなばし》間100・6キロの路線だが、旅客営業しているのは府中本町《ふちゅうほんまち》―西船橋間71・8キロである。また実質は、京葉線の二俣《ふたまた》支線西船橋―南船橋間と高谷《こうや》支線西船橋―市川塩浜間は武蔵野線に含まれているといえる。

さらに西浦和《にしうらわ》支線武蔵浦和―別所《べっしょ》信号場間と大宮《おおみや》支線西浦和―大宮操車場間には普通「むさしの」号と「しもうさ」号が走る。多くの「むさしの」号は西国《にしこく》分寺《ぶんじ》―国立《くにたち》間の国立《くにたち》支線も走る。

交差する放射状路線とは貨物連絡線が設置されている。前述の京葉線との連絡線の二俣支線、東北貨物線との連絡線の西浦和支線、大宮支線、中央線との連絡線の国立支線がそうである。このほかに常磐線との連絡線として北小金《きたこがね》支線南流山《みなみながれやま》―北小金間と馬橋《まばし》支線馬橋―南流山間、西武池袋線の連絡線として西武連絡線がある。

西武連絡線は以前は秩父で産出していた石灰を運ぶ貨物列車が走っていたが、現在は廃止している。今走っているのは西武多摩川線の電車を西武池袋線の武蔵丘車両検修場に出入りさせるときだけである。また高谷支線には貨物列車は走らない。

武蔵野線はもともと貨物線として造られた。都心を通り抜けるために山手貨物線や品鶴線、東北貨物線に走っていた貨物列車を武蔵野線経由にして、これらを旅客線に転用するのが目的だった。昭和48年4月に府中本町―新松戸間が開業したときの電車の閑散時の運転間隔は40分だった。しかし、貨物輸送の衰退と沿線開発によって、旅客輸送が主体になっている。

府中本町駅は南武線の上下線の間に武蔵野線が割り込んでいる。貨物線である武蔵野南線からの貨物本線、そして旅客線の間に島式ホームがある。島式ホームの南側に2線の引上線があって武蔵野線の2番線は到着用、3番線は出発用と乗降分離がなされている。

貨物本線は南側で南武線と相互に直通運転ができる

JR武蔵野線

至大宮(操)
大宮支線
西浦和支線
西武連絡線
東所沢電車区
新座貨物(タ)
北朝霞
所沢
東所沢
秋津
新座
朝霞台
東武東上線
西浦和
武蔵浦和
南浦和
東浦和
東川口
埼玉高速鉄道
南越谷
新越谷
東武伊勢崎線
越谷貨物(タ)
越谷レイクタウン
吉川
吉川美南
新三郷
三郷
南流山
つくばエクスプレス
総武流山電鉄
北小金支線
北小金
新松戸
馬橋支線
馬橋
新京成
新八柱
八柱
松戸
北総鉄道
東松戸
市川大野
船橋法典
西船橋
二俣支線
高谷支線
二俣新町
南船橋
市川塩浜
京葉線
舞浜
新木場
りんかい線
東京テレポート
りんかい線車庫
東京貨物(タ)
東海道貨物支線
品川
大井町
東海道線
川崎
新川崎
鶴見
新鶴見(信)
梶ヶ谷貨物(タ)
田園都市線
武蔵小杉
東横線
東海道新幹線
大崎
山手線
東京
上野
日暮里
総武線
常磐線
赤羽
埼京線
東北線
京浜東北線
池袋
新宿
中央線
新小平
西武秋津
新秋津
小平
西武新宿線
西武池袋線
西武国分寺線
西武多摩湖線
国分寺支線
国立
国分寺
西国分寺
北府中
京王線
旧下河原線
府中本町
旧東京競馬場前
旧下河原貨物駅
京王相模原線
稲城
南武線
小田急小田原線

が、武蔵野線旅客線から南武線への直通はポイントがないからできない。南武線の上り線はホームの途中で地下線に入り、武蔵野線はそれを乗り越していく。

860mの府中トンネルを抜けた先に島式ホームの北府中駅がある。東側は東芝府中事業所で専用線が何線も敷いてあり、東芝工場内まで伸び、廃車されたものの解体を免れたクハ103とクモニ83が置かれている。北側で武蔵野線と接続している。跨線橋から西に伸びている通路の先は東芝の工場に通じていて東芝関係者しか通れなかったが、東芝工場の横に一般者が通れる歩道ができて、工場の南側に行けるようになった。

次の西国分寺駅は中央線と連絡している。中央線が掘割、武蔵野線が半高架になっており、中央線の新宿寄りで十字交差している。両線のホームはほぼ直接階段で結ばれている。武蔵野線の上下線の間に貨物待避用の中線が置かれている。

2658mの小平トンネルに入る。トンネル内で国立駅から延びてきた国立支線が合流する。国立支線も2563mの国分寺トンネルを通っている。

小平トンネルの出口に相対式ホームの新小平駅がある。ホームの府中本町寄りは小平トンネル内にある。地下水で擁壁《ようへき》が崩れて水没したことがあり、何本ものがっちりしたコンクリート製のつっかい棒で擁壁の上部を支えて崩れないようにしている。

駅の先は4381mの東村山トンネルがある。トンネルを出ると新秋津《しんあきつ》駅がある。その前に西武線と国鉄線との授受線および貨物ヤードがあった。授受線は残っているがヤードのほうはJRの訓練線に転用されている。新秋津駅も貨物待避用の中線がある相対式ホームになっている。

東所沢《ひがしところざわ》駅は車庫が隣接しており島式ホーム2面4線になっている。手前には引上線2線を設置する路盤が120mの下安松トンネルを貫通して置かれているが、開通以来、ずっとレールが敷かれたことはない。

ずっと進むと左手に片置き式の新座《にいざ》貨物ターミナルがあり、その引上線が相対式ホームの新座駅まで伸びている。新座駅の上下線には新座貨物ターミナルに入る上り貨物列車の待機線がある。

北朝霞《きたあさか》駅では東武東上線と交差する。東上線の駅名

西国分寺駅に停車中の武蔵野線209系広幅車

は朝霞台である。

西浦和駅は島式ホームで、旅客線の外側を貨物線の大宮支線が取り囲んでいる。府中本町寄りで大宮支線が緩く膨らみ、途中で武蔵野線が分かれる。通常だと武蔵野線のほうを揺れないように直線にするが、ここでは大宮支線を直線にしている。武蔵野線電車はこのポイントに差し掛かると大きく体を持っていかれる。

大宮支線は武蔵浦和駅から分岐してきた西浦和支線と合流して325mの与野トンネル、続いて1558mの浦和トンネルを抜ける。両トンネルの間はコンクリートで囲まれてあたかもトンネルのように思えるが、外からはコンクリートの掩体《えんたい》が地上を通っているように見える。浦和トンネルの先で大宮操車場に入り、東北貨物線と合流する。

西浦和貨物線の下り線はすぐに武蔵野線の下り線と合流するが、上り線は交差する東北新幹線と埼京線とを武蔵野線とともにくぐった先の武蔵浦和駅のホーム近くで分岐している。

武蔵浦和駅は相対式ホームだが、武蔵野線との乗換通路は府中本町寄り1か所しかない。ラッシュ時には双方の乗換客で上下ホームとも混雑している。とくに下り線側はホーム自体が狭く、狭い階段なのに登り降りのエスカレーターが追加設置されたから、余計に大混乱している。抜本的な改良が必要である。上りホームの通路は拡幅されて乗り換えが楽になっている。

南浦和駅では京浜東北線と連絡している。ここの乗換階段も狭いが上下ホームとも各2か所あり、下りホームと京浜東北線北行の3、4番線との乗換階段も設置されており、武蔵浦和駅にくらべるとましである。

東浦和駅も貨物待避用の中線がある相対式ホームである。東川口駅は島式ホームで埼玉高速鉄道と連絡している。南越谷《みなみこしがや》駅は相対式ホームで東武伊勢崎線の新越谷駅と連絡している。

南越谷駅の先には片置き式の越谷貨物ターミナルがある。上下本線の間に府中本町方面から折り返しができる引上線が2線設置されている。終電間近に南越谷行が2本あり、この引上線で夜間滞泊をして、翌日の早朝に新越谷発府中本町行になる。

後からできた越谷レイクタウン駅はイオンが隣接している。吉川《よしかわ》―三郷《みさと》間には抱込み式の広大な武蔵野操車場があった。途中の新三郷駅は武蔵野操車場がまだあったときに追加設置されたので上下ホームは350mも離れていた。現在は通常の複線に相対式ホームが広がっている。吉川駅の西船橋寄りは武蔵野操車場のために上下線が広がり始めたところにあるため、ホームの西船橋寄りも広がったままになっている。

吉川―新三郷間に吉川美南《よしかわみなみ》駅ができた。同駅は珍しくJR形配線で新設された。片面ホームは下り線側にある。中線では朝ラッシュ時に同駅始発の西船橋行と東京行の2本が発車している。

三郷駅の府中本町寄りも上下線が広がっており、その向こうで上下線は離れて走る。その上下間に武蔵野操車場にあった引上線やシーサスポイントなどが撤去されずに残っている。

南流山駅も貨物待避線の中線がある相対式ホームである。その中線は上下本線への渡り線やシーサスポイントを通り抜けて、下り線から分岐した線路と複線になって、さらに立体交差で二股に分かれる。一方は常磐快速線の馬橋駅で接続する馬橋支線、もう一方は常磐快速線の北小金駅で接続する北小金線である。武蔵野線本線自体は新松戸駅で常磐緩行線と連絡する。

武蔵野線は八柱《やばしら》トンネルに入ってトンネル内に相対式ホームの新八柱《しんやはしら》駅があり、新京成の八柱駅と連絡する。再び高架になって東松戸駅がある。北総鉄道が上に斜め十字交差をしており、同鉄道と連絡する。

市川大野《いちかわおおの》駅も貨物待避用の中線がある相対式ホームになっている。船橋法典《ほうてん》駅には保守基地がある。

西船橋駅は総武本線と直交している。武蔵野線が上にある島式ホーム2面4線になっている。府中本町寄りに折返用のシーサスポイントがあり、以南は複々線になっている。外側が京葉線の二俣支線で南船橋駅に向かう。内側は高谷支線で市川塩浜駅に向かう。

京浜東北線との乗換駅である南浦和駅に向かう客が多いために、最混雑区間は東浦和→南浦和間になる。反対側は府中本町寄りの武蔵浦和駅で埼京線に乗り換える客が降り、そして南浦和駅で降りる客が続くため

新松戸駅に進入する府中本町行

西船橋駅の11番線で折り返す府中本町行。
車両は205系通常幅車

西船橋駅に停車中の内回り武蔵野線電車

に分散されている。

混雑率は公表で173%である。平成30年度は広幅車の209系も配置されていたので、それらが走っていたとして案分した修正輸送力は1万7090人、平均定員142・4人とした。平成25年度の集中率は30%になる。実際の混雑率は172%である。

最混雑時間帯は都心から離れているため7時21分から8時21分までの1時間、その間に8両編成が15本走る。内訳は東京発が3本、新習志野発が5本、新習志野発大宮行の「しもうさ」号が1本、南船橋発が2本、西船橋発が4本である。

下りには「むさしの」号が大宮到着で8時15分と8時44分の2本が走る。武蔵浦和駅で面倒な乗り換えをせずにすむということで、この2本は非常に混雑している。「しもうさ」とともに需要があるのだから、もっと走らせてもらいたいものである。できれば昼間時にも30分毎に運転してもらいたい。

昼間時は完全に10分毎に運転されている。1本は府中本町―南船橋間、1本は府中本町―東京間である。

夕ラッシュ時は7～9分毎の運転になる。夕夜間には「むさしの」号と「しもうさ」号が各2往復運転される。夕夜間の「むさしの」号は八王子発着である。土休日の朝の「むさしの」号にも八王子発着がある。

以前の「むさしの」号は府中本町―大宮間でみて西国分寺、新秋津、東所沢、北朝霞停車の快速だった。「しもうさ」号とともに快速に戻して昼間時にそれぞれ30分毎に走らせると便利である。普通の追い越しは東所沢と吉川美南の2駅でできる。「しもうさ」号の停車駅は武蔵浦和、南浦和、東川口、南流山、新松戸、新八柱、東松戸がいいだろう。

府中本町―鶴見間の武蔵野南線には臨時列車の「ホリデー快速鎌倉」などが走るのみだが、定期運転の旅客化が望まれている。京王相模原線、小田急小田原線、東急田園都市線、東横線の交点に駅を設置すれば便利な環状線になる。しかし、簡単にできるのは京王との交点の稲城《いなぎ》駅のみだし、鶴見駅の貨物着発線にホームを設置する余裕がない。旅客化は無理がある。

だが南武支線の尻手《しって》連絡線を通って答申されている京浜湾岸線に乗り入れて、途中の駅は稲城のみだと費用も建設期間も少なくできる。

JR南武線　平日の快速は20分毎に

南武《なんぶ》線は川崎《かわさき》—立川《たちかわ》間35・5㌔と支線の尻手《しって》—浜川《はまかわ》崎《さき》間4・1㌔、それに尻手—新鶴見信号場—鶴見間5・4㌔の新鶴見連絡線からなっている。尻手—浜川崎間は南武支線あるいは浜川崎支線と呼ばれている。南武支線の尻手—八丁畷《はっちょうなわて》間は単線だが、八丁畷駅で東海道貨物支線が合流するので複線になる。

連絡線の尻手—新鶴見信号場間は尻手連絡線と呼ばれ、新鶴見信号場にある新鶴見機関区に配置されている機関車が南武支線へ回送で向かうときなどに走るためにある。新鶴見信号場—鶴見間は品鶴線との重複区間で単独の線路はない。

南武線は南武鉄道という私鉄が開通させたものである。駅の数がやたらと多く、駅間距離が短いのはこのためである。多摩川の砂利を採取して輸送するが大きな目的で建設され、のちに同じ私鉄の青梅鉄道と線路を接続して、奥多摩地区の石灰を京浜工業地帯に輸送することが主流となった。だが、これがために太平洋戦争中の昭和19年に青梅鉄道や五日市鉄道、鶴見臨港鉄道とともに国に戦時買収されてしまった。

川崎駅の南武線ホームは東海道本線の西側にある。島式ホーム1面2線である。

駅を出ると右に大きくカーブして北上する。尻手駅は片面ホームの1番線が川崎行、島式ホームの2番線が立川方面、3番線が南武支線の発着線になっている。南武支線のホームは4両分あるが、走っているのは2両編成なので頭端側は柵がある。

南武支線の隣に貨物着発線があり、北側は尻手連絡線とつながっている。南側は単線の南武支線につながっている。また、南武線の上下線から浜川崎支線に入ることもできる配線になっている。ここを通って南武線を走る貨物列車が南武支線に転線できる。

南武支線は東海道貨物線と合流して3線になって片面ホームの八丁畷駅となる。京浜急行と連絡しており、ホームに簡易スイカ改札機が置かれている。また

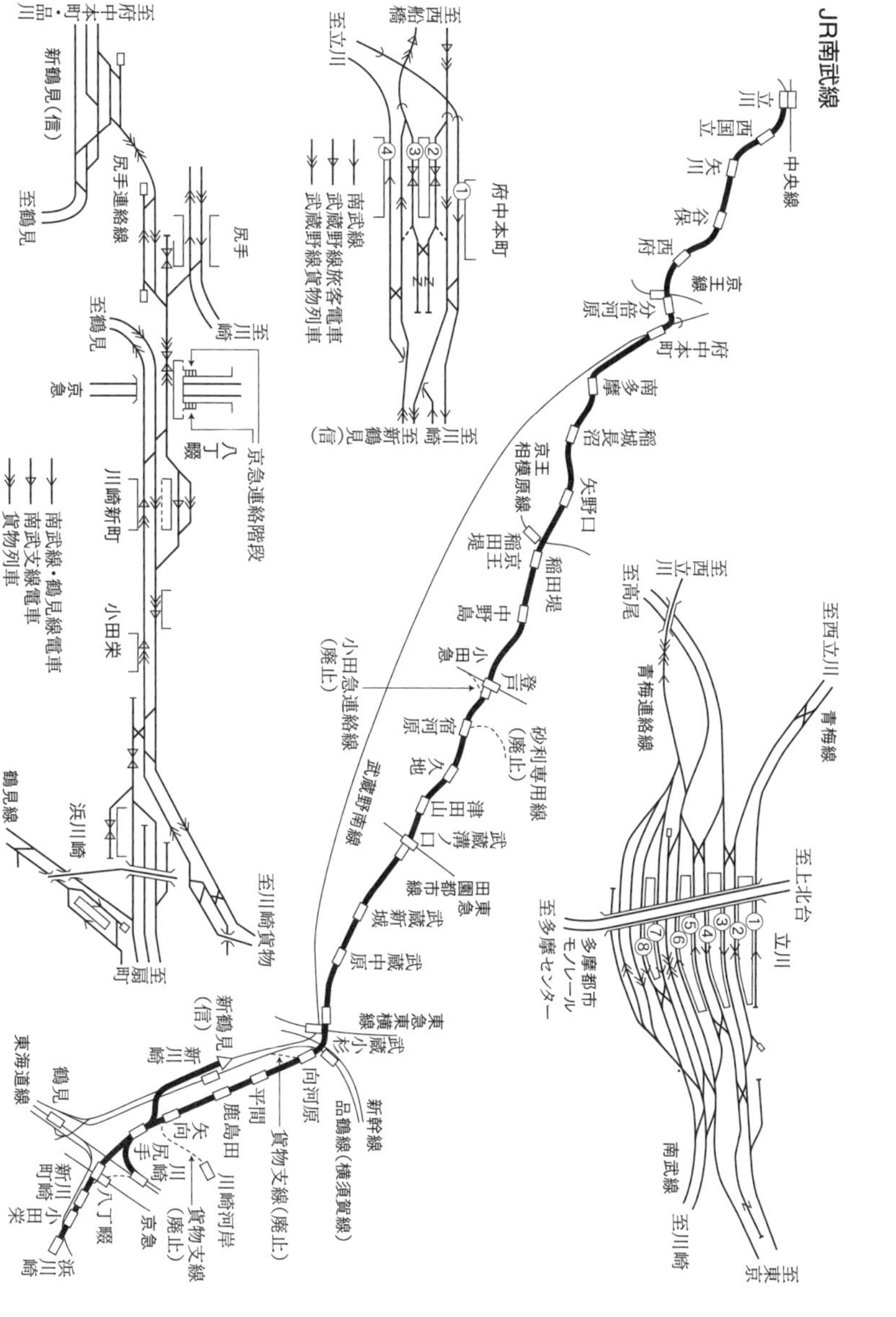
JR南武線
立川
西国立
矢川
谷保
西府
分倍河原
府中本町
南多摩
稲城長沼
矢野口
稲田堤
中野島
登戸
宿河原
久地
津田山
武蔵溝ノ口
武蔵新城
武蔵中原
武蔵小杉
向河原
平間
鹿島田
矢向
尻手
八丁畷
川崎新町
小田栄
浜川崎
新鶴見(信)
新川崎
川崎
鶴見
中央線
京王線
京王相模原線
稲田堤
京王稲田堤
小田急
小田急連絡線(廃止)
砂利専用線(廃止)
武蔵野南線
東急田園都市線
東急東横線
新幹線
品鶴線(横須賀線)
貨物支線(廃止)
川崎河岸
貨物支線(廃止)
東海道線
京急
至西立川
青梅線
至高尾
至西立川
青梅連絡線
至上北台
至多摩センター
多摩都市モノレール
南武線
至川崎
至東京
府中本町
至西船橋
至立川
至川崎
至新鶴見(信)
南武線
武蔵野線旅客電車
武蔵野線貨物列車
至府中本町・品川
新鶴見(信)
尻手連絡線
至鶴見
尻手
至川崎
至鶴見
京急
八丁畷
京急連絡階段
川崎新町
小田栄
浜川崎
鶴見線
至川崎貨物
至扇町
町
南武線・鶴見線電車
南武支線電車
貨物列車

京急側の入口にも自動改札機があり、スイカなどICカードでは二度タッチしなければならない。

八丁畷駅の浜川崎側で尻手行の電車は東海道貨物線（正確には南武支線）の下り線に転線して川崎新町駅の1番線から発車する。浜川崎行は川崎新町駅の手前で上り貨物本線と分かれて旅客線の2番線に停車する。

南武支線の上り貨物本線が上り東海道貨物線（南武支線旅客線でもある）と合流して複線になったところに、新駅の小田栄《おださかえ》駅がある。踏切を挟んで尻手寄りが浜川崎行ホームの1番線、浜川崎寄りが尻手行の2番線である。

運賃は川崎新町までの営業キロで計算をするが、小田栄―川崎新町間の乗車運賃は浜川崎―川崎新町間の運賃140円（ICカードは133円）となる。

西側に貨物引上線が並行する。南武支線の浜川崎行が転線して尻手行の線路と合流、続いて引上線と合流後、また右に分岐して浜川崎駅の片面ホームに入る。まっすぐ行く線路はJR貨物の仕訳線に向かう。仕訳線はスイッチバックして鶴見線に入線できる。

一方、南武線では尻手の次の矢向《やこう》駅には電留線がある。もとは矢向電車区だった。この電留線は島式ホームの下り本線2番線の反対側の3番線に面した線路につながっている。電留線に夜間滞泊して、翌早朝に矢向発川崎行の電車が6本走る。夜間は回送で入庫する。営業運転で矢向止まりがあると上りの3番線に入るから矢向駅よりも奥へ行く客が面倒だからである。

武蔵小杉《むさしこすぎ》駅は東急東横線と横須賀線・湘南新宿ライン（以下横須賀線）と連絡している。東急東横線のホームへは、一度2階コンコースに昇って改札を出てから東急の地上コンコースに向かい、そして東急の改札口を経て2階のホームに行く。

かつて東横線の上り渋谷行ホームとは直接つながっていたのを完全に分離して不便になっている。東急との乗り換えは面倒になったが、横須賀線ホームとの乗り換えはもっと面倒で時間がかかる。

南武線の川崎側にある乗換通路を延々と歩かなくてはならない。しかも南武線上り川崎行ホームからは跨線橋を昇り降りして下り線側とつながっている乗換通路まで行く。乗換通路は途中にアップダウンがある。そこにはエスカレーターがあり、動く歩道もついている。これらがあるのは救いだが、朝夕ラッシュ時は行きかう人で混雑している。

　そこで横須賀線ホームに入場専用の新南改札を設置、場外乗り換えができるようにしていくぶん緩和した。さらに横須賀線ホームを2面2線化して北側に新たな改札口の設置を令和5年（2023）に完成させる予定になっている。これによってさらに分散化を図る。

　高架の武蔵中原《なかはら》駅は島式ホーム2面4線で内側2線が副本線になっている。北側の地上に中原電車区がある。

　武蔵溝《みぞ》ノ口《くち》駅は上り線が片面ホームになったJR形配線になっている。夕ラッシュ時の下り快速は同駅で緩行と緩急接続をする。また、西側に電留線2線がある。

　宿河原《しゅくがわら》駅の上りホームの反対側にも電留線が2線置かれている。次の登戸《のぼりと》駅は下り線が片面ホームになっているJR形配線である。

南武支線に新設された小田栄駅に停車中の浜川崎行

武蔵溝ノ口駅に停車中の快速（右）と各停（左）

　登戸駅で折り返す電車は反対側の島式ホームの中線に停車する。この電車に乗って中野《なかの》島《しま》駅以遠に行く場合は跨線橋で片面ホームの1番線に移動しなくてはならない。そこで宿河原駅に到着する前に「中野島より先に行かれる方は宿河原駅で後発の電車に乗り換えてください。登戸駅では階段を昇り降りしなければなりません」といった案内がなされる。これは国鉄時代からずっと行われている案内放送である。

　登戸駅では日中の上り快速が緩急接続を

している。同駅は橋上駅化されて小田急のコンコースとつながったために、乗り換えがスムーズになった。それまでは1番線側にある改札口を経ての乗り換えだったために上り電車からは面倒だった。

稲田堤《いなだづつみ》駅の立川寄りで少し離れたところに京王稲田堤駅がある。乗り換えに少しかかるが、歩く距離にして270m、4分程度しかかからない。新宿駅で他線間の乗り換えよりも楽である。

矢野口《やのくち》駅の川崎寄りから南多摩《みなみたま》駅の立川寄りまで高架化された。途中にある稲城長沼《いなぎながぬま》駅は島式ホーム2面4線になり、内側2線が待避線兼折返線になっている。

武蔵野南線と並行して多摩川を渡り、武蔵野南線が高架になって南武線の上下線の間に割り込んで府中本町駅になる。武蔵野南線の島式ホームの2、3番線と南武線の下り1番線は同一平面の2階にあるが、南武線の上り線は1段下の1階にあり、立川寄りは地下線になっていて上を武蔵野線が横切っている。下り快速は同駅で各停を追い抜く緩急接続をしている。

分倍河原《ぶばいがわら》駅では京王線が上で交差している。下りホームからの階段を昇ると橋上連絡口があって京王線の下りホームに行ける。京王線の上りホームへは跨線橋を通って1段下の2階コンコースにある中央連絡口を通っていくことになる。このコンコースは南武線の上りホームへの階段がある。連絡改札口を通って京王線に入ると同線の上下ホームへの階段が設置されている。同駅は京王電鉄が管理している。

立川駅の南側、島式ホームの7、8番線が南武線の発着ホームである。ホームの両側に貨物着発線がある。南側の貨物着発線2線は上下行違線で、西側で青梅連絡線につながっている。北側は着発線であり青梅連絡線と中央線下り線につながっている。中央線の4～6番線から南武線の上り線へは行けるが、南武線の下り線から中央線の発着線には行けない。

横須賀線電車が停まる武蔵小杉駅に向かって両方向からの流れがある。武蔵中原駅側からは川崎方面への流れが加わるので、最混雑区間は武蔵中原→武蔵小杉間になる。昭和60年度までは尻手→川崎間だった。

乗務員室にクラッシャブルゾーンがある6両編成なので、1編成の定員は872人となり、輸送力は2万1800人、公表混雑率は184%だが、修正混雑率は3ポイント上がって187％になる。

東京都心から離れているので最混雑時間帯は7時30分から8時30分で、その間に6両編成25本が走る。平均運転間隔は2分25秒である。短い6両編成だからできることで、10両編成だと2分30秒になる。

最混雑1時間に走る25本の内訳は立川発が13本、西国立発が2本、稲城長沼発が3本、登戸発が7本である。なお、西国立発は立川―西国立間を回送で走る。西国立駅から座れるようにするためである。

昼間時は快速が走る。快速は平成23年（2011）3月に運転開始をした。このときは川崎―登戸間で快速運転をし、以遠は各駅に停車していた。現在は川崎―立川間全区間で快速運転をする。

停車駅は鹿島田《かしまだ》、武蔵小杉、武蔵中原、武蔵新城《しんじょう》、武蔵溝ノ口、登戸、稲田堤、稲城長沼、府中本町、分倍河原である。

運転間隔は平日が30分毎で下りは稲城長沼駅、上りは登戸駅で各停と緩急接続をする。土休日は20分毎の運転になり、下りは武蔵溝ノ口駅と稲城長沼駅、上りは登戸駅で各停と緩急接続をする。


実は国鉄時代の昭和44年（1969）12月から川崎―登戸間で快速の運転を開始したことがある。停車駅は武蔵小杉と武蔵溝ノ口だけだった。下りは武蔵中原駅で各停の通過追い越しを行い、一部は武蔵溝ノ口駅で各停と緩急接続をしていた。上りは登戸駅で各停と接続するだけだった。

川崎―登戸間の所要時間は20分、表定速度は51・9キロと各停よりも10分速かった。しかし、快速の運転間隔は1時間と長い。そして快速をはさむ前後の各停の運転間隔があくということで、快速通過駅の乗客から不評をかったこともあって昭和53年10月に廃止されてしまった。

夕ラッシュ時にも快速が走る。下りは4本、ほぼ30分毎に川崎→稲城長沼間の運転で、同駅で各停立川行に連絡する。武蔵溝ノ口駅でも緩急接続をする。

上りもほぼ30分毎に4本運転されるが、登戸→川崎間の運転である。登戸駅で立川発各停と連絡し、武蔵中原駅で緩急接続をしている。

平日の30分毎では長すぎる。平日も20分毎の運転にしてもらいたいものである。

JR横浜線　終日にわたって快速の運転を

横浜《よこはま》線は東神奈川《ひがしかながわ》―八王子《はちおうじ》間42・6キロで東海道線の所属路線である。東神奈川駅から京浜東北・根岸線に直通して、桜木町、磯子《いそご》、大船《おおふな》へ直通する電車がある。

私鉄の横浜鉄道が明治41年に開通させたが、南武線を開通させた南武鉄道が電気鉄道だったのと異なって蒸気鉄道で開通したので駅間が長い。

開通時に開設された駅は小机《こづくえ》、中山《なかやま》、長津田《ながつた》、原町田《はらまちだ》、淵野辺《ふちのべ》、橋本《はしもと》、相原《あいはら》と少ない。平均駅間距離は5・3キロである。現在の快速停車駅よりも少ないのである。

東神奈川駅で京浜東北線と直通するが、東京方面への乗換客も多い。横浜線電車は内側の2線で直通するか折り返している。方向別で折り返しているのではなく、適宜、折返ホームが異なっている。そのため東京方面、横浜方面とも2階コンコースを経ての乗り換えを余儀なくされることがある。ラッシュ時になると階段コンコースが人でごった返している。

京浜急行とはペデストリアンデッキで乗り換えができる。京急の駅名は仲木戸《なかきど》だが、令和2年春に京急東神奈川に改称する。

大口《おおぐち》駅で東海道貨物支線の羽沢貨物線が上を横切るが、同線は騒音防止のためにシェルターで覆われているので、なにが上を通っているか知る人は少ない。

菊名《きくな》駅では東急東横線と連絡する。平成25年12月まではホームの東神奈川寄りに改札口と東急東横線へ直接乗り換えができる連絡改札口が併設され、ホームとの間に階段があった。降車客と乗換客で横浜線電車の先頭車両が非常に混雑し、また、八王子寄り車両からの乗換客があって、ラッシュ時にはホームに乗換客が溢れていた。

そこで降車客や乗換客を分散させるために階段をホーム中央の2か所に新設して、東神奈川寄りの階段は閉鎖し、広い1階コンコースを設置した。これによっ

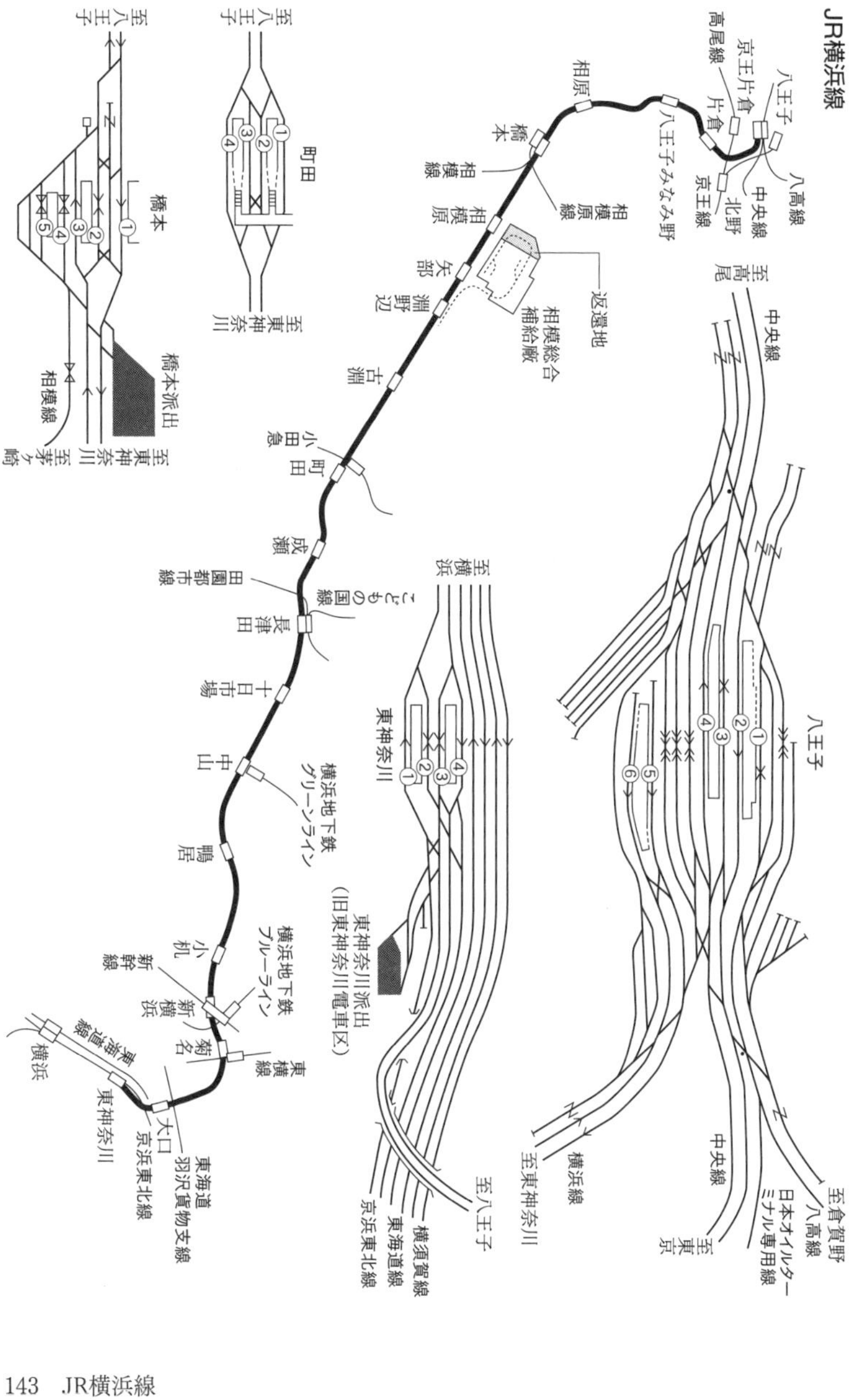
JR横浜線
八王子
京王片倉
高尾線
片倉
八高線
中央線
北野
京王線
八王子みなみ野
相原
橋本
相模線
相模原線
相模原
矢部
淵野辺
返還地
相模総合補給廠
古淵
町田
小田急
成瀬
こどもの国線
田園都市線
長津田
十日市場
中山
横浜地下鉄グリーンライン
鴨居
小机
横浜地下鉄ブルーライン
新幹線
新横浜
菊名
東横線
大口
東海道羽沢貨物支線
京浜東北線
東神奈川
東海道線
横浜
八王子
至高尾
至倉賀野
八高線
日本オイルターミナル専用線
中央線
至東京
横浜線
至東神奈川
東神奈川
至横浜
東神奈川派出（旧東神奈川電車区）
至八王子
横須賀線
東海道線
京浜東北線
町田
至八王子
至東神奈川
橋本
至八王子
橋本派出
相模線
至東神奈川
至茅ヶ崎

て連絡改札口は閉鎖、一度、改札外に出てからの乗り換えになった。

新横浜駅は東海道新幹線と交差している。横浜線は狭い島式ホーム1面2線の棒線駅になっている。横浜線新横浜駅の2階コンコースへの階段は2か所しかなく、しかも幅は狭く、それぞれエスカレーターが1基併設されている。

朝ラッシュ時に電車が到着すると二つの階段に降車客が殺到する。しかも通勤客だけでなく新幹線に乗り換える長距離客がカートや大きなカバン、リュックを抱えて加わる。上下ほぼ同時に到着するとホームは階段を昇る客でごった返しており、危険すら感じてしまう。

夕ラッシュ時も新幹線からの乗換客が加わるので、やはり混雑している。

八王子寄り端に階段とコンコースの新設がほしいところである。そうすれば北口に広がるオフィス街に直接出ることができ、新幹線の乗換客が通らないからスムーズに乗り降りができる。さらに東急・相鉄新横浜線への乗り換えも便利になる。

十日市場付近を走る桜木町行

小机駅は片面ホームが下り線にあるJR形配線で、八王子寄りに引上線が2線ある。かつては東神奈川―小机間の小運転の区間電車がラッシュ時に走らせていたが、現在はなくなっている。

鴨居《かもい》駅の北側鶴見川を渡ったところにパナソニックの大きな工場があり、鴨居駅の北口に通じる鶴見川の人道橋を通って同工場に通う人や訪問者が多く、このために快速が停車する。

中山駅は下り線が片面ホームのJR形配線で、昼間時に運転される快速は同駅で普通を追い越している。中山駅では横浜地下鉄グリーンラインが連絡している。

長津田駅は東急田園都市線と連絡しているが、線路もつながっている。東急の新車の搬入は横浜線を通じて行われるためである。東急の車両は元東急車両だった現総合車両製作所が造っている。同製作所はJR東日本の子会社で、工場は京急金沢八景駅に隣接している。

東急の新車は工場を出ると甲種回送となり、3線軌化された京急逗子《ずし》線にまず入線する。新逗子駅の手前で狭軌の搬出線を通ってJR逗子駅に達する。

横須賀線で大船駅に達し同駅で根岸線に入り、桜木町駅からは東海道貨物支線、そして武蔵野南線を経て府中本町駅に達する。同駅からは南武線で立川駅、中央線で八王子駅に到着して横浜線に入って長津田駅に向かうのである。

改造などで長津田駅から金沢八景駅に向かうときはその逆コースになる。このため田園都市線との間に貨物着発線、長津田寄りに東急側の授受線があるとともに横浜線の上下線間に渡り線も設置されている。

町田駅で小田急小田原線と連絡する。横浜線が原町田、小田急が新原町田駅だった時代の両駅はもっと離れていた。横浜線の原町田駅は現在の町田市立図書館あたりにあった。現在、大半の時間が歩行者専用になる狭い一方通行の道路は両駅が離れていた時代はマラソン道路と呼ばれていた。両線同士を乗り換える人が、小走りで両駅間を通ることからそういわれていたのである。

今は原町田駅が小田急寄りに移設されて乗り換え距離は短くなったが、まだ長くて狭い。そこでペデストリアンデッキを増設して混雑のほうは緩和された。

JR駅は島式ホーム2面4線で内側が副本線になっている。副本線は待避と折り返しができるが、昼間時の下り快速はここで普通を追い越している。また下り本線の4番線にはバー式の軽量ホームドアが設置されている。可動柵が幅広なのでタスクなしの手動停車している。なお、横浜方面からの町田折返電車は基本的に2番線で発着する。

淵野辺駅は島式ホーム1面2線だが、北側に側線路盤があり、ところどころ線路が残っている。この側線は矢部《やべ》駅の先まで延びていて、米軍相模総合補給廠に入っていた。また、それとは別に補給廠の東側の塀の外にも単線線路が延びていた。それらは撤去されたが、補給廠の外側の線路跡は植栽されているものの線路だったことがわかる。

矢部駅も島式ホームである。八王子寄りで上下線がクランク状に左へずれている。複線化時矢部駅まで北側に増設線路を張り付けたが、八王子寄りは南側に張り付けたためにずれている。このために快速は時速45キロに減速する。

相模原駅まで米軍補給廠が続くが、補給廠の西側の一部が返還され橋上駅舎化時に北口が設置された。さらに北口から補給廠の北側までまっすぐな道路が整備された。従来町田街道から相模原駅のほうに行く場合、補給廠のところでクランク上に折れていかなくてはならなかったのが、まっすぐ行けるようになった。

橋本駅は相模線と接続し京王相模原線と連絡する。横浜線のほうはJR形配線、相模線は島式ホーム1面2線である。東神奈川寄りに車庫があり、八王子寄りでは相模線への転線用のポイントがあって、朝夕ラッシュ時には八王子―茅ヶ崎間の直通電車が走る。

八王子駅は中央線のホームから離れたところに島式ホーム1面2線がある。中央線ホームとの間に3線の貨物着発線があり、中央線との連絡跨線橋は2か所がある。1か所は2階コンコース経由、もう1か所は東神奈川寄りにある乗換専用である。

いずれも朝ラッシュ時には双方の乗換客で通路は混雑している。東神奈川寄りに横浜線と中央線とが行き来できる連絡線がある。これは平成31年3月まで横浜―松本間を走っていた特急「はまかいじ」のために設置された。同月で廃止されて今は使用されていない。

この渡り線を使って朝夕ラッシュ時に一部の横浜線電車を中央線の4番線で発着すれば、中央線の下り電車からの乗り換えが便利になり、乗換通路の混雑も解消される。そして中線の3番線を中央線下り発着線にすれば競合しにくくなる。

車両は広幅車のE233系に置き換えられた。8両編成28本が使用されている。

昭和60年までの最混雑区間は大口→横浜間だったが、新横浜駅のオフィス街化によって61年度からは小机→新横浜間になった。混雑率は公表で165％だが、クラッシャブルゾーンがある8両編成なので編成定員は1184人ではなく1174人と10人減る。輸送力は2万2306人になるので修正混雑率は1ポイント上がって166％になる。

平成25年度の集中率は25％である。20％台だと閑散時も結構利用されていることになる。

最混雑時間帯は7時27分から8時27分で、この間に19本が運転され、平均運転間隔は3分20秒である。現在も19本の運転である。内訳は八王子発が10本、橋本発が7本、町田発が2本である。

八王子―横浜間を通勤で乗り通す人は多い。また、新横浜駅から新幹線に乗るため、朝ラッシュ時に乗る人も多い。多くは中央線からの乗換客である。それなのに普通しかないのでは時間がかかる。朝ラッシュ時の八王子→新横浜間の所要時間は48分だが、橋本駅で1分以上停車する電車もある。先行して橋本発があって、同駅から先の運転間隔を調整するからである。

15分毎程度に特別快速が欲しいところである。また、新幹線乗換客は大きな荷物を抱えている人が多い。通勤客と分離するためにもグリーン車1両を連結してもいい。停車駅は橋本、町田、長津田、新横浜、横浜がいいだろう。

八王子―茅ヶ崎間の相模線直通電車が3本運転されている。

昼間時は20分サイクルに桜木町―八王子間の快速が1本、下りは桜木町―八王子間と東神奈川―橋本間の普通が各1本、上りは桜木町―橋本間と東神奈川―八王子間の普通が各1本の運転である。

東神奈川―八王子間で快速の所要時間は47分、表定速度は59・2キロである。停車駅は菊名、新横浜、鴨居、中山、長津田、町田、橋本以遠各駅である。

快速運転は昭和63年（1988）に開始された。当初の停車駅は新横浜、鴨居、中山、町田、橋本以遠各駅で1時間毎の運転だった。快速通過駅近くにある踏切の遮断時間を安全に保つために通過駅では45キロにスピードを落としていた。

現在は菊名駅と相模原駅にも停車するようになり、運転間隔も20分毎、下りは町田駅、上りは中山駅で普通と緩急接続をする。

昼間時の普通の東神奈川折返は2番線である。下りは桜木町発とで8分と12分交互の間隔になっている。桜木町発の普通は町田駅で快速を待避するものの、町田→橋本間で普通の間隔は8分か12分と変わらない。橋本→八王子間では普通と快速が各1本の運転になる。快速は相模原以北は各駅に停車する。普通との間隔は6分か14分といびつになっている。

上りは快速と普通は10分交互に運転されている。普通は中山駅で快速を待避する。橋本→中山間で普通同士の間隔は8分か12分になる。中山駅以南では7分か13分とややいびつになる。

普通だけが走る夕ラッシュ時は6、7分毎の運転である。相模線直通が橋本―八王子間に3本運転される。この直通が走るときは横浜線の電車は橋本折返になっている。この橋本折返の電車が到着して2分後に相模線ホームから発車する直通電車が走る。

閑散時に横浜線ホームから跨線橋を通って相模線ホームに行くのに2分の接続で充分だが、ラッシュ時ではそうはいかない。

跨線橋に通じる階段付近に停まる車両に乗っていれば、階段をさっさと通り抜けて乗り換えができるが、階段から離れた車両に乗っていると、階段に乗換客が殺到して混雑しているので時間がかかってしまう。まして大荷物を持って新幹線から乗り換えてくると2分では足りない。また、8両編成の橋本止まりの横浜線電車を4両編成の相模線電車が引き受けるのだから、八王子駅までぎゅう詰めで乗ることになる。

橋本止まりの電車と相模線直通電車を接続しないで、八王子行の電車が走った3分後に相模線直通電車を走らせるようにしたほうがいい。

JR川越線（川越—高麗川間）・八高線（高麗川—八王子間）　運転本数の増加を

川越《かわごえ》線の川越—高麗川《こまがわ》間14・5キロと八高《はちこう》線の高麗川—八王子《はちおうじ》間31・1キロは直通運転をしている。川越線の起点は大宮駅で、大宮—川越間は埼京線の10両編成の電車が走る。八高線の起点は八王子駅である。川越線は幹線の運賃が適用され、電車特定区間よりも高く設定されている。八高線は地方交通線なので運賃は幹線よりさらに高めに設定されている。

川越駅は島式ホーム2面3線で、川越以西を走る電車は中線の4、5番ホームで発着する。的場《まとば》駅が島式ホームの行き違い駅、武蔵《むさし》高萩《たかはぎ》駅が相対式ホームの行き違い駅である。

高麗川駅は西側に駅本屋があって1番線が片面ホームになっているJR形配線に加えて東側に電留線が2線ある。それ以外にも線路はあるが、本線とつながっておらず入線できない。電留線は八王子寄りで止まっており、川越寄りに入換信号機とともに出発信号機が川越寄りに設置されている。

基本的に1番線が川越行、島式ホームの内側の2番線が八高線高崎方面、外側の3番線が拝島、八王子方面が発着する。

次の東飯能《ひがしはんのう》駅は島式ホームの行き違い駅で、行き違い線2線は両方向に出発が可能である。西武池袋線の片面ホームが隣接している。両線のホームは自由通路の跨線橋があり、別々に自動改札機が置かれている。

金子《かねこ》駅は相対式ホームの、箱根《はこね》ケ《が》崎《さき》駅と東福生《ひがしふっさ》駅は島式ホームの行き違い駅である。このうち箱根ケ崎駅の1番線は八王子方面から入線ができる。これによって箱根ケ崎折返電車が運転できる。東福生駅は跨線橋に簡易スイカ改札機が置かれている無人駅である。ただし駅員が簡易スイカ改札機の前に立ってチェックすることもある。

拝島駅は五日《いつか》市《いち》線、青梅《おうめ》線、西武《せいぶ》拝島《はいじま》線が集まる大きな駅である。八高線電車は東側の西武拝島線の隣の島式ホームの4、5番線で発着する。上り5番線には

JR川越線

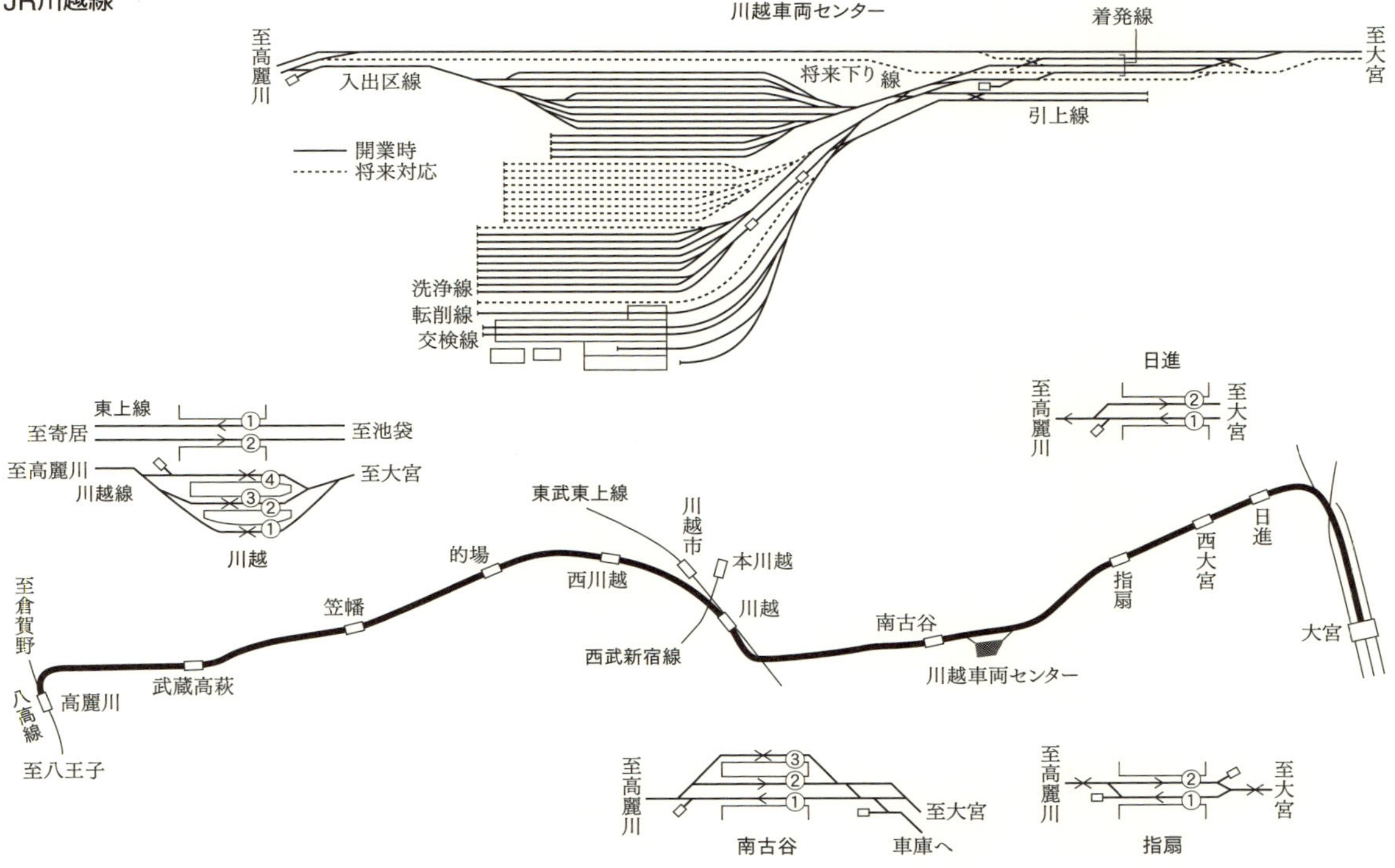
川越車両センター
至高麗川
入出区線
将来下り線
着発線
至大宮
引上線
開業時
将来対応
洗浄線
転削線
交検線
東上線
至寄居
至池袋
至高麗川
川越線
至大宮
川越
日進
至高麗川
至大宮
東武東上線
川越市
本川越
的場
西川越
笠幡
川越
至倉賀野
八高線
高麗川
武蔵高萩
西武新宿線
南古谷
川越車両センター
指扇
西大宮
日進
大宮
至八王子
至高麗川
至大宮
南古谷
車庫へ
指扇

JR八高線(八王子―高麗川間)

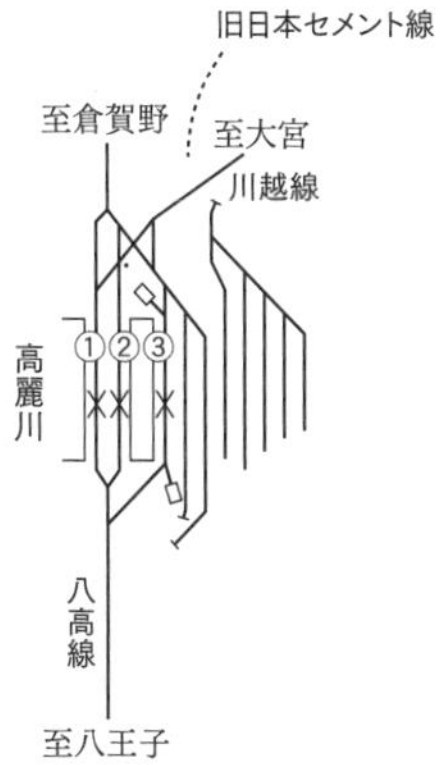

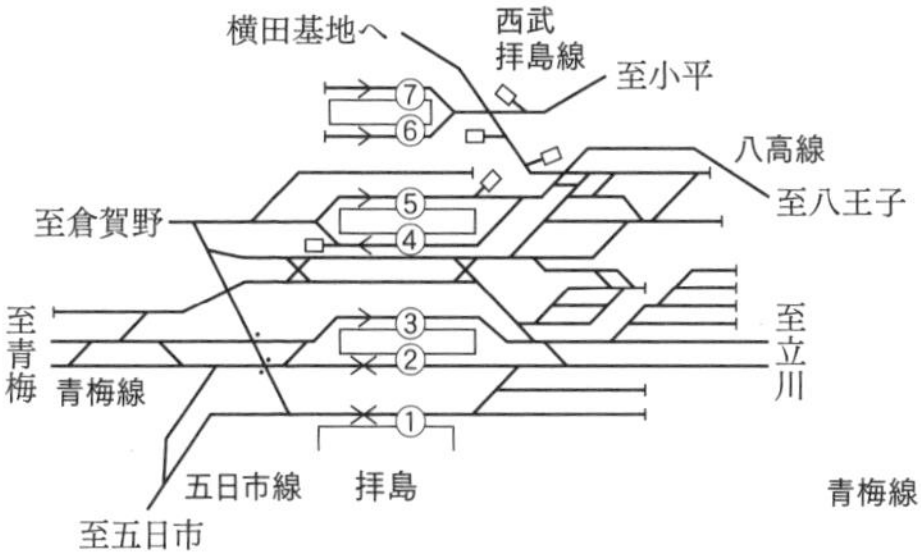

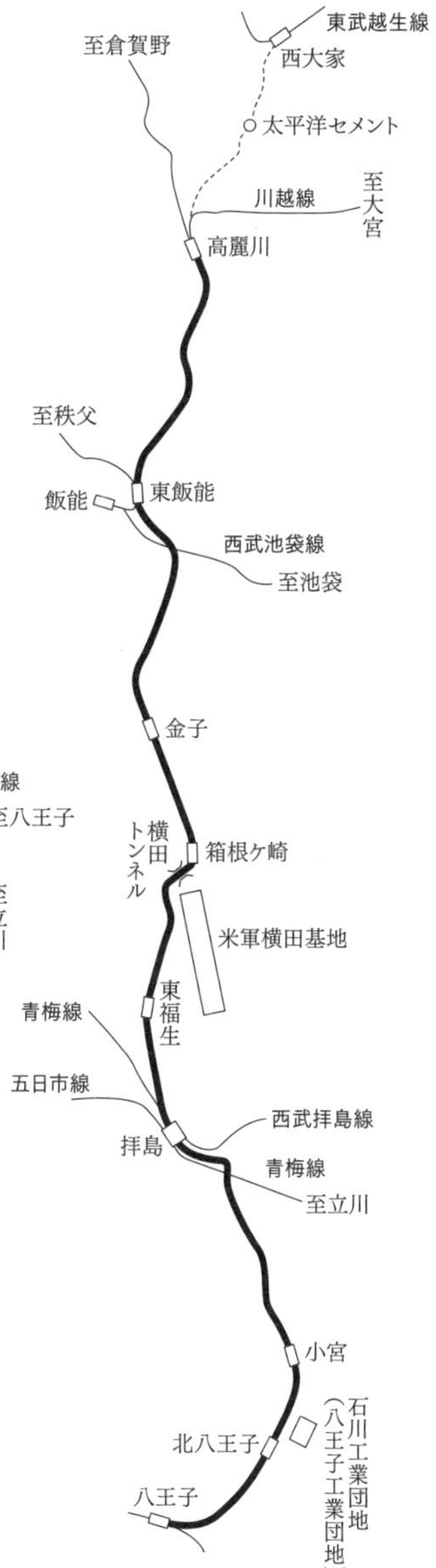

昇降式のホームドアが試験設置されている。

朝夕ラッシュ時に高麗川駅から拝島駅を経て東京行の直通電車が2本設定されている。4両編成で拝島駅で五日市線の6両編成の電車と連結して10両編成で東京駅に向かう。夜間にはその反対の東京発高麗川行が2本走る。高麗川駅で夜間滞泊して翌日の高麗川発東京行になる。

高麗川駅に進入する川越発八王子行

八王子駅に進入する八高線電車(上奥)、手前は中央線電車

拝島駅を出て左にカーブしてから大きく右にカーブして青梅線を乗り越して南下、多摩川を渡って小宮、北八王子と進んで八王子駅になる。

八王子駅では1番線が八高線の発着ホームである。島式ホームに面しており、その高麗川寄りで発着する。高尾寄りは転落防止のための柵が設置してある。反対側の２番線は中央線上り電車が発着する。

通常幅の２０９系4両編成が10本、広幅のＥ２３１系４両編成４本が使用されている。２０９系は八高・川越線用に改造転用された。Ｅ２３１系も同様である。東京直通は中央線仕様のＥ２３３系を使用する。

朝ラッシュ時の川越寄りは16~23分、八王子寄りは13~23分の間隔になっている。川越駅に向かう流れと八王子駅に向かう流れのほか、八王子駅から工業団地がある北八王子駅への流れも大きい。

昼間時は完全な30分毎の運転である。夕ラッシュ時は20分前後の運転と八王子—拝島・箱根ケ崎間の区間電車が走る。

都営浅草線

蔵前駅の待避駅化を

都営地下鉄浅草《あさくさ》線は西馬込《にしまごめ》—押上《おしあげ》間18・3キロの路線で、泉岳寺《せんがくじ》駅で京急本線が接続、押上駅で京成押上線が接続している。これら2線と相互直通するとともに、京成押上線は青砥《あおと》駅で京成本線と接続、京成本線は京成高砂《たかさご》駅で北総《ほくそう》鉄道と接続している。また、京成本線と接続している東成田駅で芝山《しばやま》鉄道とも接続して、それぞれ相互直通運転をしている。

この結果、浅草線には自社車両のほかに、京急、京成、北総、芝山の4社の車両も走っている。これら路線に合わせ、18m中形車体を使用する標準軌、架線集電式の規格になっている。

浅草線という路線名称のほかに番号による路線名が付いている。これは東京市の時代に計画された都市計画路線の番号を引き継いでいる。山手線の品川駅から時計回りに付番していったために浅草線が1号線である。

というと浅草線は西馬込駅が起点だからおかしいと思われるが、京急の品川—泉岳寺間は都市計画1号線に含まれていた。それを京急が建設したために品川—泉岳寺間は京急本線になっているだけであり、あまり言わないが京急1号線とされている。

西馬込駅は地下3階に相対式ホームがある。地上の二つの出入口からは一度地下4階まで降りてから地下3階のホームに出る。ホームは乗車用と降車用に分けられておらず、いずれも押上方面の電車が発車する。そのために地下4階には次に電車が発車する番線が表示されている。

奥にある引上線と地上ある馬込検修場内の引上線に接続している。馬込検修所には車両の大検査をしたり、改造したりする馬込工場が隣接している。

泉岳寺駅は島式ホーム2面4線で、外側が京急本線、内側が浅草線の電車が発着する。押上寄りに引上線があって内外側の両方から引上線に行ける配線になっている。

浅草線(1号線)

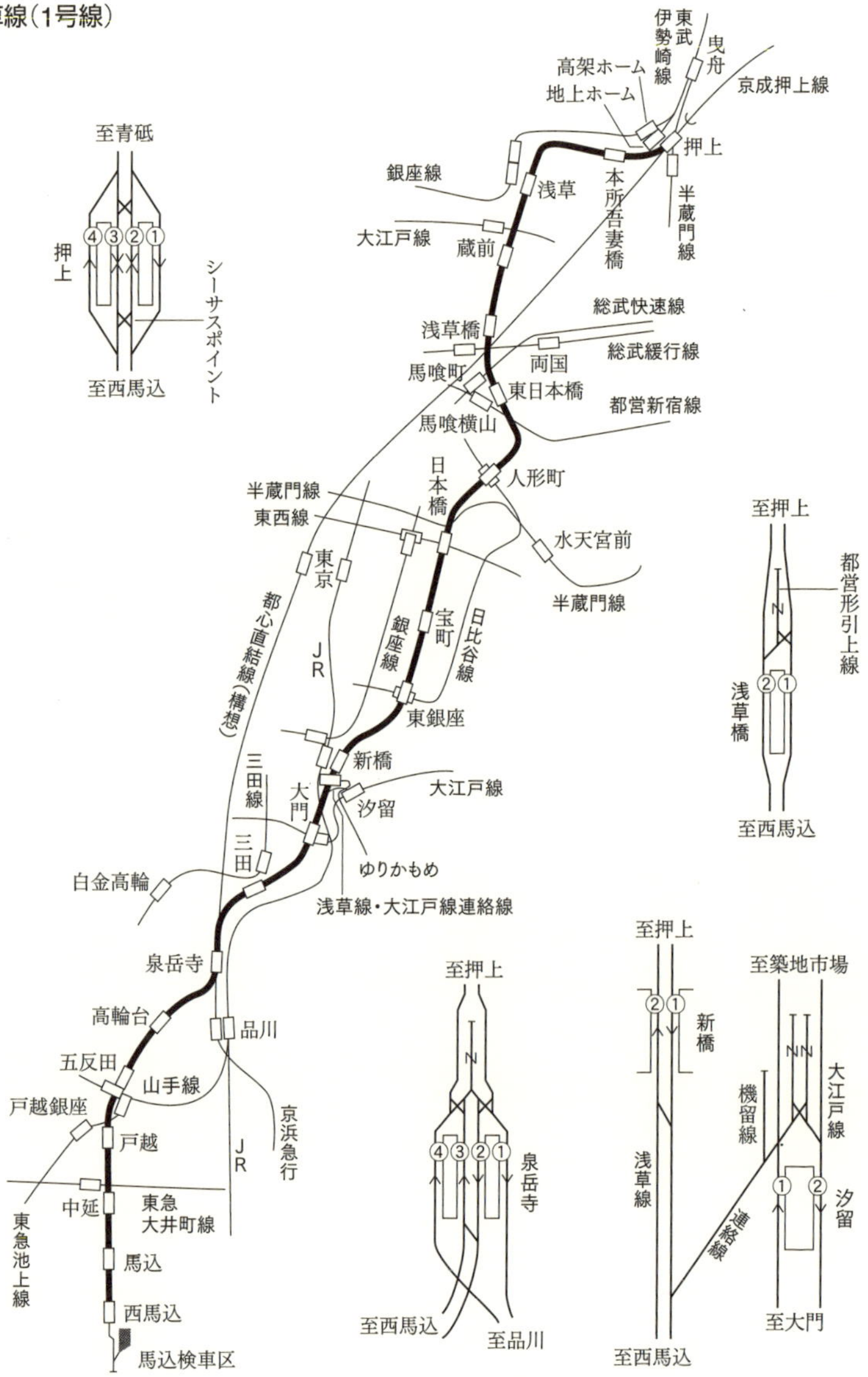
東武伊勢崎線
曳舟
高架ホーム
地上ホーム
京成押上線
押上
半蔵門線
銀座線
浅草
本所吾妻橋
大江戸線
蔵前
総武快速線
浅草橋
総武緩行線
両国
馬喰町
東日本橋
都営新宿線
馬喰横山
人形町
日本橋
半蔵門線
東西線
水天宮前
半蔵門線
東京
都心直結線(構想)
JR
銀座線
宝町
日比谷線
東銀座
新橋
大江戸線
三田線
大門
汐留
ゆりかもめ
三田
白金高輪
浅草線・大江戸線連絡線
泉岳寺
品川
高輪台
五反田
山手線
戸越銀座
戸越
京浜急行
JR
東急池上線
中延
東急大井町線
馬込
西馬込
馬込検車区
至青砥
④③②①
押上
シーサスポイント
至西馬込
至押上
都営形引上線
②①
浅草橋
至西馬込
至押上
④③②①
泉岳寺
至西馬込
至品川
至押上
②①
新橋
浅草線
至西馬込
至築地市場
機留線
大江戸線
連絡線
①②
汐留
至大門

新橋駅の手前で大江戸線への連絡線が分岐している。両線とも標準軌だから接続はできるが、相互直通などはできない。この連絡線の目的は、リニア駆動ミニ地下鉄の大江戸線の車両を馬込工場に搬入搬出できるためにある。

大江戸線の汐留《しおどめ》駅にある引上線につながっており、それとは別に機関車留置線（機留線）があり、連絡線や浅草線で自力走行できない大江戸線の車両を機関車が牽引して馬込工場まで走っている。新橋駅の西馬込寄りに渡り線があって牽引列車はここを通って馬込工場から大江戸線に向かう。

浅草橋駅の押上寄りに上下渡り線兼用の引上線がある。浅草橋止まりの夜間最終電車が京成高砂からやってきて引上線で夜間滞泊をする。翌朝の始発に浅草橋発青砥行になる。

押上駅は島式ホーム2面4線で内側の複線の両端にシーサスポイントがあって、両方向からの折返運転ができる。現在、朝ラッシュ時に浅草線側からの折返電車があるだけである。昼間時はエアポート快特が普通（京急線内快特三崎口《みさきぐち》発着）を追い越している。

最混雑区間は本所吾妻橋《ほんじょあづまばし》→浅草間である。押上駅で京成押上線の乗客が直通するが、本所吾妻橋駅でも乗車客のほうが降車客よりも多くて増加し、浅草駅で降車客が多いためである。

公表混雑率は132％だが、厳密に定員を算出した混雑率は129％である。

国交省定員計算基準で浅草線用5300系の定員を計算すると先頭車は108人、中間車は124人だが、連結面側壁の肉厚は250mmもある。先頭車の乗務員室も広くとっている。8両編成の定員は960人で輸送力は2万3040人にしている。これによって混雑率を算出している。

しかし、走っているのは都営浅草線所属の車両ばかりではない。相互直通している京急、京成、北総、芝山の4社の車両も走っている。というよりも4社の車両のほうが都営浅草線の車両よりも多い。

直通している京成や京急、北総鉄道の各形式を見てみると、乗務員室の長さを1・8m、側壁の肉厚を100mmとするのが妥当なところである。これだと先頭車は115人、中間車は126人となる。8両編成の

蔵前駅に進入する快速佐倉行

蔵前駅を発車した快特羽田国内線ターミナル行、行先案内は羽田空港となっている

定員は９８６人で輸送力は２万３６６４人となる。

そうすると混雑率は３ポイント下がって１２９％になる。

集中率は25％なので、混雑率が１２９％ということは昼間時も混雑率50％くらいであり、そこそこ利用されている。

最混雑時間帯は７時30分から８時30分、この間に24本の電車が走り、運転間隔は２分30秒毎である。この運転本数はずっと変わっていない。

10分サイクルに京成線から快特、北総線から特急、青砥発で京急線で快特になる三崎口、北総線発で京急線で急行羽田国内線ターミナル行が各１本で構成されているのが基本である。都営浅草線内は各駅に停車する。

昼間時は20分サイクルに快特、京成線内快速で西馬込発着、青砥駅か京成高砂発着で京急線内快特三崎口発着、印旛《いんば》日《に》本医《ほんい》大《だい》発着で京急線内急行羽田国内線ターミナル発着の各1本、計4本が走る。

快特以外は浅草線内は各駅に停車する。快特の停車駅は泉岳寺—新橋間各駅、日本橋、東日本橋、浅草である。押上駅で京急線内快特三崎口行を追い越している。新橋—押上間の所要時間は13分、表定速度は52・6キロである。

快特を挟む2本の各停の運転間隔は10分、その他は5分になっている。泉岳寺—西馬込間は5分毎の運転である。快特は40分毎、北総線ではアクセス特急、京急線ではエアポート快特になる。

夕ラッシュ時は5分毎の運転である。夜間には羽田空港国内線ターミナル発の快特が15〜20分毎に運転される。また、早朝に羽田空港国内線ターミナル行の2本の快特が運転される。しかし、朝夕ラッシュ時間帯には運転されない。ラッシュ輸送に専念しなければならないからである。

このことからもラッシュ輸送と無縁になる都心直結線の建設を国交省は奨励しているのである。

快特の泉岳寺—押上間の所要時間は20分、都心直結線の所要時間は10分程度と考えられている。所要時間が半分になるということだが、10分の短縮しかしないともいえる。

浅草線の蔵前《くらまえ》駅を都営大江戸線寄りに移設して大江戸線との乗り換えをよくするとともに、待避線を設置することが考えられたことがある。そして日本橋、浅草停車の羽田と成田の両空港を結ぶスカイライナーを走らせると、昼間時の泉岳寺—押上間の所要時間は15分に短縮できる。多額な建設費をかけてまで、なにも都心直結線を建設するのは無駄という意見が出てくるのは当然のことである。

しかし、快特も走らせたとすると各停の間隔は常時10分毎になってしまう。また、朝ラッシュ時にスカイライナーを走らせたとすると所要時間は22分になる。しかもスカイライナーを挟む各停の間隔は5分になってしまう。

こういうことから都心直結線は必要だということもわからないでもない。

東京メトロ日比谷線

大形車7両編成終了後にホームドアが設置

日比谷《ひびや》線の路線番号は2号線である。日比谷線は中《なか》目黒《めぐろ》駅で東急東横線、北千住《きたせんじゅ》駅で東武《とうぶ》伊勢《いせ》崎《さき》線と相互直通する目的で造られた。このため狭軌、架線集電式である。計画時には地下鉄線に20ｍ４扉の大形車を走らせることは考えられなかった。基本的に道路の下を通る地下鉄は必然的に急カーブが多くなる。せいぜい18ｍ中形車が限界と思われていた。

東武鉄道はすでに20ｍ大形車を走らせていたが、東京メトロの前身である営団と東急は18ｍ中形車を使用していた。そして日比谷線は急カーブ箇所が多数あるルートで建設された。

ところがその後に建設した東西線は国鉄中央緩行線と総武緩行線と相互直通することから20ｍ大形車を導入、東急東横線も20ｍ大形車を採用するようになった。

東武と東急は日比谷線直通用の18ｍ中形車が自社線に走るのは、乗車位置が異なり混乱のもとになるとして厄介者という感じになってきた。特にホームドアを設置しようと思っても日比谷線直通車が邪魔をしてできない。このため東急は日比谷線との相互直通を中止して東横線各駅のホームドアの設置を進めた。東武も早急にホームドアを設置したい。そこで日比谷線の車両をすべて20ｍ大形車に取り換えることになった。

18ｍ中形車8両編成は１４４ｍの長さがある。これを20ｍ大形車7両編成に取り換える。編成の長さで４ｍ短くなるが、さほど輸送力は落ちない。中形車8両編成の定員は９９０人、大形車7両編成の定員は９７４人と16人の差でしかない。

しかし、中目黒―北千住間の所要時間は43分だったのが大形車導入後は44分に延びた。急カーブ個所でそれまでよりも速度を落とすからである。

今後、ホームドアが設置されることになるが、ホームドアの開閉で各駅に停車するたびに5秒程度停車時間が長くなり、所要時間は2分弱長くなろう。

安全性を向上するためにしかたがない面があるが、

東京メトロ日比谷線（2号線）

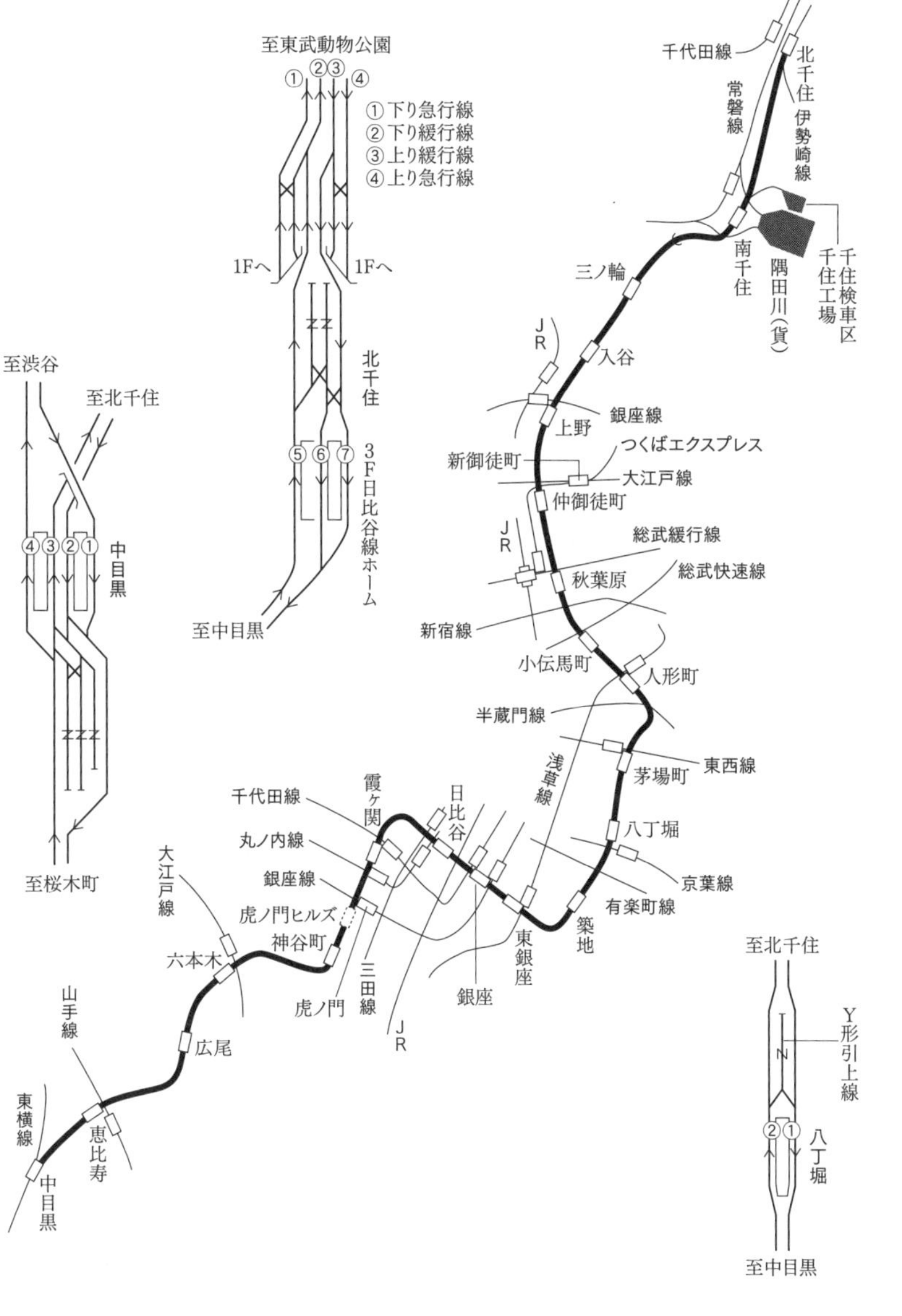

所要時間が長くなるということはラッシュ時の運用本数が増えるということである。

日比谷線の各駅は両端2か所に階段や出口が多いので前後各2両が混んでいる。そのため、東武の乗入車の中には前後2両の扉を3扉から5扉にした。しかし、まもなく大形車になるので、5扉車は消滅する。

中目黒駅は島式ホーム2面4線で内側の線路が日比谷線、外側の線路が東横線のそれぞれ発着線である。横浜寄りに3線の日比谷線用引上線がある。また、日比谷線の発着線と東横線との渡り線は残してある。相互直通の復活の可能性はある。

恵比寿駅は相対式ホームでJR山手線との連絡駅である。中目黒寄りにシーサスポイントが設置してある。中目黒駅の高架化工事が遅れて中目黒―恵比寿間が日比谷線で最後に開通した。そこで恵比寿駅にシーサスポイントを設置して本線を引上線代わりにして折り返していた。このため降車ホームと乗車ホームが分けられていた。

また、霞ヶ関―東銀座間が未開通で恵比寿―霞ヶ関間が先行開業（昭和39年3月）していた。全線地下線なので車両をどう搬入するかが問題だった。そこで中目黒―恵比寿間に仮線を急遽設置して、金沢八景《かなざわはっけい》の東急車両から甲種回送で搬入することにした。なお、中目黒―恵比寿間は39年7月、東銀座―霞ヶ関間は同年8月に開通して日比谷線は全通した。

広尾《ひろお》駅は相対式ホームだが、北千住寄りに1線、3列車収容の留置線がある。部分開業時には広尾検車区の検車ピットとして使用されていた。3本が夜間滞泊で留置され、朝ラッシュ終了時に3本が入庫する。

霞ヶ関駅の恵比寿寄りにはY形引上線がある。1本が夜間滞泊をし、ラッシュ時には霞ヶ関折返が設定されている。

霞ヶ関―神谷町《かみやちょう》間に虎ノ門ヒルズ駅が建設中である。銀座線虎ノ門駅と同一駅扱いになり、乗り換えができる。

東銀座駅の北千住寄りには部分開業時の折返用のシーサスポイントがある。八丁堀駅の北千住寄りにY形引上線があり1本が夜間滞泊する。人形町《にんぎょうちょう》と仲御徒町《なかおかちまち》にも部分開通時の折返用の片渡り線がある。

部分開通時に設置されたシーサスポイントや片渡り

線は非常時の折返用として残されている。

三ノ輪《みのわ》駅の北千住寄りで地上に出る。次の南千住駅に隣接して千住検車区がある。

北千住駅は浅草方面からの線路の上にある。島式ホーム2面3線で、中線の6番線は恵比寿方面発車用である。東武《とうぶ》梅島《うめじま》寄りに引上線があり、6番線は基本的に引上線で折り返した電車が発着する。

最混雑区間は三ノ輪→入谷《いりや》間で、公表混雑率は157%である。

北千住駅で東武からの直通客が入り込むものの、次の南千住や三ノ輪駅からの乗客が加わって増加する。そして入谷駅付近がオフィス化しているために少し減るので最混雑区間が三ノ輪→入谷間となる。昭和60年度までは上野駅でどっと乗客が降りるために入谷→上野間だった。そのころの入谷駅はまだ下町の住宅地なので降りる客よりも乗る客のほうが多かった。

日比谷線が8両編成になったときから、ずっと平均定員は126人にしている。6両編成のときは125・3人にしていた。

国交省基準で計算すると、日比谷線の03系電車の先頭車の有効床面積は39・94m²で定員は114人、中間車は127人である。8両編成では990人、平均定員は123・8人である。数値的に近いが誤差がある。

東京メトロ（営団）のスペックでの定員は先頭車が124人、中間車が136人、8両編成の定員は1064人、平均定員は133人なので、日比谷線に関しては自社スペックではない。平均定員を126人しているのは直通している東武鉄道に合わせている。

国交省基準で計算した8両編成の定員990人で混雑率を計算すべきであり、その混雑率は160%と3ポイント上がる。

なお、都営浅草線と同じ車体長17・5mの中形車なのに、8両編成での定員が浅草線が986人、日比谷線が990人と異なるのは、車体幅と乗務員室の広さによるものである。

都営浅草線の車体幅は2760㎜に対して日比谷線は2776㎜と日比谷線のほうが16㎜広い。わずかな幅の違いで中間車の定員が1人多いが、日比谷線のほうが乗務員室を広くとっており、先頭車は逆に1人少ないことで8両編成で4人の差が出る。といっても

まもなくなくなる18m5扉東武乗入車20050系

20m4扉車の東武乗入車70000系

13000系は20m4扉車

大差はない。なお、大形車はすでに投入されているが、平成30年度ではまだ就役本数が少ないので考慮されていない。

最混雑時間帯は7時50分から8時50分である。その間に27本が走る。平均運転間隔は2分20秒である。27本のうち東武線直通は17本である。

北千住駅で折返電車は6番線に停車させておき、その後から東武線直通電車が7番線に入線、先に直通電車が発車する。北千住始発の電車に乗り換えても座れはしないが、直通電車よりも空いているので、ゆったり立つことができる。これによって直通電車の混雑を緩和している。

昼間時は1時間に12本、5分毎の運転で、半数が東武線直通である。タラッシュ時は3分毎になる。

20m大形車への置き換えが終了するとホームドアの設置が始まる。

東京メトロ銀座線

井の頭線から銀座線へはますます遠くになる

銀座《ぎんざ》線は渋谷《しぶや》—浅草《あさくさ》間14・3キロの路線で、路線番号は3号線である。最初の地下鉄ということで16m小形車体を使い天井を低くするために、架線集電ではなく2本の線路の横に設置したレールから集電する第3軌条式になっている。

まもなくなくなる銀座線渋谷駅

新しい渋谷駅

渋谷駅は乗車ホームと降車ホームを分けた相対式ホームになっており、頭端側に車庫の上野検車区渋谷分室がある。現在、渋谷東口広場の上に新しい渋谷駅が建設中である。幅広い島式ホームになっているが、JR渋谷駅から離れてしまい、乗り換えが今よりも時間がかかる。

井の頭線の渋谷駅からはさらに遠くなる。車庫が井の頭線のホームと隣接しているので、ここにホームを設置してもらえたら、井の頭線からの乗換客は非常に便利になる。なにしろ銀座線の新しい渋谷駅までは概ね1駅ぶんくらいの距離になってしまうからである。

新しい渋谷駅の半分は地下に潜る。というより地面がせり上がっていくから地下線になる。

表参道《おもてさんどう》駅は島式ホーム2面4線で内側が

東京メトロ銀座線(3号線)

銀座線、外側が半蔵門線である。コンコースはその下にあり、さらにその下に千代田線が横切っている。渋谷寄りにはかつてあった神宮前駅のホームが少し残っている。同駅を浅草寄りに移動させて表参道駅に改称したのである。

半蔵門線は20m大形車10両編成なので200mの長さがある。銀座線は16m6両編成なので96mしかなく、半蔵門線の半分にもならない。

赤坂見附《あかさかみつけ》駅は上下2段式の島式ホームで片側が丸ノ内線となった方向別ホームである。といっても渋谷・新宿寄りが広がっている三角状になっており、丸ノ内線は新宿寄りに、銀座線は浅草寄りにずれているので、真正面で乗り換えできるのはそれぞれの中間の3両程度である。

浅草・池袋寄りで双方の線路の間に連絡線がある。銀座線の電車は幅が狭いので丸ノ内線を走れるが、丸ノ内線の電車は銀座線を走れない。この連絡線は銀座線電車を丸ノ内線の中野富士見町《なかのふじみちょう》に隣接する中野工場で車両検修をするためにある。

赤坂見附駅は半蔵門線と南北線、有楽町線の永田町《ながたちょう》駅と同一駅だが、乗り換え距離は長い。有楽町線に至っては相当な距離を歩く。

溜池山王《ためいけさんのう》駅は島式ホームで渋谷寄りに逆渡り線があり、浅草寄りに引上線が2線設置されている。この引上線は新橋側からしか出入りできない。

新橋駅は当初島式ホームだったが、浅草行の片面ホームを設置して上下ホームを分離した。渋谷寄りには虎ノ門《とらのもん》側から出入りできる引上線が2線ある。この引上線は東京メトロの前身の一つである東京高速鉄道の新橋駅であり、相対式ホームが今も残っている。

日本橋駅も当初島式ホームだったのを渋谷行の片面ホームを設置して乗降分離をした。三越前《みつこしまえ》駅の浅草寄りに逆渡り線がある。

上野駅の浅草寄りにシーサスポイントがあり、その先で上野検車区への入出庫線が分かれる。上野検車区は上下2段式で上は地上に置かれている。入出庫線は道路を横断するので地下鉄で唯一の踏切がある。都営浅草線に馬込工場への入出庫線にも踏切があったが、馬込工場は馬込車庫内に移ったために廃止された。

浅草駅は相対式ホームで奥に引上線が3線ある。うち1線は1番線にしか線路がつながっていない。渋谷駅のように乗降分離がなされておらず、1、2番線交互に発着する。

最混雑区間は赤坂見附→溜池山王間である。丸ノ内線四ツ谷方面から赤坂見附駅で銀座線に乗り換えてくるからである。公表混雑率は160%である。

銀座線は車体長15・5m、車体幅2・55mの小形車両である。国交省基準で計算した定員は先頭車が86人、中間車が103人、6両編成で584人、平均定員97・3人である。

東京メトロの自社スペックでは先頭車93人、中間車106人としており、6両編成で610人、平均定員101・7人とし、輸送力を1万8300人として国交省に提出している。

国交省基準で算出した輸送力は1万7520人だから、混雑率は7ポイントも上がって167%になる。

集中率は16%と相当に低い。終日の混雑率は78%と高いことから、終日にわたって混んでいる。

最混雑時間帯は8時0分から9時0分で、運転本数は30本、平均運転間隔は2分5秒である。昼間時は3分毎、夕ラッシュ時は2分30秒毎である。

渋谷—浅草間の所要時間は昼間時で33分、表定速度25・2キロと遅い。急カーブが多く、平均駅間距離も0・8キロと短いからだが、ホームドアの影響もある。

ホームドアが設置される前の所要時間は31分だった。ホームドアの開閉で停車時間が5～10秒程度増えたために現在は2分遅くなっている。

浅草駅から三ノ輪までの延伸計画があったが中止になっている。また、渋谷からも二子玉川駅までの東急新玉川線と接続して相互直通運転を計画されたが、小形車の6両編成では輸送力がないので、新玉川線は20m大形車10両編成が走れる規格にして、銀座線とは別の半蔵門線と相互直通することに変更された。

新玉川線は田園都市線に含まれるようになった。その田園都市線の最混雑区間は池尻大橋《いけじりおおはし》→渋谷間で混雑率は厳密計算で194%にもなっている。これを緩和するためには銀座線を三軒茶屋《さんげんぢゃや》まで延伸するのがいい。三軒茶屋より、もっと奥の用賀《ようが》駅まで延ばせばかなり混雑が緩和する。あるいは東急世田谷線を地下化して高井戸《たかいど》までの延伸もいいだろう。

東京メトロ丸ノ内線

ホームドア設置で安全になった反面遅くなった

丸ノ内線《まるのうち》は荻窪《おぎくぼ》─池袋《いけぶくろ》間24・2キロの本線と方南町《ほうなんちょう》─中野坂上《なかのさかうえ》間3・2キロの分岐線がある。路線番号は4号線である。銀座線と同じ標準軌第3軌条式だが、車体は一回り大きい。

従来、分岐線は中野富士見町《ふじみちょう》駅から本線へ向かう入出庫電車以外は線内運転だったが、終日にわたって方南町─池袋間の直通電車が運転されるようになった。

荻窪駅は島式ホーム1面2線で奥に引上線が2線あり、駅側にシーサスポイントが設置されている。ホームの池袋寄りにもシーサスポイントがあり、通常はこれを使って折り返している。そのため乗降分離はなされていない。

方南町駅は島式ホームだが長さは3両分しかなかった。令和元年7月から6両分に延伸されている。次の中野富士見町駅の手前で中野検車区からの入出庫線が合流する。

中野坂上駅は島式ホーム2面3線で中線は分岐線電車の折返用である。今はホームドアがあるから問題はないが、第3軌条式ではホームに面していないほうに第3軌条を置くことになっている。

乗客がホームから転落しても高圧電流が流れているサイドレールに触れにくいからである。ところが中野坂上駅の中線は両側にホームがある。それでも両側ホームにしたのは営団地下鉄にとって大英断だった。サイドレールに触れにくいように逆L字形の絶縁体で囲っている。

新宿駅は荻窪寄りにY形引上線がある。2〜4本に1本が新宿駅で折り返していたが、ほとんどが方南町駅へ延長運転したため、新宿折返は朝ラッシュ時に少し残るだけになった。新宿駅─新宿三丁目間は300mしか離れていない。一つにまとめていたほうが合理的だと思われがちだが、一つにまとめると乗降客が殺到して混乱してしまう。乗降客の分散のために二つに分けたのである。

東京メトロ丸ノ内線（4号線）

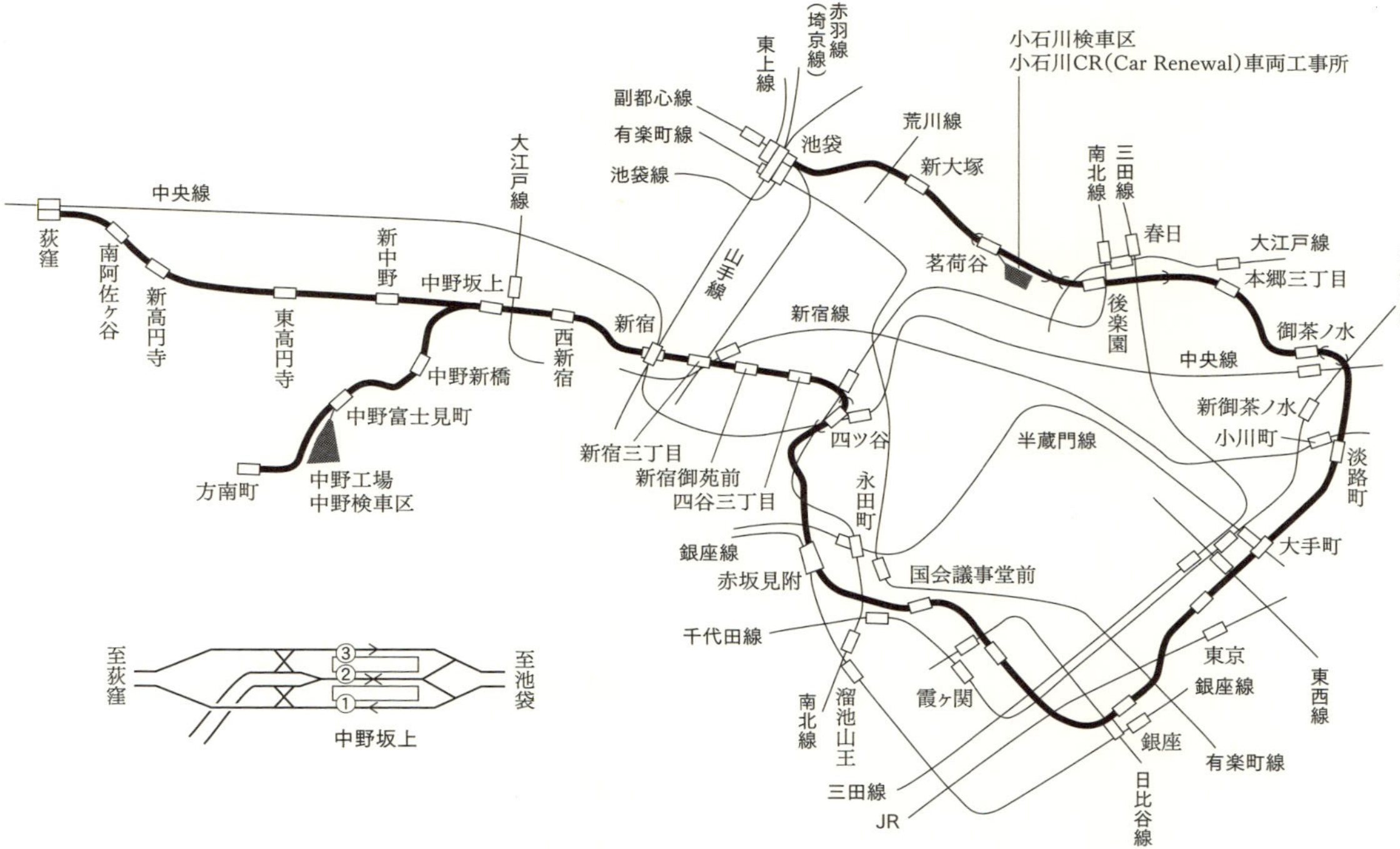

新宿駅の手前の西新宿駅は後にできたが、同駅も新宿副都心への乗降客を分散する狙いがある。新宿―新宿三丁目間と四谷三丁目の新宿寄りに、それぞれ渡り線がある。

早朝に中野富士見町から来て新宿三丁目で折り返して荻窪行になる電車が2本設定されている。新宿三丁目駅に夜間に車両を滞泊させずに中野富士見町の車庫からやってきて始発と次発の荻窪行として走らせるための折り返しである。

同様に荻窪発新宿三丁目行の最終を設定して、折り返しは中野富士見町行で車庫に入庫する電車がある。

四ツ谷駅は地上にホームがある。新宿寄りに階段があり、そこを登って奥にある階段を降りると南北線の地下ホームがある。池袋行のホームにはJR中央線の連絡改札口がある。

そして銀座線の接続する赤坂見附駅がある。上下2段式の島式ホームになっている。詳しくは銀座線の赤坂見附駅を参照していただきたい。

霞ヶ関駅は島式ホームだったが、混雑するので池袋行の線路に面して片面ホームを増設した。銀座駅の新宿寄りにシーサスポイントがある。

御茶《お》ノ水《ちゃのみず》駅の手前で神田川を渡るために地上に出る。そして逆渡り線があって御茶ノ水駅になる。後楽《こうらく》園《えん》駅は高架駅で池袋寄りに2線の電留線があり、2本が夜間滞泊をして朝に出庫する。渡り線がないために出庫電車は後楽園駅の2番線に入るとそのまま折り返して池袋行になる。朝ラッシュが終わると別の2本がこの留置線に入る。

いったん地下線になるがすぐに掘割になって左手に小石川《こいしかわ》車両基地を見て入出庫線が合流すると茗荷谷《みょうがだに》駅である。

池袋駅は頭端島式ホームで新宿寄りにシーサスポイントがある。ホームは線路がなくなっても同じ平面で通路が続いている。丸ノ内線を小竹向原《こたけむかいはら》方面に延伸する計画があったためである。のちに副都心線として建設することに変更した。そのためこの通路を少し進むと階段があって降りると副都心線のホームの南端に達している。

最混雑区間は丸ノ内線では池袋側の茗荷谷→新大塚《しんおおつか》間と反対側の四ツ谷→赤坂見附間が取り上げられてい

る。

前者区間は新大塚にある大学や高校の通学生が降りるからである。後者区間は新宿駅で各線からの乗換客に加えて、四ツ谷駅で中央線からの乗換客が多数加わるためである。そして次の赤坂見附駅で銀座線に多数が乗り換えるので銀座線の最混雑区間が赤坂見附→溜池山王間になる。

公表混雑率は新大塚→茗荷谷間が169％、四ツ谷→赤坂見附間が165％である。

国交省基準で定員を計算すると先頭車は115人、中間車は127人、6両1編成で738人、平均定員123・0人である。東京メトロのスペックでは先頭車124人、中間車136人、6両1編成で792人、平均定員は132人で大きく差がある。

ところが国交省への提出数値は編成定員を740人、平均定員を123・6人としている。300系時代は123・4人だった。その根拠は不明だが、国交省基準に近いから混雑率は変わらない。

集中率は新大塚→茗荷谷間が25％、四ツ谷→赤坂見附間が22％である。閑散時もよく利用される落ち着いた地下鉄線である。

最混雑時間帯は新大塚→茗荷谷間が8時0分から9時0分でその間に31本が走る。平均運転間隔は2分である。以前は32本の運転で1分50秒間隔と2分を切っていた。しかし、ホームドアの設置で停車時間が延びて運転間隔も延びてしまった。

四ツ谷→赤坂見附間は8時10分から9時10分である。珍しくピークの終了時間が9時台になっている。銀座あたりのお店が開く時間は10時が多く、それが影響している。運転本数は30本、運転間隔は2分5秒である。

新しい2000系は停電時に駅間で停止したときに、最寄りの駅まで自力走行ができるように非常走行用電源装置を搭載している。ようは非常走行用バッテリーで自力走行を可能にしている。

6両編成のうち池袋寄り先頭車を除く5両が電動車だが、電動車1両につき出力150kWのモーターを2基装備している。1台車の片方の車軸にだけにモーターを装着し、もう片方は駆動しない。

近年流行っている0・5M方式である。0・5M方式

丸ノ内線2000系新形車

は駆動軸がバランスよく配置してスキッドやスリップを減らすことや重心も均等に下げることができる。2000系はこれだけではなく非駆動軸には自己操舵機能を持たせてカーブでの走行をスムーズにしている。これによって急曲線走行時の騒音や揺れを軽減している。

編成全体で見ると2・5M3・5Tで非駆動軸、トレーラー軸のほうが多いが、地下鉄で要求されている加速度3・5、常用最大減速度4・0を満たしており、非常ブレーキは5・0である。

車内はいろいろ斬新な設備を持たせている。アルミ車体だが、丸ノ内線のシンボルカラーの赤色の地に窓上部に丸ノ内線開通以来のシンボルであるサインウェーブが施されている。それまでは窓下にあったが、ホームドアが設置され、サインウェーブが見にくいことから窓上部になった。

西武の新形特急ラビューに通じる独特の正面デザインになっている。筆者にとっては胃カメラ、内視鏡の先端みたいに思えてならないが、どうだろうか。

分岐線内運転の電車は基本的に3両編成である。

御茶ノ水付近で神田川を渡る

現在の朝ラッシュ時の荻窪→中野坂上間は18本の運転で平均3分30秒毎、方南町→中野富士見町間も18本の運転で平均運転間隔は3分30秒毎、うち5本が池袋行で、池袋行の運転間隔は7〜9分毎、2、3本に1本の割合で走る。

中野富士見町駅で車庫から出庫した池袋行が2本加わる。中野坂上→新宿間は25本、平均運転間隔2分30秒毎になる。

新宿駅始発が3本加わり、新宿以遠は28本、平均運転間隔2分10秒毎になる。平成29年度よりも運転本数が2本減っている。

昼間時は中野坂上—池袋間が4分毎、荻窪—中野坂上間が4〜7分毎で1時間に12本の運転、分岐線は20分サイクルに本線直通が1本、線内折返が2本の運転である。夕ラッシュ時は中野坂上—池袋間で平均運転間隔は2分15秒毎である。うち4本に1本が方南町行、残りが荻窪行である。

新宿—池袋間の昼間時の所要時間は34分、表定速度29・3キロである。ホームドアが設置される前は33分だったから1分延びている。

東京メトロ東西線

西武新宿線と相互直通するか

東西線《とうざい》は高田馬場《たかだのばば》―西船橋《にしふなばし》間30・8キロの路線で、路線番号は5号線である。狭軌、架線集電式で、20m大形車が走る。高田馬場駅で中央緩行線、西船橋駅で総武緩行線と東葉高速鉄道と相互直通をする。また、東《とう》陽町《ようちょう》―西船橋間で快速運転をする。

西船橋側は混んでいる総武本線の混雑解消のために開業時から快速が運転されている。開業時の朝ラッシュ時の快速の運転間隔は5分、普通は10分だったので快速のほうが本数が多かった。

快速の混雑が激しいので現在の朝ラッシュ時は区間快速になり、運転間隔は5〜7分毎になっている。普通は3〜7分と普通のほうが多くなっている。

中野駅の3、4番線が東西線の発着線である。中央緩行線三鷹《みたか》駅へは3番線から発車、三鷹駅からはJR側の5番線から直通する。両方面とも違うホームから発車する電車があり、中央線快速からの乗換客や中野駅乗車客は右往左往している。

乗換通路や階段が狭く、ようやくホームにたどりついた瞬間に電車が発車してしまい、次の発車は別のホームだと案内される。そのために別のホームに移ろうとしても階段通路が人でごった返してなかなか移れず、再び発車を見送ってしまうなどの愚痴をよく聞く。4月に入ったばかりのころの新入社員の多くがこんなことをしてしまうようである。

中野駅の先で地下に入る。高田馬場駅の西船橋寄りにシーサスポイントがある。高田馬場―九段下《くだんした》間が東西線で最初に開通した区間なので、折返用のシーサスポイントである。それを今でも非常時の折返用に残しているのである。

同区間の開通は昭和39年12月である。全線地下線なので車両の搬入に問題があった。日比谷線の部分開通のときは東急中目黒駅から恵比寿駅まで仮線を敷いて車両を搬入した。東西線の場合は中野駅が東西線直通工事がまだ進んでいないので仮線の設置はできない。

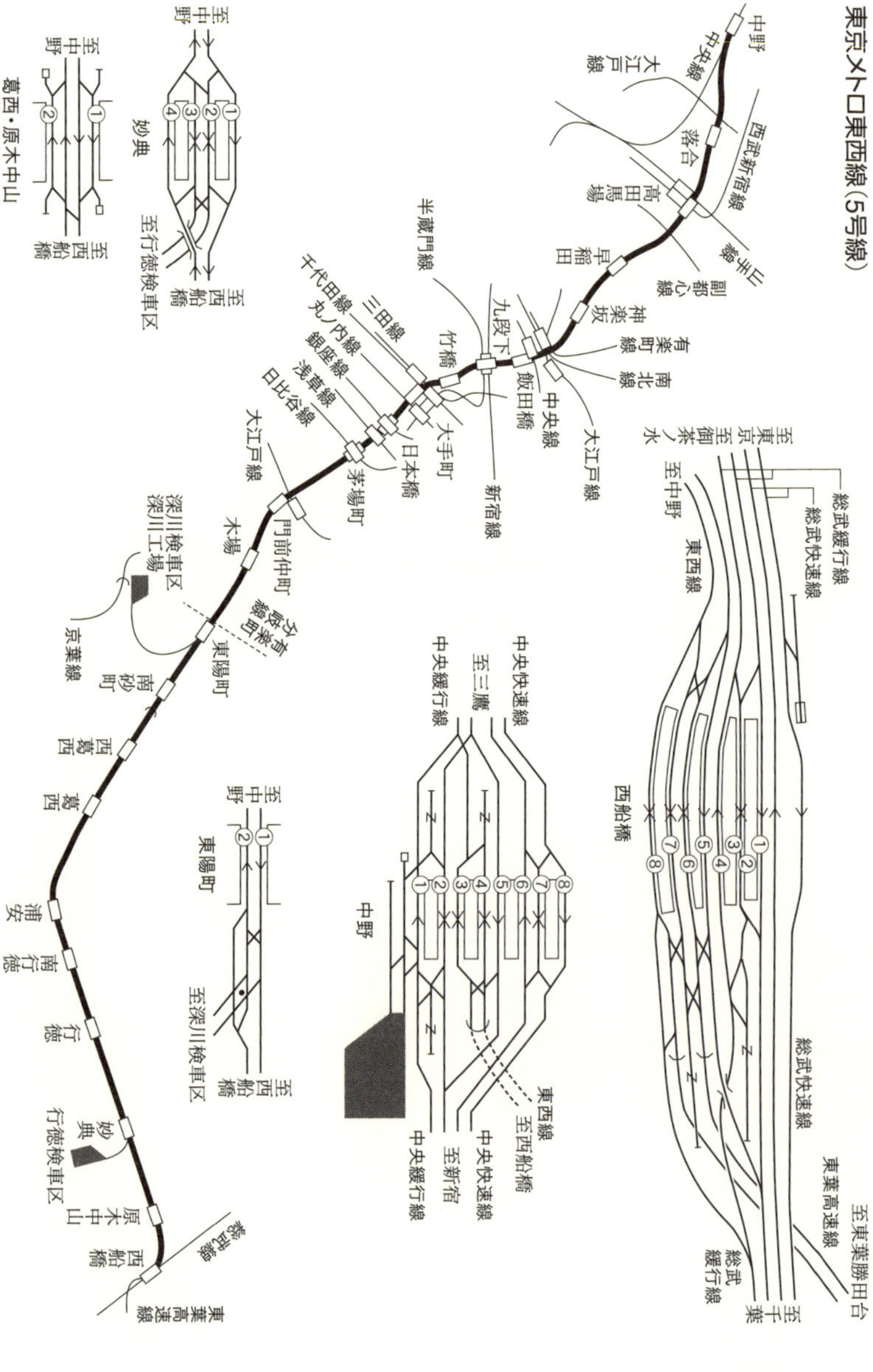
東京メトロ東西線（5号線）
中野
中央線
大江戸線
西武新宿線
落合
高田馬場
山手線
副都心線
早稲田
神楽坂
有楽町線
南北線
飯田橋
中央線
大江戸線
九段下
半蔵門線
竹橋
新宿線
三田線
千代田線
丸ノ内線
銀座線
浅草線
日比谷線
大手町
日本橋
茅場町
大江戸線
門前仲町
木場
深川検車区
深川工場
分岐有楽町線
東陽町
京葉線
南砂町
西葛西
葛西
浦安
南行徳
行徳
妙典
行徳検車区
原木中山
西船橋
武蔵野線
東葉高速線
至東京
至御茶ノ水
至中野
総武緩行線
総武快速線
東西線
西船橋
総武快速線
東葉高速線
至東葉勝田台
総武緩行線
至千葉
中央快速線
至三鷹
中央緩行線
中野
東西線
至西船橋
中央快速線
至新宿
中央緩行線
至中野
東陽町
至深川検車区
至西船橋
至中野
妙典
至行徳検車区
至西船橋
至中野
葛西・原木中山
至西船橋

竹橋付近の皇居の内堀を東西線が通る。そこでこのときお堀の水を抜いて潜函工法で地下線を造った。その一部を地上まで穴を開けて、陸送した車両をクレーンで吊り下げた。

部分開業なのでさほどの需要はないということで3両編成6本、18両をこの方法で搬入した。開業後は終日5分毎の運転をしていた。ともあれ3両編成が走っていたことは、現在の状況からは想像もつかない。

上の道路の幅が狭い神楽坂《かぐらざか》駅は上下2段式になっている。神楽坂―飯田橋《いいだばし》間で東西線と大江戸線が同じ道路下を通っている。開削工法で浅く掘られた東西線の両側下部に単線並列シールドトンネルで大江戸線が通っている。

飯田橋―九段下間には電留線がある。部分開業したときにはここに検車区が置かれていた。大手町《おおてまち》駅も部分開業時に使用したシーサスポイントが非常用として残されている。

茅場町《かやばちょう》駅の中野寄りに非常渡り線がある。木場《きば》―東陽町手前間は営団（東京メトロ）ではじめての単線並列シールド工法で掘削された。

木場駅も単線並列シールドに片面ホームをそれぞれに設置し、両端だけを開削工法によって掘り下げて上下ホームを結ぶとともに出入口階段や改札口を設置した特殊な駅構造をしている。

東陽町駅は深川《ふかがわ》検車区の入出庫線が西船橋寄りでつながっている。このため西船橋寄りの上下線の間に引上線があり、先端で中野方面の線路とつながり、入出庫線とはシングルスリップポイントでつながっている。

次の南砂町《みなみすなまち》駅は島式ホームだが、島式ホームを増設して中野方面の線路を2線にする。これによって朝ラッシュ時に駅の手前で信号待ちをすることが多かったのを、交互発着によって解消される。

南砂町の西船橋寄りで地上に出て高架になる。葛西《かさい》駅は新幹線の駅と同様に通過線と停車線がある相対式ホーム2面4線になっている。

妙典《みょうでん》駅は島式ホーム2面4線で、内側2線の2、3番線と外側の中野方面の4番線は江戸川に沿って海側にある車両基地の入出庫線につながっている。車両基地の名称は深川検車区行徳《ぎょうとく》分室となっている。長った

門前仲町駅に停車中の05系中野行

葛西駅で普通（左）を追い抜く快速（右）

浦安駅に停車中の快速東葉勝田台行

らしいので行徳車庫と呼ばれている。
原木《ばらき》中山《なかやま》駅も葛西駅と同構造の相対式ホーム2面4線の通過追越駅である。
西船橋駅は島式ホーム2面4線で2階にコンコースがあるだけでなく両端にも乗換用跨線橋がある。JR総武快速線とはフリーで行けたが、現在はすべてのJRとの境に自動改札機が置かれている。
総武緩行線と相互直通しているから必要はないと思われるが、相互直通は朝夕ラッシュ時だけ行われ、本数も少ない。中野駅はJRとの間はフリーで行ける。現実にはあまりないが東西線経由で中野を通り越して三鷹方面まで東西線経由で行ける。総武線と相互直通している電車に乗っている人を除く大半の乗客が、どちらを経由したかを中間改札で把握できる。

西船橋駅からは東葉高速鉄道とも相互直通をしている。すべての発着線が東葉高速鉄道とつながっており、1線の引上線も置かれている。

東西線も中野側と西船橋側の2区間を取り上げている。西船橋側は木場→門前仲町間で公表混雑率は199%だが、厳密に計算した混雑率は203%になる。混雑が緩和された日本では、唯一200%超えの混みようである。

中野側はずっと高田馬場→早稲田《わせだ》間で、公表混雑率は130%、厳密計算でも133%と空いている。

西船橋側では木場駅まで都心に向かう客で増加していき、門前仲町駅で都営大江戸線に乗り換える客で減っていくから木場→門前仲町間が最混雑区間になる。

ただし平成12年度までは門前仲町→茅場町間だった。大江戸線が開通していなかったため、減りだすのは日比谷線と連絡する茅場町駅からだったのである。

中野側では高田馬場駅で西武新宿線と山手線から乗換客が多数あり、そして早稲田駅で学生が多数降りるからである。

公表混雑率での平均定員は142・4人にしている。東京メトロ05系の自社スペックでは先頭車143人、中間車154人にしている。10両編成で1518人、平均定員は151・8人になってしまい、これではいくらなんでも多すぎる。

その前の5000系は先頭車136人、中間車144人で、10両編成で1424人、平均定員は142・4人であり、これをずっと引き継いで提出している。

JRの東西線乗入車の平均定員はずっと140人(先頭車132人、中間車142人)である。わずか2・4人であっても同じ構造、同じ大きさの車両で定員が異なるのでは比較できない。

JR基準の平均定員は140人で、これを基準として混雑率は計算しなければならない。これで計算すると中野側は3ポイント上がって133%、西船橋側は4ポイント上がって203%になる。

集中率は木場→門前仲町間が23%となっている。混雑が激しい通勤路線のイメージが強く30%を超えているように思われるが、意外に成熟した路線の集中率である。とはいえ混雑率が高いことから、終日にわたって混んでいることになる。終日の混雑率が80％であることも、そのことがいえる。

高田馬場↓早稲田間の集中率は25％とやや高い。終日の混雑率も40％と木場↓門前仲町間の半分になっている。混雑率が低いことから閑散時はそれほど混んでいないことを示している。

木場↓門前仲町間の最混雑時間帯は7時50分から8時50分、その間に27本が走る。平均運転間隔は2分20秒である。

基本的に通勤快速と普通が交互に走るが、これに妙典始発の普通が加わることも多い。現在、最混雑時間帯に、通勤快速は東葉勝田台《とうようかつただい》発が5本、津田沼《つだぬま》発が4本、普通は東葉勝田台発が6本、津田沼発が1本、西船橋発が3本、妙典発が7本である。なお、通勤快速は西船橋駅を出ると次は浦安《うらやす》駅で、以遠は各駅に停車する。原木中山駅で普通を追い抜かない。

高田馬場↓早稲田間の最混雑時間帯は8時0分から9時0分で、その間に24本が走る。うち8本が三鷹発である。

昼間時は15分サイクルに快速1本、普通2本が走る。快速の停車駅は東陽町まで各駅、浦安である。葛西駅で普通を追い抜き、昼間時はすべて東葉勝田台まで直通する。快速の東陽町─西船橋間の所要時間は14分、表定速度は64・3㌔である。

高田馬場駅では山手線と西武新宿線と連絡している。環状路線の山手線から東西線への乗換客は西武新宿線にくらべて多くない。西武新宿線からの乗換客は多いものの、所沢寄りの端にあるため乗換客はごった返しており、東西線のホームに達するのに時間がかかる。

そこで西武新宿線と東西線との相互直通の構想がある。西武新宿線の下落合《しもおちあい》駅から東西線への連絡線を設置しての直通である。

しかし、下落合駅も高田馬場駅も島式ホーム2面4線の分岐駅の構造にするほど用地がない。地下線を建設する道路空間もない。

神田川の下を通して高田馬場駅は上下2段式にする方法もあるが、下落合駅には無理である。結局、構想だけに終わってしまっている。

東葉高速鉄道

東葉勝田台からの延伸構想がある

東葉高速《とうようこうそく》線は西船橋《にしふなばし》—東葉勝田《とうようかつた》台《だい》間16・2キロの路線で西船橋《にしふなばし》駅で東京メトロ東西線と接続して相互直通運転をする。東葉勝田台駅では京成本線と連絡をする。

東京メトロの東西線西船橋駅は千葉県内だが、前身の営団地下鉄は同駅まで建設をした。以東は千葉県や船橋市、八千代市、京成電鉄と営団が出資する第3セクターの東葉高速鉄道が建設することになった。

西船橋駅を出ると地下に潜り島式ホームの東海神《ひがしかいじん》駅がある。東葉勝田台寄りに渡り線がある。地上に出て高架の飯山満《はさま》駅がある。中央に留置線がある相対式ホームだが、構造的には新幹線タイプの通過線と停車線がある4線にできるようになっている。

再び地下に潜って北習志野《きたならしの》駅がある。地下2階にホームがあり、地上に新京成のホームがある。新京成は橋上駅になったが、地下1階の東葉高速の改札コンコースから地上2階へのエレベーターが設置されている。

船橋日大前《ふなばしにちだいまえ》駅の先で地面が下がって高架になる。八《や》千代緑《ちよみどり》が丘《おか》駅は島式ホーム2面4線で内側2線は車両基地の入出庫線とつながっている。

村上《むらかみ》駅の先で地下に潜って島式ホームの東葉勝田台駅がある。京成本線とはT字接続をしている。

最混雑区間は東海神→西船橋間で、公表混雑率は120%である。しかし、平均定員は151人にもなっている。通常幅の20m大形車10両編成の平均定員は140人である。これに修正すると混雑率は10ポイントも上がって130%になる。集中率は34%にもなっている。閑散時はガラガラということである。

最混雑時間帯は都心から遠いので7時9分から8時7分になっている。この間12本の電車が走り平均運転間隔は5分である。昼間時は10〜15分毎、夕ラッシュ時は4〜8分毎の運転である。

西船橋—東葉勝田台間の所要時間は21分、表定速度は46・3キロである。

東葉勝田台駅からJR佐倉《さくら》駅までの延伸構想がある。

都営三田線

高島平団地の少子高齢化で定期客が減っている

都営三田《みた》線は目黒《めぐろ》—西高島平《にしたかしまだいら》間26・5キロの路線で、路線番号は6号線である。目黒—白金高輪《しろかねたかなわ》間は東京メトロが第1種鉄道事業で、東京都は第2種鉄道事業で電車を走らせている。そして目黒駅で東急目黒線と相互直通をする。狭軌架線集電式である。

いわば目黒—白金高輪間は東京メトロと共用していることになっているが、運賃設定は東京メトロに準じており、初乗り運賃は東京都の180円に対して20円安い160円である。

昭和37年都市交通審議会答申6号のときに6号線の建設が取り上げられた。西馬込駅を起点に五反田、泉岳寺、田町、日比谷、春日町、板橋、大和町を経て志村（現高島平）に至る路線である。大和町は現板橋本《いたばしほん》町《ちょう》駅付近に設置、ここから東武東上線の上板橋駅までの分岐線を東武鉄道が建設して相互直通運転をする。

西馬込側も東急池上線と相互直通する。このために池上線の大崎広小路《おおさきひろこうじ》—戸越銀座《とごしぎんざ》間の国道1号の交点付近に桐ケ谷《きりがや》駅を設置して連絡線で6号線に接続するとした。池上線と相互直通してもあまり意味はない。目的は計画中の田園都市線の都心直結ルートにするために大井町線を経て旗《はた》の台《だい》駅で池上線への直通線を建設するとした。

昭和39年の改定答申では6号線は桐ケ谷駅を起点にし、1号線が西馬込駅を起点にした。そして桐ケ谷—泉岳寺間は標準軌、狭軌並列の方向別複々線にする。西馬込駅にこだわるのはここに車両基地を置くことにしていたからである。

また、志村から東大和市（現和光市《わこうし》）までを東武が建設して、ここでも相互直通するとした。

昭和43年12月に巣鴨—高島平間が開通した。しかし、都市交通審議会は答申6号の改定作業をしていて、その中間答申を同年に出した。そこでは8号線（有楽町線）を銀座一丁目—池袋—向原—練馬間と分岐線の向原—成増《なります》間を建設して東武東上線と西武池袋

三田線(6号線)

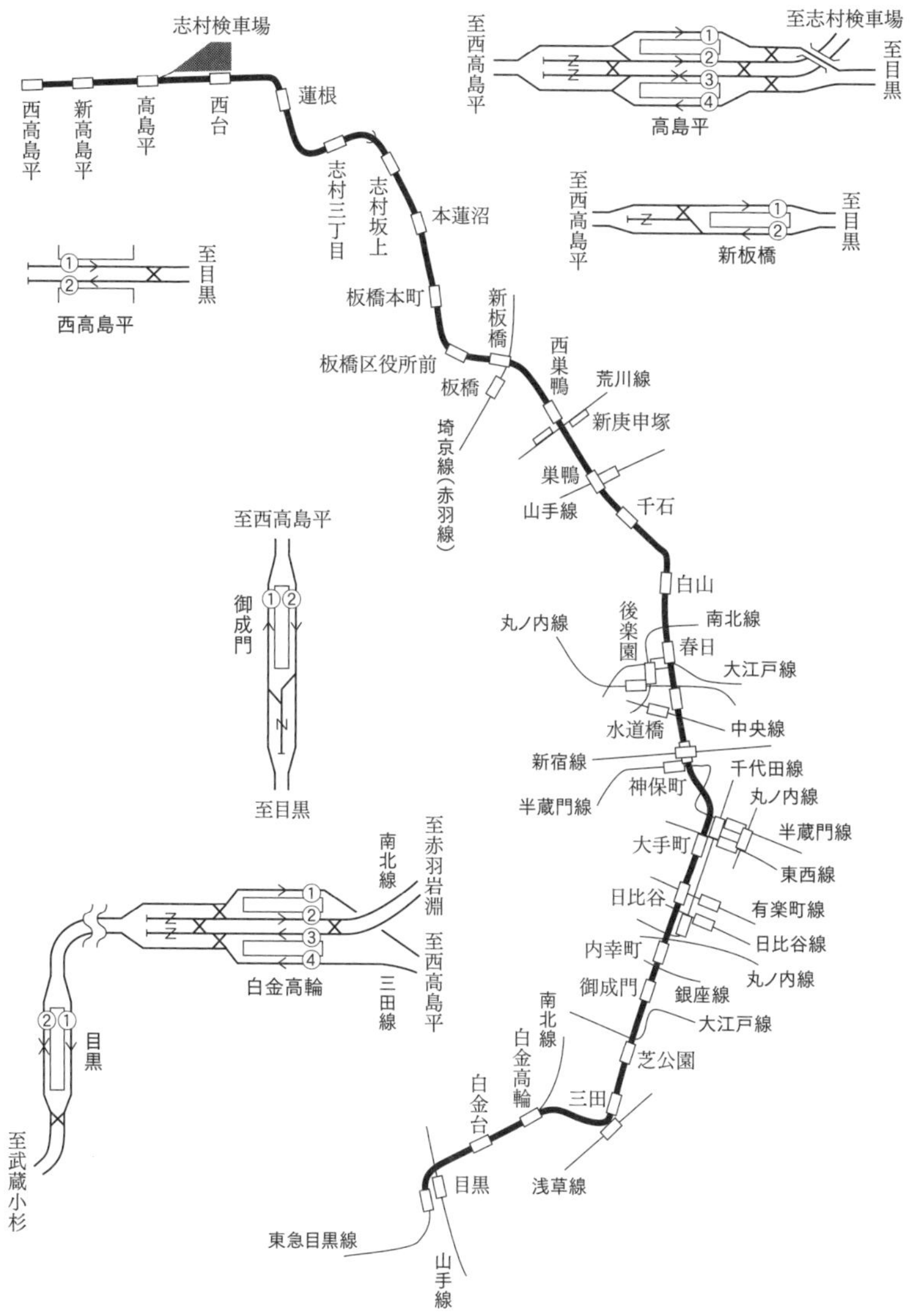
志村検車場
西高島平
新高島平
高島平
西台
蓮根
志村三丁目
志村坂上
本蓮沼
板橋本町
板橋区役所前
新板橋
板橋
埼京線(赤羽線)
西巣鴨
荒川線
新庚申塚
巣鴨
山手線
千石
白山
南北線
丸ノ内線
後楽園
春日
大江戸線
水道橋
中央線
新宿線
神保町
千代田線
半蔵門線
丸ノ内線
半蔵門線
大手町
東西線
日比谷
有楽町線
日比谷線
内幸町
丸ノ内線
御成門
銀座線
大江戸線
芝公園
南北線
白金高輪
三田
白金台
浅草線
目黒
東急目黒線
山手線
至西高島平
至志村検車場
至目黒
高島平
至西高島平
至目黒
新板橋
至目黒
西高島平
至西高島平
御成門
至目黒
南北線
至赤羽岩淵
至西高島平
三田線
白金高輪
目黒
至武蔵小杉

線と相互直通することと、11号線（半蔵門線）を蛎殻《かきがら》町《ちょう》から渋谷を経て二子玉川までの路線とし、田園都市線と相互直通することになった。

これによって6号線は両方向で相互直通する相手がなくなった。それならなにも狭軌にすることはなかった。標準軌にしていれば西馬込の車両基地を6号線の電車も使えたと、当時の東京都の担当者はぼやいていた。

昭和47年の最終答申では高島平駅から国道17号の地下を通って浦和市西部を経て川越線の日進《にっしん》—西大宮間の中間地点を終点とし、三田駅側は清正公前《せいしょうこうまえ》（現白金高輪）で7号線（南北線）と合流、目黒駅を経て港北ニュータウンまでを建設するとした。

それを受けて東京都は東武が持っていた高島平—和光市間のうち高島平—西高島平間の免許を譲受、昭和51年5月に開通させた。

そして目黒駅から先は東急目蒲《めかま》線を経由して東横線に乗り入れ、さらに日吉《ひよし》駅から港北ニュータウンを経て横浜線方面までの横浜市地下鉄4号線と相互直通をすることになった。

だが、三田寄りで実現したのは三田—目黒間と目黒駅から日吉までの目黒線の開通である。横浜地下鉄への乗り入れは、地下鉄4号線がリニア駆動ミニ地下鉄で建設されたので実現しなかった。

目黒駅は地下4階に島式ホームがある。シーサスポイントは東急側にはあるが、三田線側にはない。ホームがなくなると急カーブしていて設置できないからである。

白金高輪駅は島式ホーム2面4線で目黒寄りに引上線2線がある。外側が三田線、内側が南北線である。

三田駅は上下2段式の片面ホームである。上の地下3階が目黒方面、下の地下4階が西高島平方面である。目黒寄りで浅草線との連絡通路がある。同線のホームは地下2階にある。三田線の地下4階は登って、3階は降りて連絡通路を歩き、今度は階段を登って浅草線の島式ホームに達する。

長らく三田駅が起点だったときは、上下2段式から通常の地下線になった芝公園の近くにシーサスポイントが置かれていた。島式ホームの御成門《おなりもん》駅の目黒寄りには引上線が1線置かれている。

日比谷《ひびや》—大手町《おおてまち》間は東京メトロ千代田線と複々線になっているが両線の間には壁があるからわからない。まず千代田線の日比谷駅があって、その先に三田線の日比谷駅、次に千代田線の二重橋前《にじゅうばしまえ》、そして三田線の大手町、そして千代田線の大手町駅がある。

地下3階で交互にホームを並べており、地下2階コンコースは自由通路がずっと続いている。交互に並べることによって上を通っている日比谷通りのどこからでもすぐに地下鉄の駅に行ける。

各駅のホームは両線が並行している側の線路は直線、反対側はホームの中心が膨らみ、端部がしぼんでいる。直線側に立って耳をすますと並行他線の電車が通過している音が聞こえる。なお、三田線日比谷駅の西高島平寄りに逆渡り線がある。

神保町《じんぼうちょう》駅は西高島平寄りで上を都営新宿線が横切り、目黒寄りで半蔵門線が端を横切っている。半蔵門線とは別改札になっている。地下2階コンコースに上がって改札を出て、一度、半階ぶん階段を登ってからまた1階分以上降りて半蔵門線改札口に達し、さらに階段を降りてホームに達する。途中で昇り降りするのは下に埋設物があるからだが、健常者以外はきつい。

新宿線との乗り換えはやはり2階コンコースに登る。西高島平寄りの階段を登れば後は平面移動で新宿線の本八幡《もとやわた》方面のホームに行けるが、目黒寄りの階段からはコンコースに出ても半段ぶんの階段を登って新宿方面のホームに達する。

次の水道橋《すいどうばし》駅の西高島平寄りに逆渡り線があったが撤去されている。東京メトロは非常用に残しているが、東京都は保守に費用がかかるとして撤去する。このあたり考え方の違いが浮き出ている。

巣鴨《すがも》駅ではA1出口で地上に出てJRの改札に向かう。新板橋駅の西高島平寄りに引上線が1線設置されている。Y形ではなくシーサスポイントを入れて順渡り線の役目もできるようにしている。本蓮沼《もとはすぬま》駅には非常用の逆渡り線がある。

高島平駅は隣接して志村車両検修場があるために島式ホーム2面4線で内側2線で入出庫電車が発車する。目黒寄りにある入出庫線2線は駅のいずれの線路とも行き来ができる配線になっている。西高島平寄りには引上線が2線ある。

三田線白山駅は上下線間に支柱がない相対式ホーム

西高島平駅は相対式ホームで目黒寄りにシーサスポイントがある。線路は駅を通り越して20m余り伸びている。その向こうに大宮バイパスとその上部を通る首都高速5号池袋線が見える。首都高速は高くなっており、いかにも三田線が下をくぐれる構造になっている。

最混雑区間は西巣鴨→巣鴨間である。山手線と連絡する巣鴨駅で乗り換える客が多いために減るからである。混雑率は158％である。

平均定員は140人にしている。基本的に140人でもいいが、6両編成の場合は乗務員室が占める割合が高い。6両編成で832人、平均定員は138・7人になる。このほうがより正確である。そうすると混雑率は2ポイント上がって160％になる。

南北線と目黒線とともにまもなく8両編成になる。

集中率は20％と低い。落ち着いた路線といえるが、高島平団地の少子高齢化で定期客が減ったことが要因だと思われる。昭和61年度は24％だった。4ポイントぶん定期客が減ったといえる。

最混雑時間帯は7時40分から8時40分、その間に20本の電車が走っている。平均運転間隔は3分10秒だが、最小運転間隔は2分45秒である。

20本の内訳は西高島平発が14本、高島平発が6本、それらの行き先は日吉行が13本、白金高輪行が7本である。

高島平始発の後を走る西高島平発の電車は間隔調整をせず、西高島平発時点で6分毎で発車すると高島平駅発車時点でも6分毎になり、その間に高島平発が出て以遠は3分毎になっている。

昼間時は西高島平―白金高輪間では6分毎の運転である。東京メトロの南北線も赤羽岩淵《あかばねいわぶち》―白金高輪間は6分毎である。白金高輪―日吉間は東急目黒線に合わせて15分サイクルになる。15分サイクルに急行1本、普通2本の運転である。

白金高輪駅までの1時間当たりの運転本数は三田線と南北線がそれぞれ10本、計20本である。白金高輪から日吉駅までは12本が走る。三田線も南北線もそれぞれ1時間に4本が白金高輪駅で折り返すことになる。

そして急行は15分毎だから三田線と南北線それぞれが30分毎に走らせると白金高輪駅で時間調整は不要である。しかし、普通のほうは時間調整が必要になる。

それを最小限にするには三田線と南北線それぞれの普通が2本連続して走らせることである。

しかし、白金高輪折返の普通と日吉行の普通と連絡がうまくいっていない。白金高輪駅を境に高島平方向と赤羽岩淵方向がそれぞれ6分間隔、目黒方向が15分サイクルだから、どうしても時間調整が必要である。

これを是正するには三田線と南北線の白金高輪駅までは5分毎にするか、東急目黒線を12分サイクルにするかだが、いずれも運転本数が増えてコストアップになる。

夕ラッシュ時は5分毎になるが、東急目黒線は12分サイクルになってしまうので、やはり白金高輪駅を境に時間調整が必要である。

相互直通しているのだから、整合性のあるダイヤにする必要がある。

昼間時の西高島平―白金高輪間の所要時間は47分、表定速度は30・9キロである。ホームドアが設置されていなかったときの所要時間は46分だった。ホームドアの設置で1分遅くなっている。

東京メトロ南北線

まもなく6両編成が8両編成に増結

東京メトロ南北《なんぼく》線は目黒《めぐろ》―赤羽岩淵《あかばねいわぶち》間21・3キロの路線で、目黒駅で東急目黒線、赤羽岩淵駅で埼玉高速鉄道と接続して相互直通運転をする。また、目黒―白金《しろかね》高輪《たかなわ》間は東京都が第2種鉄道事業者になっており都営の路線でもあるので三田線の電車が走る。

路線番号は7号線である。1号線の浅草線から5号線の東西線まで山手線を時計回りで、品川、恵比寿、渋谷、新宿、高田馬場と路線番号が付されている。6号線の三田線と7号線の南北線は中目黒駅を通るから法則が乱れてきたといえるが、反対側からみると三田線は巣鴨駅、南北線は駒込駅を通るから、まだ法則にのっとっているともいえる。

南北線ははじめて銀座、大手町、日本橋などの都心を通らない路線として昭和37年の都市交通審議会で計画された。

しかし、都心を通らないことから緊急性がないとして放置されたままになっていた。審議会でルートを何度か変更され、昭和59年4月になってようやく免許を取得した。取得後もまだ放置され、平成3年11月になって、やっと駒込―赤羽岩淵間が開通、全通は平成12年9月である。

目黒―白金高輪間は三田線の項を参照していただきたい。

白金高輪駅に進入する浦和美園行。全閉式ホームドアなので暗い

東京メトロ南北線(7号線)

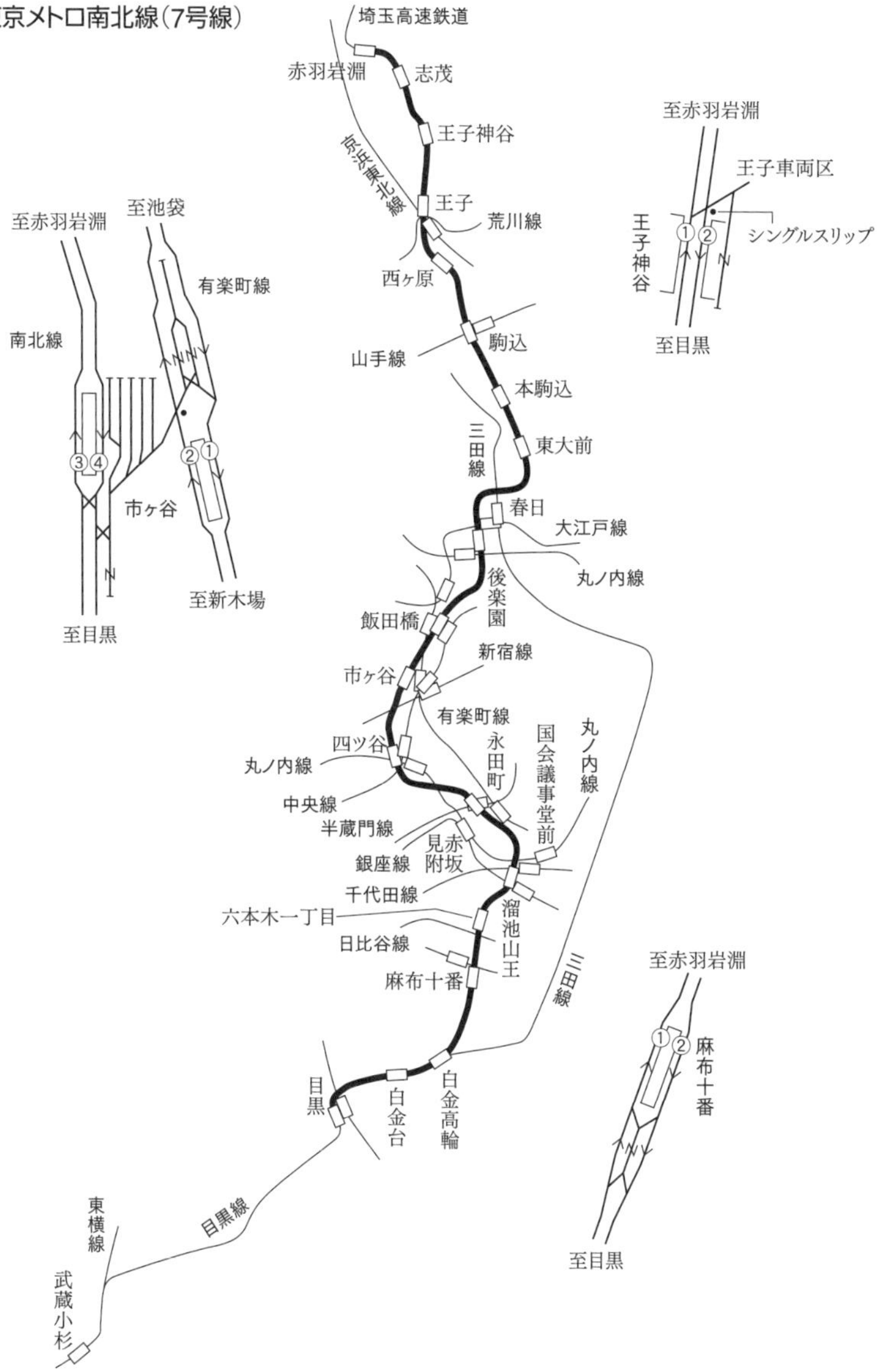

麻布十番《あざぶじゅうばん》駅の目黒寄りに引上線がある。同駅からだけでなく目黒寄りからも入線できる配線になっている。

溜池山王《ためいけさんのう》駅は銀座線の渋谷寄りで斜めに同線をくぐっている。四ツ谷―溜池山王間が部分開業した。その時の折返用のシーサスポイントが目黒寄りに置かれている。

溜池山王駅は千代田線と丸ノ内線の国会議事堂前《こっかいぎじどうまえ》と同一駅である。このため乗り換えができる。南北線ホーム上のコンコースの赤羽岩淵寄りに千代田線国会議事堂前駅への連絡通路がある。

これで銀座線溜池山王駅から丸ノ内線国会議事堂前駅まで改札内で歩いて行けるが、結構な距離である。赤坂見附駅まで行って丸ノ内線に乗り換えたほうが楽であり、接続がよければ歩くより速く丸ノ内線の国会議事堂前駅に行ける。

次の永田町駅でも有楽町線、半蔵門線と、そして丸ノ内線、銀座線赤坂見附駅と同一駅にしている。

市ヶ谷―飯田橋間では有楽町線と並行する。南北線の市ヶ谷駅に隣接して5線の留置線がある。そこから有楽町線の池袋寄りにある2線の引上線へ伸びて接続している。

南北線は飯田橋駅の手前で有楽町線の下を斜めに横切って飯田橋駅では位置関係が逆になる。東西線と大江戸線の飯田橋駅とは改札外での乗り換えである。飯田橋駅の赤羽岩淵寄りで東西線をくぐる。

春日《かすが》駅は地下の都営三田線と大江戸線、それに高架の丸ノ内線後楽園駅との連絡駅である。南北線と都営大江戸線の両コンコースの間に連絡改札口がある。高架の丸ノ内線とは連絡階段でつながっており、改札の外へ出なくてすむ。

駒込駅では中央階段でコンコースに行き改札を出て3番出口を登り、地上に出るとJRの北口改札に行ける。駒込駅も部分開業時のシーサスポイントが目黒寄りにある。

王子《おうじ》駅は南北線とJRとは国道122号を隔てて離れている。3番出口はJR北口と都電王子駅前に近い。

次の王子神谷《おうじかみや》駅は王子検車区への入出庫線がつながっている。目黒方面の相対式ホームの反対側には検車

南北線の各駅は全閉式ホームドア

区の引上線が並行している。引上線とホームとの間には壁があってわからない。

赤羽岩淵駅は島式ホーム1面2線で埼玉高速鉄道と共同使用駅である。目黒寄りにシーサスポイントがある。昼間時に南北線の2本に1本が折り返す。このとき目黒方面から来た電車はシーサスポイントを通って目黒方面行2番線に停車して折り返している。

最混雑区間は駒込→本駒込間である。三田線では山手線と連絡する巣鴨駅の手前の区間が最混雑区間になっているが、南北線では山手線と連絡する駒込駅を過ぎた区間になっている。両線とも山手線への乗換客、山手線からの乗換客が微妙に異なるだけで、南北線のほうは乗り換えてくる客のほうが若干多いということである。

公表混雑率は159％だが、厳密に定員を計算した結果の混雑率は169％になる。10ポイントも差がでてしまっている。

南北線の平均定員は公表で147・7人にもなっている。営団時代から東京メトロは自社スペックの定員を増やしてきている。

南北線の9000系では先頭車140人、中間車151人か152人にしている。6両1編成で886人だから平均定員は147・7人になる。

しかし、これは先行試作車のスペックである。しかも先行試作車の車端部の片側はボックスシートになっている。6両編成であることも考慮すると平均定員は140人を下回る値でなければならない。その後の9000系はオールロングシートになったものの、中間車の定員を1人減らしている。

ボックスシートとロングシートではロングシートのほうが収容力があるはずなのにかえって減らしている。東急目黒線と埼玉高速鉄道の車両も乗り入れており、いまやロングシート車の占める割合が高い。

標準幅車の6両編成の定員は基準の832人になる。平均定員は138・3人と9人少なくなる。これで混雑率を計算すると169％になる。南北線では公表と厳密計算での混雑率の差が大きすぎる。

集中率は29％と大きい。ラッシュ時は混むが閑散時は空いているということである。埼玉高速鉄道線も含めて閑散時の利用を増やすには快速の運転が必要である。

最混雑時間帯は8時0分から9時0分、その間に18本が運転されている。平均運転間隔は3分30秒である。三田線で述べたように白金高輪―目黒間は東急目黒線に合わせたダイヤになっているので、平均運転間隔は4分になる。

昼間時は6分毎で、2本に1本、12分毎に埼玉高速鉄道に、30分サイクルに急行1本、普通2本が東急目黒線に乗り入れている。普通のうち1時間に4本は白金高輪折返である。埼玉高速鉄道直通は12分毎だから、浦和美園発着の急行は1時間に1本しか運転できない。もう1本は赤羽岩淵発着になる。

夕ラッシュ時は5分毎の運転である。三田線で述べたように白金高輪を境に運転サイクルが合わない。5分の倍数に合わせるか、6分の倍数に合わせるか、調整が必要であり、理想的なのは5分毎である。

6両編成から8両編成に増結することになっている。赤羽岩淵―白金高輪間の所要時間は35分、表定速度は32・6㌔である。当初からホームドアが設置されているので、所要時間はずっと変わっていない。

埼玉高速鉄道　運転本数が減ってしまっている

埼玉高速《さいたまこうそく》鉄道は赤羽岩淵《あかばねいわぶち》―浦和《うらわ》美園《みその》間14・6キロの路線で、赤羽岩淵駅で東京メトロ南北線、さらに南北線は目黒駅で東急目黒線と接続しており、この3線で相互直通運転をしている。

東京7号線の埼玉県内区間を東京メトロが建設するわけにはいかないために埼玉高速鉄道を設立して建設した。浦和美園までが東京7号線ではなく、その先の蓮田《はすだ》駅が終点である。

赤羽岩淵駅が起点だが、シンプルな島式ホーム1面2線となっており、南北線の志茂《しも》寄りにシーサスポイントがある。途中の鳩ヶ谷《はとがや》駅の浦和美園寄りにY形引上線、赤羽岩淵寄りにシーサスポイントがある。

東川口駅ではＪＲ武蔵野線と連絡する。終点浦和美園駅は島式ホームと片面ホームそれぞれ1面の2線である。片面ホームは埼玉スタジアムでゲーム開催時に臨時ホームとして使用し混雑を緩和している。蓮田方面に延伸したときは島式ホームになり3線の発着線ができる。

線路はそのまま車両基地まで伸びているが、車両基地の横にある埼玉スタジアムへの歩道が将来延伸したときの線路になる。

浦和美園駅から乗客は漸増していく。そのため最混

埼玉高速鉄道のホームドアは通常タイプ

埼玉高速鉄道

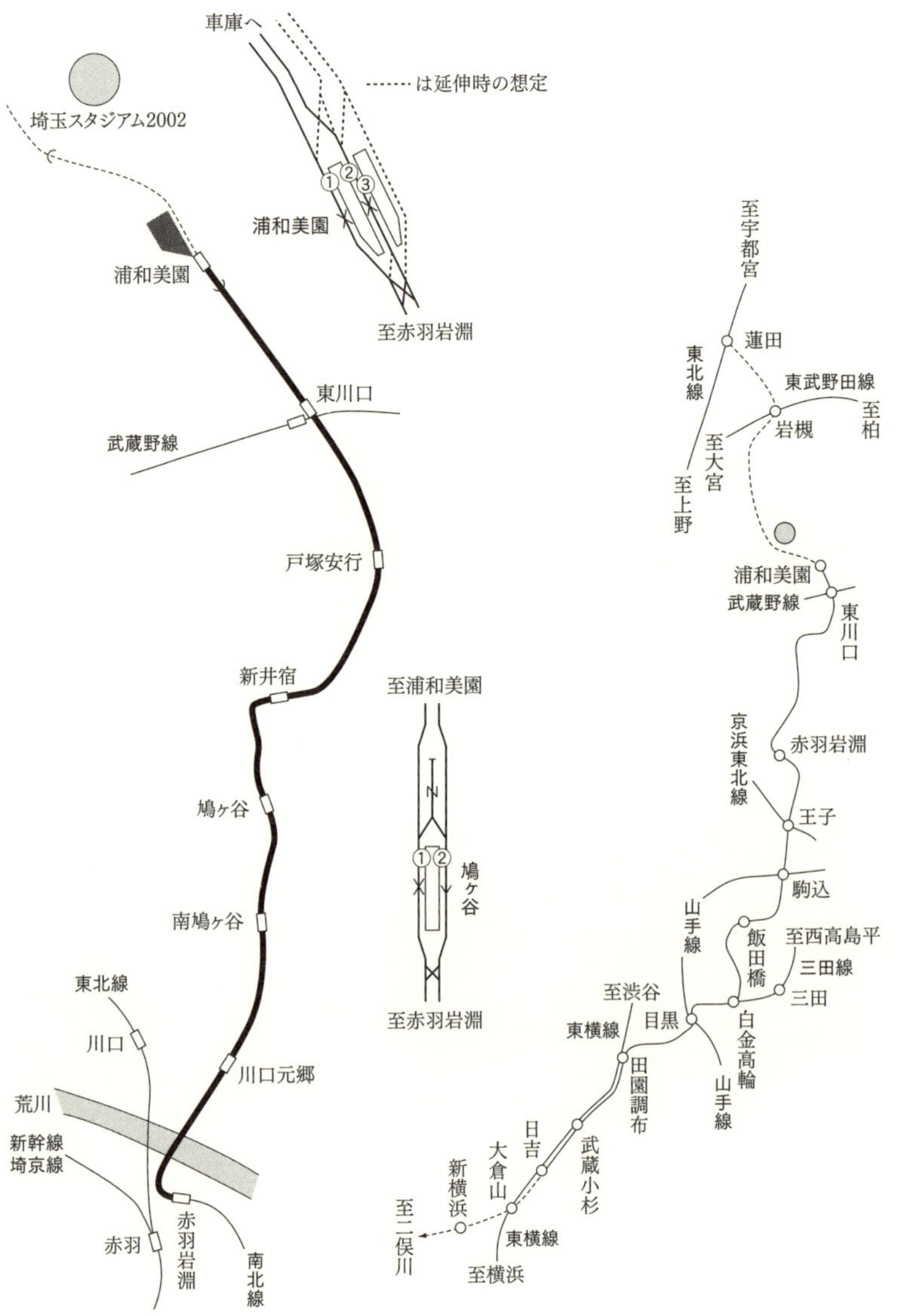
車庫へ
······ は延伸時の想定
埼玉スタジアム2002
浦和美園
至赤羽岩淵
東川口
武蔵野線
戸塚安行
新井宿
鳩ヶ谷
南鳩ヶ谷
川口元郷
東北線
川口
荒川
新幹線
埼京線
赤羽
赤羽岩淵
南北線
至浦和美園
鳩ヶ谷
至赤羽岩淵
至宇都宮
蓮田
東北線
東武野田線
至柏
岩槻
至大宮
至上野
浦和美園
武蔵野線
東川口
京浜東北線
赤羽岩淵
王子
駒込
山手線
飯田橋
至西高島平
三田線
三田
至渋谷
目黒
東横線
白金高輪
田園調布
山手線
日吉
武蔵小杉
大倉山
新横浜
至二俣川
東横線
至横浜

川口元郷駅を出た各停浦和美園行

雑区間は川口元郷《かわぐちもとごう》↓赤羽岩淵間になる。公表混雑率は１２８％である。

　このときの平均定員は１４７人になっているが、標準幅の20ｍ大形車6両編成の定員は１３８・７人である。これで混雑率を算出すると１４４％と16ポイントも上がっている。

　最混雑時間帯は7時14分から8時14分、この間に15本の電車が走り平均運転間隔は4分である。以前は鳩ヶ谷折返があって22本、平均運転間隔は2分40秒だった。現在は輸送過剰ということで15本と大幅に本数を減少させている。

　昼間時は12分毎の運転である。以前の昼間時も鳩ヶ谷折返があって鳩ヶ谷以南は6分毎だったが、経費節減のために赤羽岩淵折返になって埼玉高速線へは行かなくなった。夕ラッシュ時は4～6分毎である。

　赤羽岩淵―浦和美園間の所要時間は20分、表定速度28・0キロである。昼間時の12分間隔を10分間隔にすれば、直通相手の東急目黒線とのサイクルが合致する。10分間隔にすべきである。やはりまもなく8両編成になる。

東急目黒線

15分サイクルなので直通先と合わない

東急目黒《めぐろ》線は目黒—田園調布《でんえんちょうふ》間6・5キロの路線で、複々線化された東横線の日吉《ひよし》駅まで乗り入れるとともに、目黒駅で都営三田線と東京メトロ南北線、さらには南北線と接続している埼玉高速鉄道に乗り入れる。

もともとは目黒—蒲田《かまた》間を走る目蒲《めかま》線だった。そのうちの目黒—田園調布間を目黒線としたものである。残った路線のうち多摩川《たまがわ》—蒲田間は東急多摩川線とし、田園調布—多摩川間は東横線との重複区間ということで削除した。

目黒線は三田線と南北線と相互直通するために20m大形車6両編成が走るが、8両編成化を考慮してホームの長さは8両まで延ばせるようにしている。従来は18m中形車4両編成だったので、倍以上のホームの長さになっている。まもなく8両編成化される。

目黒駅は島式ホームで田園調布寄りにシーサスポイントがある。すぐに地上に出るが、不動前《ふどうまえ》駅の先で再び地下に潜る。武蔵小山《むさしこやま》駅は島式ホーム2面4線の追越駅で緩急接続をしている。

洗足《せんぞく》駅の先で地上に出ると上下線が広がって再び地下に潜る。広がった上下線の間に大井町線の上下線が割り込んできて、島式ホーム2面4線の大岡山《おおおかやま》駅となる。外側が目黒線、内側が大井町線の発着線である。

大井町線の大井町寄りの上下線の間にY形引上線がある。田園調布寄りには目黒線と大井町線との間に渡り線がある。田園調布寄りで目黒線の電車が大井町線に入ってY形引上線で方向転換をして大井町線、田園都市線を経て長津田工場に向かうためのものなので、東急は引上線とはせずに連絡線としている。

地上に出て大井町線と分かれて奥沢《おくさわ》駅になる。奥沢駅には奥沢車庫が隣接している。入出庫線は目黒寄りにある。奥沢駅上り2番線の反対側に当駅始発用の3番線がある。

再び地下に潜って東横線の下り線をくぐり田園調布駅となる。島式ホーム2面4線で内側が目黒線であ

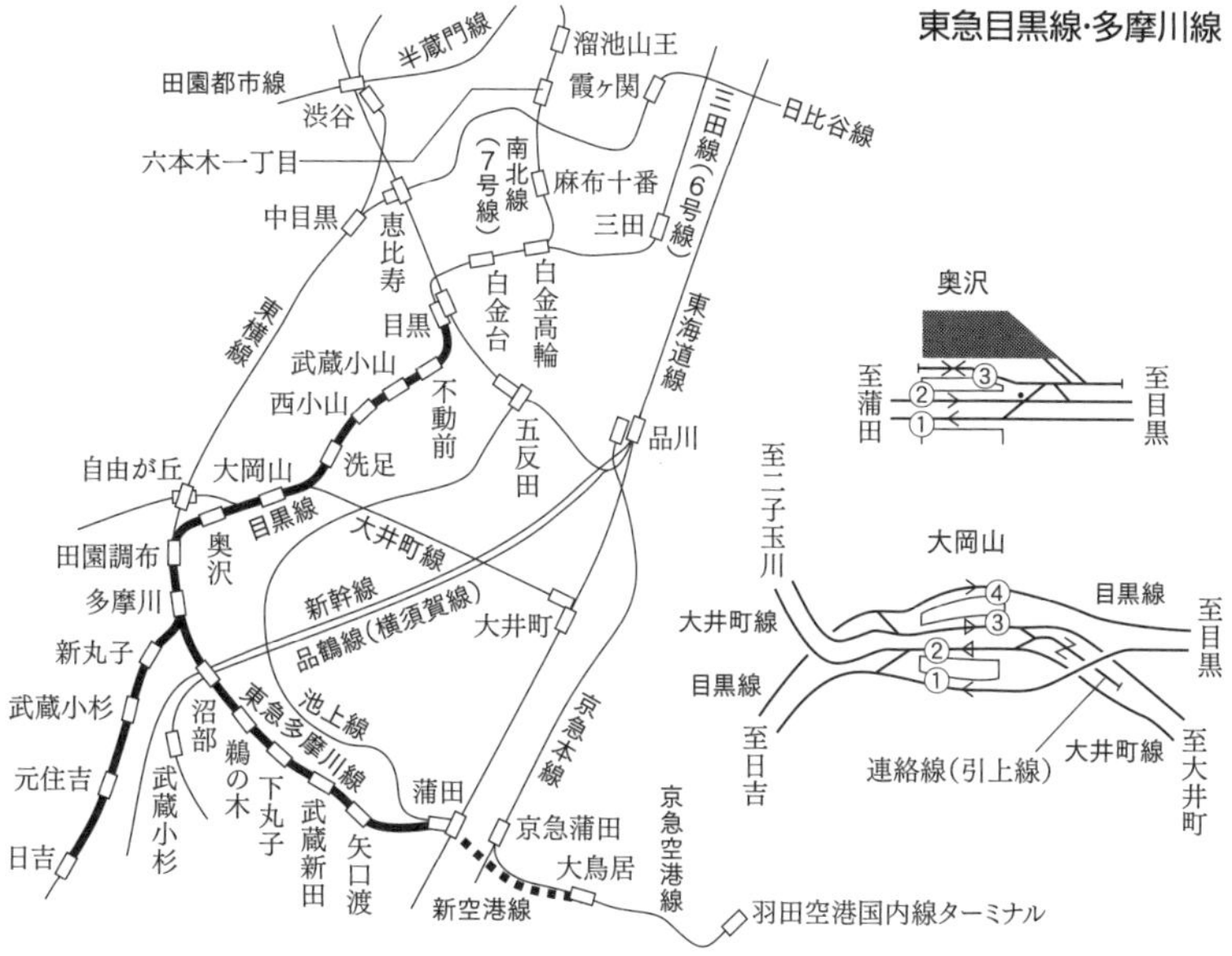

る。日吉寄りにシーサスポイントが設置されている。その先で東急多摩川線の連絡線が分かれてすぐに地下に潜る。田園調布—多摩川間に目黒線と東横線、そして地下に多摩川線連絡線の複線がある。東横線は田園調布—日吉間が複々線になっている。目黒線電車はその内側を走る。

武蔵小杉《むさしこすぎ》—元住吉《もとすみよし》間は複々線の用地がなかったのと元住吉検車区が地上にあるため、地上と高架の上下2段式の複々線になっている。地上の線路が目黒線電車用で、東横線の入出庫電車も回送で走る。

再び高架になる。日吉駅の内側の目黒線電車用線路はそのまま2線の引上線につながる。この先は東急新横浜線の建設工事がはじまっている。完成後には引上線は1線だけになる。目黒線電車は8両編成になるので相鉄直通は大半が西谷駅までと思われる。

最混雑区間は不動前→目黒間で、公表混雑率は174％になっている。

平均定員は147・7人と非常に多い。6両編成だから、東横線の8、10両編成よりも平均定員が少なくなる。しかし、自社スペックの定員である。国土交通省の基準で算出すると平均定員は１３８・６人になり、９・１人少なくなる。というよりも公表輸送力は７％も多めにしている。定員計算を統一した実際の混雑率は11ポイント上がって１８５％にもなる。

集中率は26％と通勤路線としては標準である。

最混雑時間帯は7時50分から8時50分までで、この間に24本の電車が走り、最小運転間隔は2分30秒である。うち12本が急行である。５分サイクルに急行と普通が各１本走っている。目黒駅から三田線と南北線への直通割合は１対１、しかも急行と普通それぞれ１対１で西高島平方面と浦和美園方面に向かっている。

昼間時は15分サイクルに急行１本、普通２本が走る。急行は交互に、つまり30分毎に西高島平方面と浦和美園方面が走り、普通も交互に走っている。

目黒線が15分サイクルにしているのは、東横線も田園都市線も15分サイクルなので昼間時の各駅での接続がすべて同じになるからである。

目黒—日吉間で急行の停車駅は武蔵小山、大岡山、田園調布、多摩川、武蔵小杉である。所要時間は17分、表定速度は42・0キロである。

不動前駅に停車中の日吉行。使用車両は東京メトロ車

東京メトロ有楽町線・西武有楽町線

うまく考えられている小竹向原駅の配線

有楽町《ゆうらくちょう》線は和光市《わこうし》―新木場《しんきば》間28・3キロの路線で和光市駅で東武東上線、小竹向原《こたけむかいはら》駅で西武有楽町線と相互直通する。また、和光市―池袋間は上下2段式の複々線になっており、池袋駅で副都心線が分岐する。路線番号は8号線である。

西武有楽町線は小竹向原駅で分岐して西武池袋線練《ねり》馬《ま》駅に至る2・6キロの路線である。

昭和21年の東京復興都市計画高速鉄道路線では、戦前に計画されていた4号線（丸ノ内線）を池袋駅から向原まで建設するとした。さらに昭和37年の都市交通審議会の答申では、向原から東武東上線成増《なります》まで延長して、東上線の混雑緩和を図ることにした。

しかし、丸ノ内線の中形車6両編成では輸送力が足りなくなる恐れがある。昭和39年にはじめて8号線が取り上げられることになった。西武池袋線の中村橋《なかむらばし》駅から目白《めじろ》駅、水道橋駅を経て錦糸町に至り、西武池袋線と相互直通運転をするものである。

昭和43年には8号線の護国寺《ごこくじ》から分岐して池袋を経て向原で成増駅へと練馬駅への分岐線が加えられ、成増駅で東武東上線、練馬駅で西武池袋線と相互直通運転をする。丸ノ内線の成増延伸は輸送力がないとして削除され、終点も錦糸町ではなく銀座一丁目とした。

昭和47年の都市交通審議会の最終答申では、8号線の本線である護国寺―中村橋間を削除し、8号線は練馬―湾岸（現新木場）とし、湾岸からは鉄道建設公団が路盤を完成させていた京葉線を受け継いで海浜ニュータウン（海浜幕張地区）までの延伸も検討路線にするとした。

さらに和光市―小竹向原―池袋―新宿三丁目間の13号線を新しく加え、小竹向原―池袋間は8号線と複々線で重複させるとした。また、新宿三丁目―渋谷―品川―羽田空港間を13号線の検討路線とした。

最終答申では相互直通する相手先の区間も東京○号線として含むことにした。東京8号線は西武池袋線の

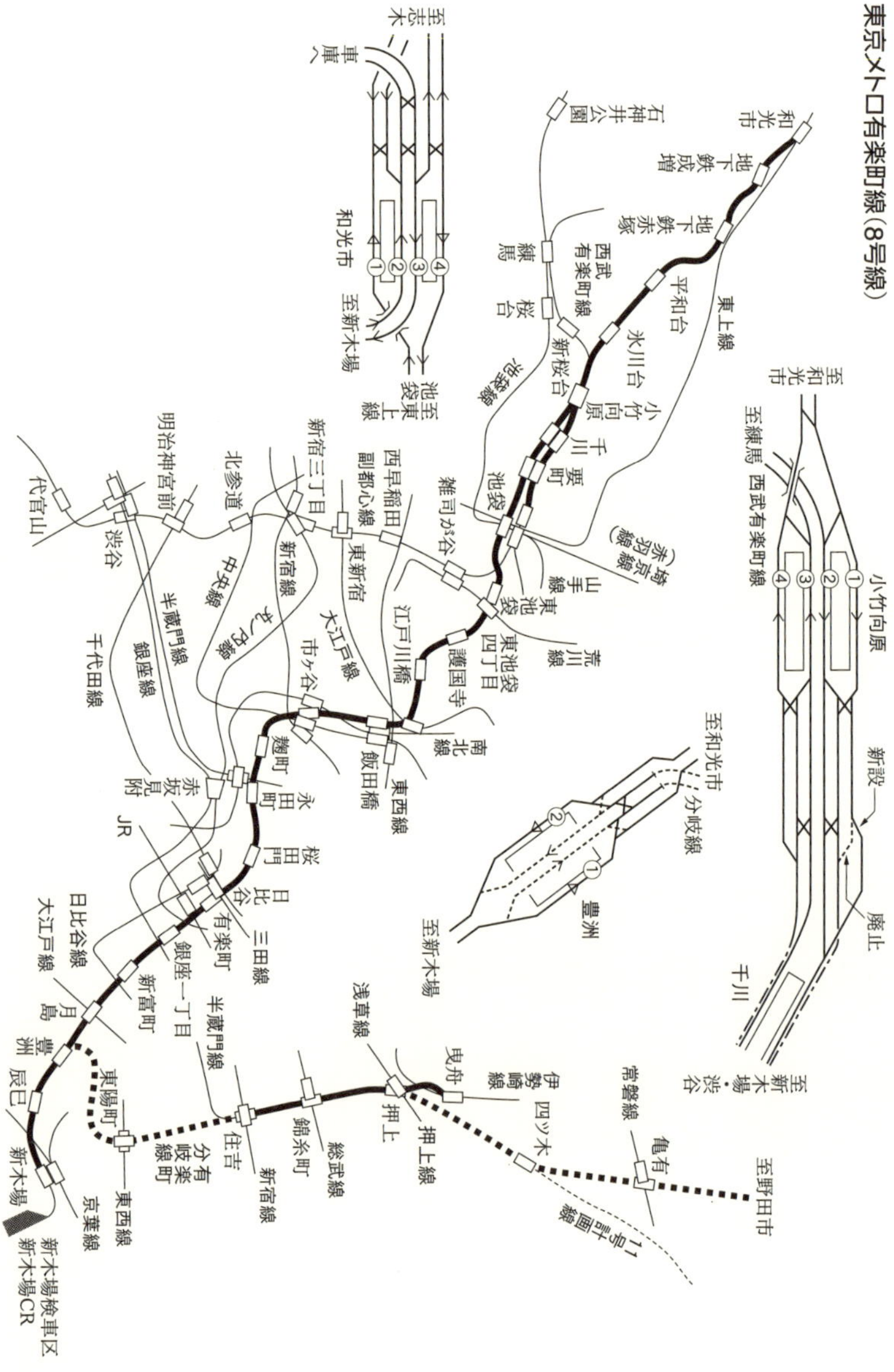
東京メトロ有楽町線(8号線)
和光市
地下鉄成増
地下鉄赤塚
平和台
氷川台
小竹向原
千川
要町
池袋
東池袋
護国寺
江戸川橋
飯田橋
市ヶ谷
麴町
永田町
桜田門
有楽町
銀座一丁目
新富町
月島
豊洲
辰巳
新木場
新木場検車区
新木場CR
東上線
西武有楽町線
練馬
桜台
新桜台
石神井公園
西武池袋線
副都心線
雑司が谷
西早稲田
東新宿
新宿三丁目
北参道
明治神宮前
渋谷
代官山
埼京線
(赤羽線)
山手線
荒川線
南北線
東西線
大江戸線
中央線
新宿線
半蔵門線
銀座線
千代田線
赤坂見附
JR
日比谷
三田線
日比谷線
京葉線
東陽町
住吉
分岐線
有楽町線
錦糸町
押上
曳舟
伊勢崎線
浅草線
押上線
総武線
四ツ木
亀有
常磐線
至野田市
計画線
至志木
車庫へ
至新木場
至池袋
東上線
至和光市
至練馬
新設
廃止
至新木場・渋谷
分岐線
豊洲

保谷《ほうや》駅が起点、13号線は志木《しき》駅とし、保谷―練馬間と志木―和光市間は複々線にするとして、建設補助対象にした。

これに基づいて営団（現東京メトロ）が昭和37年に4号線として取得していた池袋―向原間は8号線に転用し複々線にすることになった。練馬―小竹向原間は西武のテリトリだということで西武鉄道が建設し運行することになった。

営団にとって8号線は小竹向原―新木場間、13号線は和光市―新宿三丁目間ということで建設が進められていく。昭和49年10月に池袋―銀座一丁目間、55年3月に銀座一丁目―新富町《しんとみちょう》間、58年6月に13号線の成増（現地下鉄成増）―小竹向原間と8号線小竹向原―池袋間が開通した。このとき13号線の小竹向原から池袋駅手前の13号線も完成したが、13号線の池袋駅が未完成なので使用しなかった。なお成増―小竹向原間は13号線だが、愛称として有楽町線に含めた。

昭和62年8月に和光市―成増間が開通して東武東上線と相互直通運転を開始した。63年6月に新富町―新木場間が開通して8号線は全通した。なお、13号線は渋谷駅まで延ばして東急東横線と相互直通運転をすることになった。

平成6年6月に13号線池袋駅を新線池袋駅として完成した。途中の千川《せんかわ》、要町《かなめちょう》駅にはホームがあったが、これを通過するいわば快速線として走らせ、小竹向原―池袋間は有楽町線経由よりも2分短くした。

そして平成20年に池袋（新線池袋）―渋谷間が開通し、東京メトロの8号線は和光市―新木場間とした。路線名も正式に有楽町線とした。

和光市駅は島式ホーム2面4線で内側が東京メトロ有楽町線の発着線である。志木寄りに引上線を兼ねた和光検車区との入出庫線がある。

新木場寄りでは東武東上線よりも高くなって東上線の下り線を斜めに乗り越してから地下に入る。地下鉄成増駅の新木場寄りに非常用のシーサスポイントがある。

小竹向原駅の和光市寄りに非常用の逆渡り線がある。西武有楽町線が上下線の間に割り込んできて小竹向原駅となる。

西武有楽町線練馬駅は島式ホーム2面6線である。

両外側が急行線でホームに面していない。ホームの内側は緩行線、外側が西武有楽町線の発着線である。相対式ホームの新桜台《しんさくらだい》駅を経て小竹向原駅に入る。

小竹向原駅は島式ホーム2面4線で、内側が西武有楽町線、外側が有楽町線の発着線である。和光市方面と練馬方面の電車が同時に進入あるいは発車することはできる。

しかし、反対側の新木場と渋谷方面が同時進入発車できるのは練馬方面─新木場間と和光市方面─渋谷方面間だけで、練馬方面─渋谷方面間と和光市方面─新木場間とが同時発車するとぶつかってしまうのでできない。そこで新木場・渋谷寄りでは線路を6線並べて、どちらかがここで停車して、どちらかが先行して衝突を避ける構造にしたと開通時に説明していた。

しかし、6線構造の先の千川駅の手前で上下2段式の複々線になるが、このあたりの構造を見てみるとあきらかに同時発車してもぶつからないようにする立体交差構造が設置できるようになっていた。

そして現実に立体交差構造が建設され、池袋寄りでも同時進入発車ができるようになった。当初からこれを考えていたが、立体交差構造を設置するまでの予算がなく、準備だけをしていた。それが6線構造である。同様なことは上越新幹線が新宿駅への延伸が実現したとき、東北新幹線と上越新幹線での同時進入発車のために大宮駅の新潟・新青森寄りに6線による立体交差構造が準備されている。

千川─要町間は上下2段式の複々線になっている。そして下段の副都心線側は池袋駅の丸ノ内線の西側、上段の有楽町線側は南側にそれぞれの池袋駅がある。副都心線と丸ノ内線とは改札内で乗り換えができるが、両線と有楽町線との乗り換えは改札外の通路を歩く徒歩連絡である。

有楽町線の池袋駅の小竹向原寄りには引上線が1線あり、新木場寄りにはシーサスポイントがある。東池袋駅では都電荒川線と連絡する。麴町《こうじまち》駅は上下2段式になっている。上段の1番線が新木場方面、下段の2番線が和光市方面である。桜田門駅の和光市寄りには千代田線との連絡線がある。

有楽町駅の新木場寄りにシーサスポイントがある。銀座一丁目─池袋間が開通したとき、銀座一丁目駅が上下2段式になっているためにこのポイントが置けないことから、有楽町駅近くに置かれた。銀座一丁目では新木場行が上段、和光市方面が下段にホームがある。

豊洲駅は半蔵門線住吉駅への分岐線が分かれる予定のために島式ホーム2面4線にできる構造になっている。引上線が和光市寄りに2線ある。住吉からの分岐線はこの引上線につながり引上線は分岐線本線になる。

銀座一丁目駅は上下2段式

新木場駅は島式ホームで終端側に引上線を兼ねた新木場車両基地との入出庫線がある。

最混雑区間は東池袋→護国寺間である。護国寺駅周辺はオフィス街と大学や高校があるためである。

公表混雑率は165％だが、有楽町線も平均定員が142・4人になっている。これを140人に修正すると混雑率は2ポイント上がって167％になる。

集中率は30％と高い。護国寺駅は生徒の降車が多く、定時に多数の生徒が改札口を通り抜けて学校に向かうからである。

最混雑時間帯は7時45分から8時45分である。生徒の多くは8時30分前に改札口を通り抜けている。最混雑時間帯に24本の電車が走る。7時47分に護国寺に到着してから8時45分に到着するまでの間に24本走るから、平均間隔は2分30秒である。

昼間時は6分毎、夕ラッシュ時は4分20秒毎になる。

昼間時の小竹向原—新木場間の所要時間は38分、表定速度31・6㌔である。ホームドアを設置する前は37分だったから1分遅くなっている。

東京メトロ千代田線

小田急ロマンスカーが直通している

千代田《ちよだ》線は代々木《よよぎ》公園《こうえん》—北綾瀬《きたあやせ》間24・0キロの路線で、代々木上原駅で小田急線、綾瀬駅で常磐緩行線と相互直通運転をする。

路線番号は9号線だが、昭和37年の都市交通審議会答申では小田急との相互直通運転をする路線を8号線としていた。小田急喜多見《きたみ》駅が起点で同駅で小田急と接続するとともに、ここから多摩ニュータウンへの路線を小田急が建設するとしていた。そして喜多見駅に隣接して8号線電車の車庫も設置するとした。8号線は世田谷通りの地下を通って、原宿、大手町を経て、現在の西日暮里駅を終点とし、松戸《まつど》方面への延伸を検討路線とした。

昭和39年の改定では小田急の申し入れで、代々木上原駅を起点にし、小田急の喜多見—代々木上原間は複々線化することにし、現在のルートで終点を綾瀬駅にして、9号線に変更した。

昭和47年の最終答申では多摩ニュータウンへの路線は新設予定の新百合《しんゆり》ヶ丘《がおか》駅での分岐に変更、小田急の複々線化も新百合ヶ丘—代々木上原間とした。

小田急の複々線化は10年を待たずにできるとしていたが、いまだに全区間完成していない。完成しているのは登戸《のぼりと》—代々木上原間である。

当初計画の喜多見駅接続にしていれば早期に多摩センター—東京都心間を結べただろう。小田急の複々線化は苦難の道を歩み、登戸—代々木上原間でさえ半世紀以上かかっている。

千代田線の代々木上原—綾瀬間が全通するのは昭和53年3月のことであり、ルート確定してから14年できている。綾瀬—北綾瀬間の開通は昭和54年だが、もともと綾瀬車両基地への入出庫線の車両基地入口付近に片面ホームを設置するだけの開業だった。

綾瀬—北綾瀬間は短い3両編成の区間電車を走らせていたが、北綾瀬駅のホームを10両編成ぶんに延伸して平成31年3月から代々木上原—北綾瀬間の直通電車

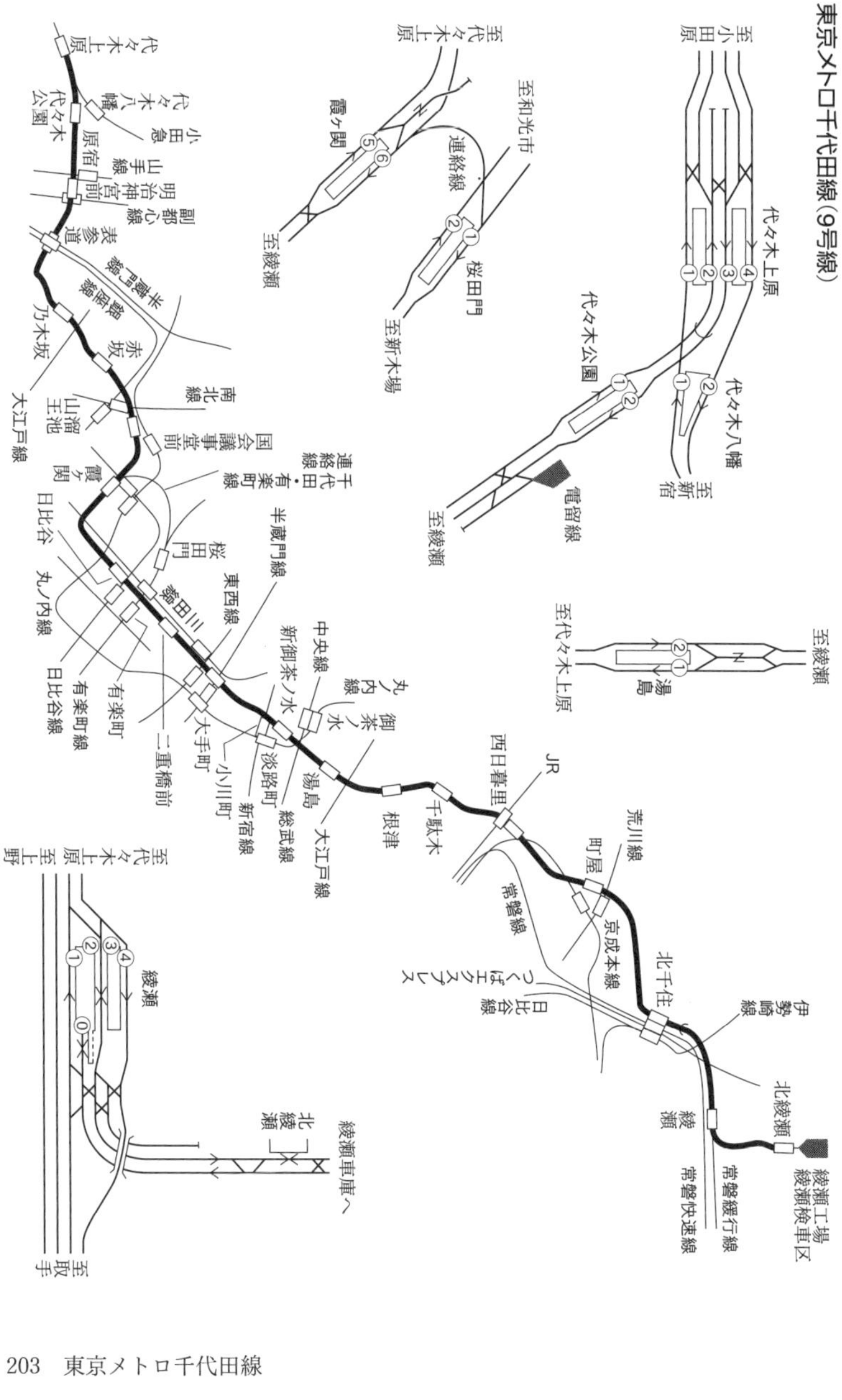
東京メトロ千代田線（9号線）
至小田原
代々木上原
代々木公園
代々木八幡
至新宿
電留線
至綾瀬
至和光市
連絡線
桜田門
至新木場
至代々木上原
霞ヶ関
湯島
至代々木上原
代々木上原
代々木八幡
代々木公園
小田急
山手線
明治神宮前
原宿
副都心線
表参道
半蔵門線
銀座線
乃木坂
赤坂
南北線
山王溜池
国会議事堂前
大江戸線
霞ヶ関
千代田線・有楽町線連絡線
桜田門
日比谷
丸ノ内線
半蔵門線
東西線
有楽町
日比谷線
有楽町線
二重橋前
大手町
中央線
新御茶ノ水
丸ノ内線
御茶ノ水
小川町
淡路町
新宿線
湯島
総武線
根津
大江戸線
千駄木
西日暮里
JR
町屋
荒川線
常磐線
京成本線
北千住
つくばエクスプレス
日比谷線
伊勢崎線
北綾瀬
綾瀬
常磐緩行線
常磐快速線
綾瀬工場
綾瀬検車区
至代々木上原
至上野
綾瀬
北綾瀬
綾瀬車庫へ
至取手

明治神宮前駅を発車した快速向ヶ丘遊園行

が走るようになった。ただし、入出庫電車と閑散時20分毎、夕ラッシュ時20分前後、夜間は入出庫電車を中心に運転され、3両編成の区間電車も走る。

　小田急のロマンスカーMSE車が代々木上原—北千《きたせん》住《じゅ》間に乗り入れている。千代田線内の停車駅は表参《おもてさん》道《どう》、霞ヶ関、大手町だが、千代田線には追越設備がないために、普通の後追いをしてゆっくり走る。代々木上原駅では乗務員交代のために停車するが、客扱いをしない運転停車である。

　千代田線内は1、4、5、7、8、9号車の扉が開くが、今後、ホームドアが設置されることになると、一般車の扉位置とかなりずれるので、ロープ昇降式か可動柵をかなり広幅にしないと対応できない。あるいは一般車の扉に合わせた位置に扉を設置した新車両を登場させるかである。

　代々木上原駅は島式ホーム2面4線の内側が千代田線の発着線である。小田原寄りに千代田線用の2線の引上線がある。

　地下に潜ってすぐに島式ホームの代々木公園駅がある。代々木上原寄りの改札口を出るとすぐに小田急の代々木八幡《はちまん》駅がある。千代田線は代々木公園内を通り抜けており、ここに9線の留置線を持つ代々木車庫が置かれている。

　明治神宮前駅では副都心線と十字交差しており、ホーム中央寄りの階段を降りて少し歩くと副都心線のコンコースに出る。さらに降りれば副都心線のホームである。また、北綾瀬寄りの階段を登って千代田線のコンコースに出てから、長い階段を降りても副都心線のコンコースに出られる。

　ＪＲ山手線へは代々木上原寄りの階段でコンコースを登ってから、改札を出て2番出口から地上に出る。

　表参道駅の北綾瀬寄りにシーサスポイントがある。霞ヶ関駅の代々木上原寄りにY形引上線と有楽町線への連絡線が分岐している。かつて小田急ロマンスカーが霞ヶ関でスイッチバックしてこの連絡線を通り、有楽町線の新木場駅まで土休日を中心に「ベイリゾート」号を走らせたことがある。北綾瀬寄りにはシーサスポイントが置かれている。

　日比谷―大手町間は三田線とで複々線になっている。大手町駅の北綾瀬寄りに逆渡り線がある。

　新御茶ノ水《しんおちゃのみず》駅は都営新宿線の小川町《おがわまち》駅と丸ノ内線の淡路町《あわじちょう》駅と同一駅とみなされ乗り換えができる。ＪＲ御茶ノ水駅と丸ノ内線御茶ノ水駅とも連絡運輸をしていたが、新御茶ノ水駅と小川町駅、淡路町駅を同一駅にした時点で廃止した。ただし、ＪＲ御茶ノ水駅とで定期券のみ連絡運輸を行っている。

　島式ホームの湯島《ゆしま》駅の北綾瀬寄りに引上線がある。北綾瀬と代々木上原の両方面から折り返しができる。


　この先で上を通っている道路が狭いので千代田線は上下2段式の複線になる。上が代々木上原方面、下が北綾瀬方面である。西日暮里《にしにっぽり》駅と町屋《まちや》駅も同様である。

　西日暮里駅ではホームの上のコンコースを経て地上に出てＪＲに乗り換える。日暮里・舎人《とねり》ライナーとは地下2階コンコースからエレベーターで行ける。

　町屋駅の先で墨田川の下を上下線が結構離れた単線シールドトンネルで通り抜ける。北千住駅は代々木上原寄りにシーサスポイントがある。北千住駅の先で地上に出て常磐快速線と複々線になる。

　綾瀬駅は島式ホーム2面3線だが、1、2番線の北綾瀬寄りに切欠きホームの0番線がある。ここから綾瀬―北綾瀬間の3両編成の区間電車が発着する。綾瀬駅で常磐緩行線と接続するとともに入出庫線を兼ねた北綾瀬駅の線路が延びている。

　北綾瀬駅は西側に片面ホームがある。その先、環七通りの北側に綾瀬検車区が広がっている。

　最混雑区間は町屋→西日暮里間である。綾瀬駅で常磐緩行線からの直通客が流れ込み、常磐快速線と同様に北千住で各路線に乗り換える客があるが、さほど減

北千住—綾瀬間を走る代々木上原行

らない。都心に直結していることから同駅では乗車客も多い。町屋駅では京成本線や都電荒川線と連絡していて乗車客が多い。そして西日暮里駅で山手線、京浜東北線に乗り換える客で減るからである。

公表混雑率は179％だが、千代田線の平均定員は152・7人にもなっている。140人に修正すると、混雑率は15ポイント上がって194％になる。集中率は29％と高い。町屋→西日暮里間の閑散時の利用者がまだまだ少なく、混雑率が高くても閑散時の混雑はさほどでもない。

最混雑時間帯は7時45分から8時45分、この間に29本が走る。平均運転間隔は2分5秒である。

現在は1本減って28本の運転である。内訳は取手《とりで》発が8本、我孫子《あびこ》発が8本、柏《かしわ》発が4本、松戸発が3本、北綾瀬発が2本、綾瀬発が3本である。

代々木上原発でみて7時53分から8時53分の間に綾瀬方面の運転本数は24本、平均運転間隔は2分35秒である。内訳は本厚木《ほんあつぎ》発通勤準急が3本、海老名《えびな》発通勤準急が3本、向ヶ丘遊園《むこうがおかゆうえん》発各停が6本、残りが代々木上原発である。

昼間時は5分毎の運転で20分サイクルに我孫子—向ヶ丘遊園間と我孫子—代々木上原間、北綾瀬—代々木上原間、綾瀬—代々木上原間、それに北綾瀬—綾瀬間の区間電車が各1本走る。夕ラッシュ時は3分10秒毎に運転される。

綾瀬—代々木上原間の昼間時の所要時間は41分、表定速度は26・9キロと遅い。急カーブ、急勾配があるためである。

都営新宿線

都電を引き継ぐ唯一の１３７２mm軌間の地下鉄線

都営新宿《しんじゅく》線は新宿―本八幡《もとやわた》間23・5キロの路線で新宿駅で京王線と相互直通運転をしている。路線番号は10号線である。

京王線と相互直通運転をするので、京王線の軌間に合わせた幅１３７２mmの特殊な軌間になっている。明治期に東京市内に路線網を形成していた東京馬車鉄道がこの１３７２mm軌間だった。東京馬車鉄道は東京市電になり、それに乗り入れていた京王や京成も１３７２mm軌間を採用した。京成は標準軌１４３５mmに改軌したが、京王はずっと１３７２mm軌間を通していた。ただし井の頭線は狭軌１０６７mmである。このほかに１３７２mm軌間を採用しているのは都電荒川線と東急世田谷線である。

昭和37年の都市交通審議会では9号線として、京王線の芦花《ろか》公園《こうえん》駅から分岐して西永福《にしえいふく》駅、方南町《ほうなんちょう》駅を経て新宿駅に達し、新宿からは神楽坂《かぐらざか》、後楽園《こうらくえん》、春日《かすが》町《ちょう》、御《お》徒町《かちまち》、厩《うまや》橋、両国《りょうごく》、門前仲町《もんぜんなかちょう》、月島《つきしま》、浜松町《はままつちょう》を経て麻布《あざぶ》（現麻布十番）に達する半環状線の路線にするものだった。芦花公園―新宿間は京王が建設する。

昭和43年の中間答申では芦花公園―新宿間は京王線を複々線化に変更、新宿からも市ヶ谷を経て住吉《すみよし》方面へ延伸し、路線番号も10号線に変更した。

昭和47年の最終答申では路線規模を千葉県と神奈川県まで拡張する橋本―多摩センター―新宿―本八幡―千葉ニュータウン中央とする東京10号線とした。このうち都営10号線としては新宿―本八幡間である。

これにのっとって建設を開始、昭和55年3月に新宿―岩本町《いわもとちょう》間、12月に東大島《ひがしおおじま》駅まで、58年12月に船堀《ふなぼり》駅まで、61年9月に篠崎《しのざき》駅まで、平成元年に本八幡駅まで開通して全通した。京王線との相互直通開始は53年10月である。

新宿駅は京王との共同使用駅で、笹塚《ささづか》寄りには渡り線を兼ねた引上線がある。

市ヶ谷駅の本八幡寄りに逆渡り線がある。市ヶ谷駅

都営新宿線（10号線）

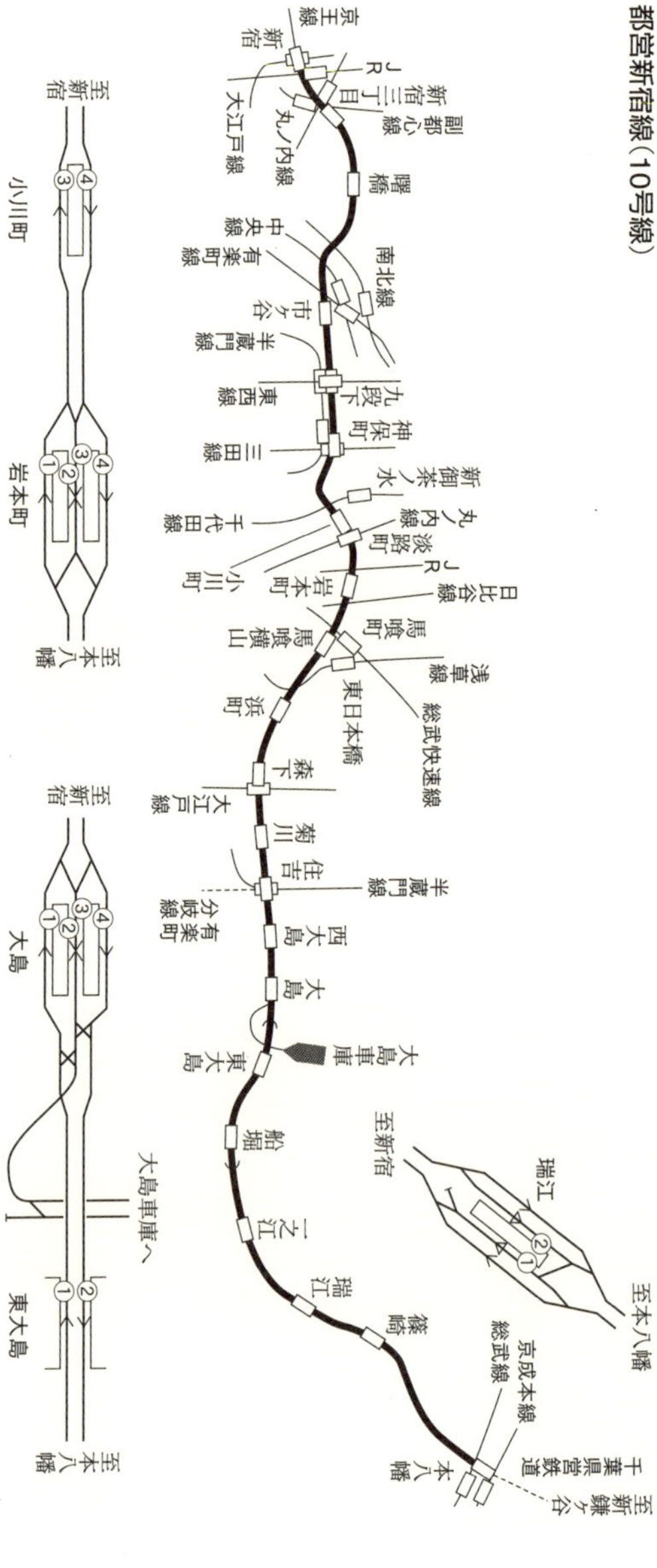

の新宿寄りに有楽町線とJRの連絡通路がある。朝ラッシュ時に新宿方面から来た電車の後ろ2両あたりの客の大半は連絡各線に乗り換えるためにどっと降りてしまい、この車内はガラガラになる。ただし、前のほうの車両は混んでいる。

九段下駅では新宿線の新宿方面の線路と半蔵門線の押上方面の線路とで島式ホームになっている。以前はホームの真ん中が壁で仕切られていて両線を行き来することはできなかった。これをバカの壁ということで取り払われたが、取り払って乗り換えが楽になるのは渋谷方面から新宿方面への乗換客だけである。

淡路町《あわじちょう》駅は地下4階に島式ホームがあり、地下1階

新宿駅に到着した同駅止まりの各停

の丸ノ内線の池袋方面の改札口に面して新宿線の改札口がある。丸ノ内線の新宿方面とは地下2階のコンコースで改札口を出て、地下1階の丸ノ内線改札口でホームに入る。千代田線とは地下通路でつながっている。

岩本町駅は島式ホーム2面3線で普通が急行を中線で待避する。馬《ば》喰横山《くろよこやま》駅と浅草線東日本橋駅、JR馬《ばく》喰町《ろちょう》駅は三角状になっている。新宿線の馬喰横山駅の新宿寄りにJR馬喰町駅との連絡改札口がある。本八幡寄り端の改札口を出て少し歩くと浅草線東日本橋の押上方面改札口に行ける。泉岳寺方面の改札口へはホームの下の連絡通路をくぐっていく。

森下《もりした》駅では大江戸線とT字交差している。新宿線の下に大江戸線のホームがあるが、直接階段でつながっておらず、一度地下1階のコンコースに出て、また降りるという構造になっている。直接つなげると、どちらかの路線のダイヤが乱れたときに乗換客でホームが人で溢れる恐れがあるために、一度コンコースに通して緩衝地帯にする。場合によっては階段規制をしてホームに入れないようにすることもある。

住吉駅の新宿寄りに逆渡り線がある。上下2段式に

森下駅に停車中の京王乗入車による各停本八幡行

なっている半蔵門線が下を通っている。新宿線の住吉駅は地下2階に相対式ホームがあり、上下両ホームはそれぞれ改札を出ると地下2階にある半蔵門線の改札口に行ける。

大島《おおじま》駅も島式ホーム2面3線だが、中線は大島車両検修場への入出庫用発着線になっている。

瑞江《みずえ》駅は外側に通過線がある島式ホームで、停車線の本八幡寄りに逆渡り線がある。千葉県営鉄道が本八幡―千葉ニュータウン間を開通させると急行運転をする必要があるとして、瑞江駅に待避線を設置した。

千葉県営鉄道の建設は中止になったが、新宿線内だけでの急行の運転を昼間時に開始して、ここで普通を追い越している。急行の停車駅は市ヶ谷、神保町、馬喰横山、森下、大島、船堀である。

本八幡駅はJRと京成の間にあるが、どちらかというとJR側のほうに近い。A1とA2の出口がJR総武線の本八幡駅に行ける出口である。A6出口が京成との乗換出口だが、改札口からは少し歩く。

最混雑区間は西大島→住吉間で、公表混雑率は156%である。平成15年度までは新宿→新宿三丁目間だったが、本八幡寄りの乗客が増えたため変更された。住吉駅で半蔵門線に乗り換える客で同区間から新宿寄りは減っていく。平均定員は140人にしている。

しかし、10両編成は1400人、8両編成は中間車の割合が減るために定員は1116人で、平均定員は139・5人に減る。ピーク時には8両編成が10本、10両編成が8本走るので平均定員は139・9人になり混雑率は158%である。

集中率は28%と高めである。沿線の人口増により通勤通学客が多いからである。沿線はマンションの林立で年々乗客数が増えている。東西線のように急行主体のダイヤにしていれば、もっと増えていた可能性がある。完全な待避駅は瑞江駅しかないので、朝ラッシュ時に新宿行急行を頻繁に走らせるわけにはいかない。

最混雑時間帯は7時40分から8時40分で、現在はこの間に17本が走る。平均運転間隔は3分30秒である。

新宿発7時54分から8時54分の間も17本が走る。内訳は橋本発の急行が1本、区間急行が4本、普通が11本、高尾山口発普通が1本、残りが笹塚発である。

東京10号線の起点は橋本なので基本的に高尾山口発を設定しないことにはなっているが、都営新宿線から高尾山方面の需要があるために走らせざるを得ない。特に土休日の朝には本八幡発高尾山口行直通急行が2本運転されている。

昼間時は20分サイクルに笹塚―本八幡間の急行、橋本―本八幡間の快速と区間急行、それに新宿―本八幡間の各停がそれぞれ1本運転されている。橋本発の区間急行と快速は笹塚―本八幡間は各停になる。以前は橋本発着の急行が新宿線でも急行として走っていたが、笹塚駅で橋本発着準特急に接続するようにしたために、急行の通し運転を中止した。

急行は瑞江駅と岩本町駅で各停を追い抜いている。

夕ラッシュ時は5分毎の運転である。夕ラッシュ時も急行の運転をすれば便利である。この場合、追い抜きをする駅を片方は大島駅と瑞江駅、もう片方は岩本町駅と瑞江駅にすれば、岩本町駅と大島駅の中線は一方向使用になり、交差支障を考慮せずにすむ。ただし、昼間時よりも遅くなる。

なお、新宿―本八幡間の急行の所要時間は29分、各停は40分だから11分速い。表定速度は48・6キロである。

東京メトロ半蔵門線

松戸延伸は必要か

半蔵門《はんぞうもん》線は渋谷《しぶや》—押上《おしあげ》間16・8キロの路線で渋谷駅で東急田園都市線、押上駅で東武伊勢崎線と相互直通運転をする。路線番号は11号線である。

昭和37年の都市交通市議会答申では、このとき大井《おおい》町《まち》—溝ノ口《みぞのくち》(この時点ではカタカナの「ノ」だった)—長津田《ながつた》間を田園都市線とするべく溝ノ口—長津田間を建設中だった。都心直通は地下鉄6号線とし、田園都市線(現大井町線)の旗の台《はたのだい》駅から池上線への直通線を建設、さらに桐ケ谷《きりがや》駅で6号線に入ることにしていた。

しかし、遠回りになるので銀座線規格の新玉川線渋谷—二子玉川間に建設することも加えられた。新玉川線は銀座線と相互直通運転をする。

昭和43年の中間答申では銀座線の規格ではたとえ10両編成にしたとして運びきれないから、新たに20m大形車による11号線を加えた。11号線は青山一丁目まで銀座線と並行、永田町、九段下、神保町、大手町を経て蛎殻町《かきがらちょう》(現水天宮前《すいてんぐうまえ》)までの路線にした。

さらに昭和47年の最終答申では蛎殻町から清澄《きよすみ》を経て深川扇橋《ふかがわおうぎばし》まで延伸することにした。その後の運輸政策審議会が昭和60年の答申7号では清澄白河《きよすみしらかわ》からは住吉駅に変更、押上、四ツ木《よつぎ》を経て松戸までに変更し、住吉—押上間は8号分岐線と重複させるとした。

平成12年の答申18号では東武伊勢崎線の都心直結線の日比谷線が満杯状態なので、新たな都心直結線として半蔵門線に白羽の矢を立てた。

東武伊勢崎線の業平橋《なりひらばし》駅(現とうきょうスカイツリー駅)は都営浅草線の押上駅と同一駅扱いにして、浅草線に乗り換えることで第2の都心直結線にしていた。そこに半蔵門線が乗り入れてくるのなら、半蔵門線と相互直通運転をすればいい。押上—曳舟《ひきふね》間の連絡線は伊勢崎線業平橋—曳舟間の線増線、つまり複々線化目的で建設すれば、面倒な新線建設のための申請はいらない。

ということで同区間の複々線化が平成6年11月に認

東京メトロ半蔵門線（11号線）

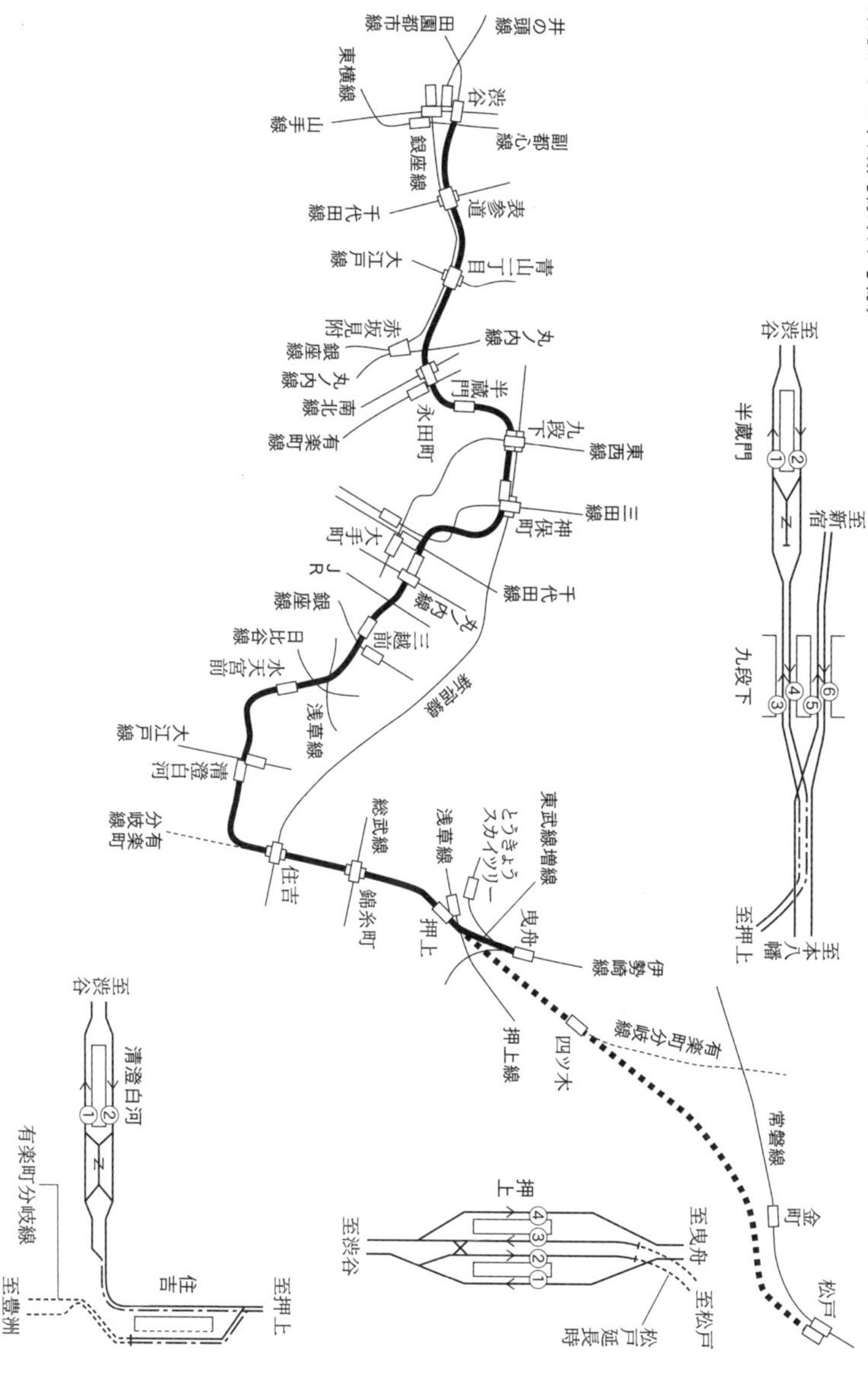

渋谷駅に停車中の東急車中央林間行

可され、平成15年3月に完成した。

渋谷駅は島式ホーム1面2線である。田園都市線のほとんどの電車が直通する。本来なら島式ホーム2面3線にして、朝ラッシュ時の都心方向は交互発着をすれば運転本数が増やせた。そこで今後島式ホーム2面3線化をすることになった。

二子玉川寄りに逆渡り線、押上寄りにシーサスポイントがある。逆渡り線は非常用ではなく、夜間滞泊で1番線に停車していた始発電車が中央林間《ちゅうおうりんかん》駅に向けて発車するときにこの逆渡り線を通る。

シーサスポイントも昼間時の長津田→渋谷間の普通と早朝の急行、普通各1本は押上方面の本線上で折り返して2番線に転線している。

青山一丁目駅の押上寄りに逆渡り線、半蔵門駅の押上寄りにY形引上線、神保町駅の渋谷寄りに逆渡り線、清澄白河駅の押上寄りに両方向から入出庫できる引上線があり、住吉駅では上下2段式の島式ホームになっているものの、反対側のホームの線路側は柵がしてある。現在は留置用に利用されているが、将来は8号分岐線の発着線になる。

押上駅は島式ホーム2面4線で外側の線路が伊勢崎線につながっている。内側の線路はホームを通り抜けると右に曲がりながら下ってすぐに止まっている。これが四ツ木を経て松戸までの線路になる。

最混雑区間は渋谷→表参道間である。表参道で銀座線と千代田線に乗り換える客が多いためである。公表混雑率は168％である。

公表での平均定員は142・4人である。乗り入れている東急田園都市線は149・4人にもなっているが、東武は140人である。すべて標準幅の20m大形車であり、国鉄のときから140人にしている。

平均定員を140人とすると混雑率は2ポイント上がって170％になる。

集中率は27％になっている。平成17年度は31％もあった。徐々に通勤以外でも利用されるようになってきているといえる。

都心なので最混雑時間帯は8時0分から9時0分になっている。その間に27本の電車が走る。最小運転間隔は2分15秒である。

現在は28本と1本増えており、最小運転間隔は2分10秒である。急行が1本、準急が14本、普通が13本である。

押上側は7時42分から8時42分の間で押上発車時点で19本が走る。うち11本が東武伊勢崎線からの直通急行である。清澄白河発が5本加わり、2分30秒毎になる。清澄白河発の後の押上発は清澄白河駅の手前でゆっくり走ったりして間隔調整をする。

昼間時は30分サイクルになるが、押上方面と渋谷方面とはパターンが異なる。押上方面へは中央林間→久《く》喜《き》行急行と普通、中央林間→押上間急行、中央林間→押上間準急、中央林間→南栗橋《みなみくりはし》間普通、中央林間→押上間普通が各1本の6本が走る。

渋谷方面へは押上→中央林間間急行と久喜→中央林間間普通が各2本、南栗橋→中央林間間準急と押上→中央林間間普通が各1本になる。

東武線直通はすべて急行で10分毎である。半蔵門線は5分毎だから2本に1本が東武線直通である。

タラッシュ時は3分毎の運転である。

昼間時の渋谷—押上間の所要時間は31分、表定速度32・5㌔である。

都営大江戸線

「の」の字運転から「8」の字運転にする構想がある

都営大江戸線《おおえど》は二つの区間に分けられている。光《ひかり》が丘《おか》—都庁前《とちょうまえ》間の放射部と都庁前から都心部を一周する環状部である。両区間を含めて路線番号は12号線である。

建設費を安くするためにトンネル断面積が小さくできるリニア駆動ミニ地下鉄規格を採用している。軌間は1435㎜の標準軌、トロリー線ではなく剛体電車線による架線式で架線電圧は直流1500Vである。

昭和37年の都市交通審議会で京王線と直通する9号線の都心部では半環状線にすると答申された。39年の改定では半環状線は削除されたものの、43年の中間答申では12号線として復活した。

新宿—春日町《かすがちょう》—上野—深川《ふかがわ》—月島《つきしま》—麻布《あざぶ》間と37年の9号線の都心部とほぼ同じルートである。9号線は10号線に変更して東の住吉方面まで延伸するので、半環状線は12号線として別にすることにした。10号線の規格は京王の軌間と同じ1372㎜で20m大形車を使用するが、需要が小さいと想定される12号線はもっと小形車両にするほうが得策だとされた。さらに麻布から新宿までの完全環状化と新宿から放射状路線も検討するとした。

昭和47年の最終答申ではほぼ現在と同じルートで環状路線とし、これに放射状路線として高松町《たかまつちょう》—西落合《にしおちあい》—新宿間と西落合—目白《めじろ》—護国寺《ごこくじ》間の2区間も加えた。

高松町は米軍グラントハイツ跡地を住宅地として再開発しているので、その足として、中村橋を起点とした10号線を昭和37年に答申した。39年にはこれを8号線とし、小田急との直通線を9号線、京王線との直通線を10号線にした。

昭和43年の中間答申ではまだ中村橋分岐で護国寺に至る8号線計画が残っていたが、最終答申ではこれを12号分岐線とし、中村橋ではなく直接グラントハイツ跡に乗り入れる。そして目白を経由して護国寺までと新宿で環状部に接続する2ルートを造るとした。

昭和60年の運輸政策審議会答申では新宿を起点にして都心部を一周して新宿に戻る環状部と大泉学園町を起点にして新宿に至る放射部からなる12号線が取り上げられた。このときは完全な環状線とし、放射部は代々木方面に向いて新宿駅に乗り入れるとされていた。

新宿駅を2面3線にして中線で放射部の電車が折り返すのがいいが、乗客の流動調査の結果、放射部から代々木、六本木《ろっぽんぎ》、大門《だいもん》方面への流れが強くなるとされた。

その結果放射部から反時計回りに一周して新宿駅に戻るのではなく、その手前の都庁前駅に戻ることにした。都庁前駅は島式ホーム2面4線にして内側の線路を一周した電車の折返用にする。そうすると放射部からの電車と折り返して新宿西口を経て飯田橋方面電車とは同じホームで乗り換えができるようになる。逆の時計回りも同様に同じホームで乗り換えができる。環状運転ではなく「6」の字運転である。

しかし、代々木駅から都庁前駅を経て飯田橋駅に行くには都庁前駅で下車してコンコース経由の乗り換えになる。そのようなルートを乗る人はさほどいないということで、この「6」の字運転が採用された。ただし時計回りの逆「6」の字運転が可能な配線になっているし、都庁前駅でスイッチバックをして一周する電車の運転も可能である。

12号線が計画されたころから、将来は「8」の字運転をし、「6」の字運転はその布告であるという、うわさが都庁内でささやかれていた。「8」の字のもう一つの環状部は、都営地下鉄が通っていない東京西部の区部を一周するものである。

環状部が完成して営業開始の前の試運転電車に乗せてもらったことがある。そのときに「この話は事実でしょうか」と聞くと「はい、いずれはやりたいと考えています」と返答された。

それを証明するように都庁前駅の引上線は放射部の線路が下がっている、その上に設置されている。そのまま延ばして世田谷区を経て放射部の大泉学園町駅に戻る第2の環状部ができる可能性はある。

しかし、これが実現するのはよほどの社会情勢の変化がないと無理だろう。

光が丘駅は島式ホームで終端側に4線の引上線があ

都営大江戸線（12号線）放射部

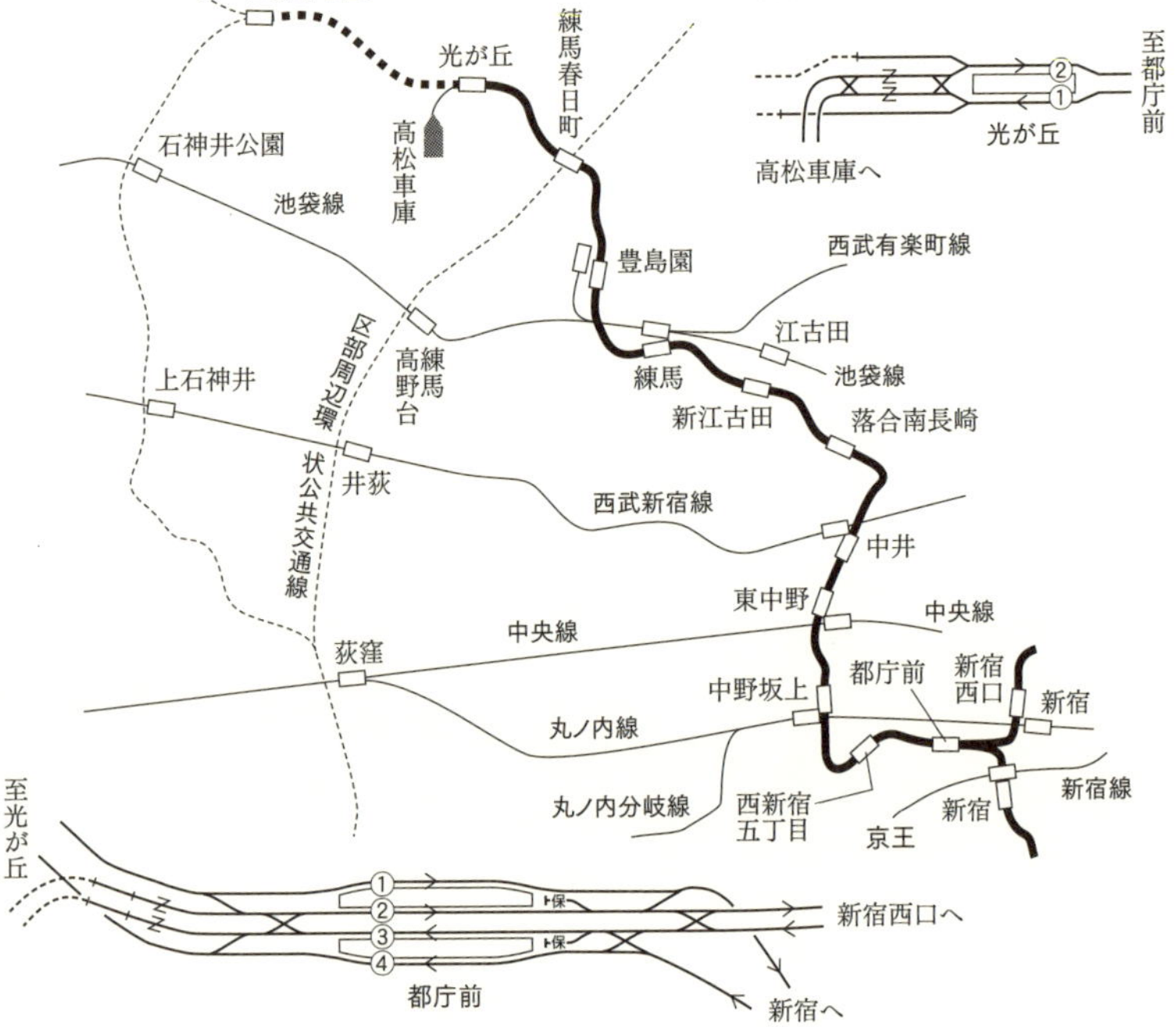

る。このうち折り返しができるのは中央の2線である。外側の2線は大泉学園町まで延ばしたときに本線になる線路である。引上線は左にカーブして光が丘車庫に通じている。外側の2線は下り勾配になり、将来上り線になるほうは入出庫線の下を通る。この構造はすでに完成している。

大江戸線は基本的に単線並列シールドトンネルになっている。上下線間を離して掘削している。複線トンネルでの島式ホームの地下駅は、駅に入ると上下線を膨らませるためにカーブできる。ホームの端部は狭く中央が広くなっている。

単線並列シールドトンネルでは上下線間の距離を幅広いホームの長さと同じにしておくのが基本である。そうするとホームは直線になるので乗務員からの見通しがいいし、乗り心地もいい。

光が丘—練馬《ねりま》春日町《かすがちょう》間は単線並列シールドトンネルなので光が丘駅のホームは直線

だが、練馬春日町—練馬間は開削工法で掘られたために通常の複線トンネルになっている。そのため練馬春日町駅の新宿寄りのホームはしぼんでいる。豊《と》島園《しまえん》駅は両端がしぼんだ船状のホームになっている。

練馬駅は右にカーブしているところで上下線間を広くしていくのでホームに入ったところは直線になっている。しかし、ホームの中間で左に折れているから完全な直線にはなっていない。光が丘寄りのホームにかかる前に逆渡りポイントがある。

新江古田《しんえごた》駅のホームは直線、落合南長崎《おちあいみなみながさき》駅はホーム全体が左カーブしているものの上下線間の間隔は一定になっている。

中井《なかい》駅は西武新宿線の中井駅の南側に大江戸線のホームがある。西武新宿線の駅とは地上での徒歩連絡である。東中野《ひがしなかの》駅はJR東中野駅の北側にある。ここもJRの駅とは徒歩連絡である。

中野《なかの》坂上《さかうえ》駅は丸ノ内線の南側にあり、大江戸線の地下2階コンコースから改札を出て階段を登って丸ノ内線の地下1階のコンコースにある改札口を通ることで乗り換えができる。

都庁前駅は島式ホーム2面4線で光が丘方面に引上線がある。外側の1、4番線が代々木方面、内側の2、3番線が東新宿方面の発着線になっている。

新宿駅のホームは地下7階にあってカーブしている。都営新宿線と京王新線のホームは地下5階にあるが、地下4階まで登ってから降りることになる。都営新宿線の地下1階に改札口があるとともに、乗換通路の地下4階から代々木寄りにある階段で地下3階に登ると代々木駅寄りのA1出口に行ける。A1出口は新宿マインズタワーに通じている。

代々木駅まで単線並列複線シールドで進む。代々木—国立競技場《こくりつきょうぎじょう》間は複線シールドになっている。そのため代々木駅の国立競技場寄りと国立競技場駅の代々木寄りのホーム端は船状にしぼんでいる。

国立競技場駅から先は再び単線並列複線シールドになる。六本木駅は上下2段式の片面ホームになっている。通常駅部は開削工法で掘られるが、六本木駅のホーム部はシールド工法で掘られた。上下ホームとも2心円シールド（シールドマシンの回転軸が二つ）なので上下合わせると4心円シールドで掘っている。

都営大江戸線（12号線）環状部

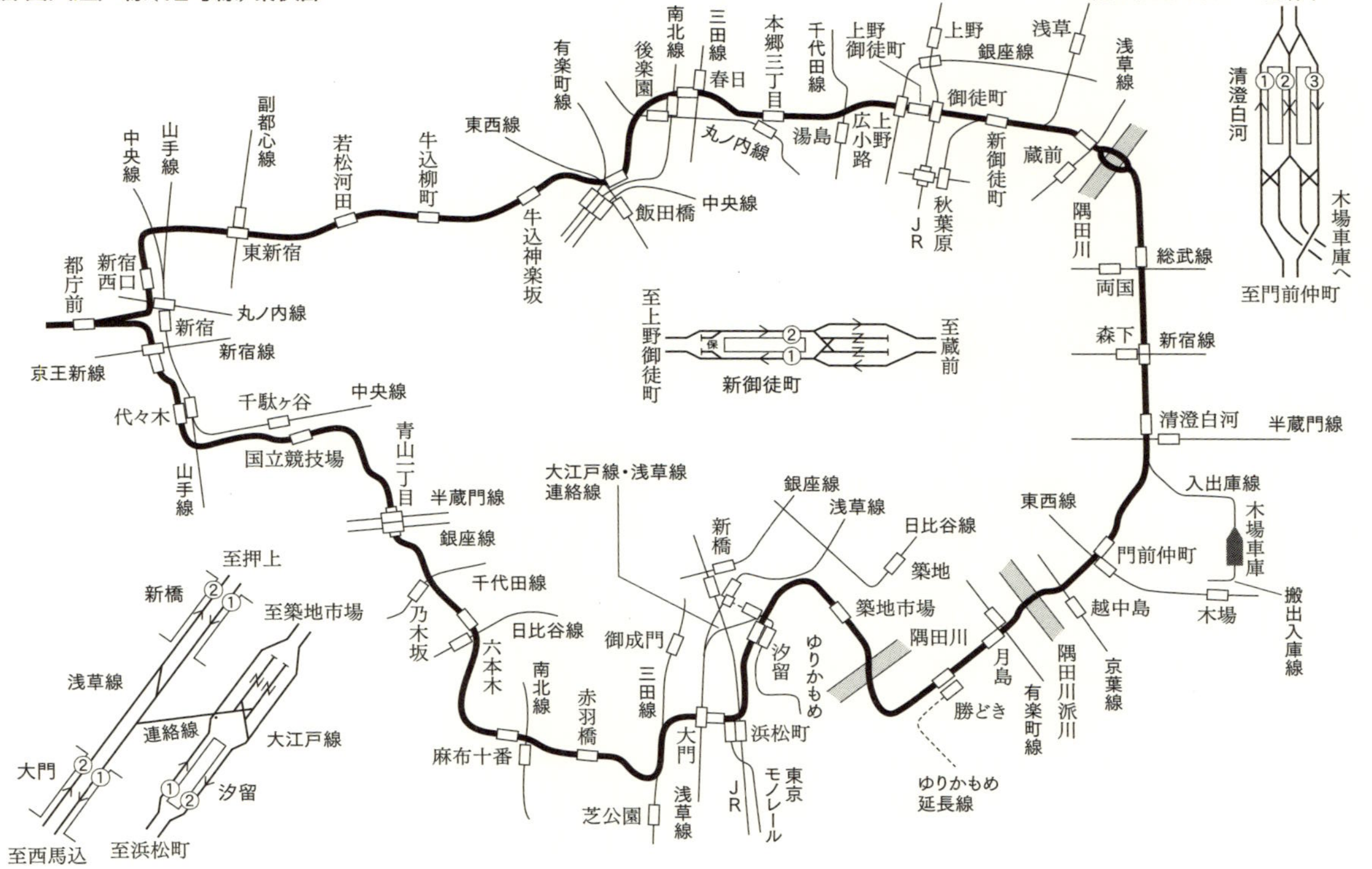

日比谷線とはL字接続になっており、連絡地下道で乗り換えができる。麻布十番駅でも南北線とL字接続をし連絡地下道で乗り換えができる。

大門駅では浅草線と十字接続をしており、大江戸線は地下5階、浅草線は地下1階にホームがある。地下3階のコンコースを経て乗り換えができる。JRと東京モノレールとは地上に出ての徒歩連絡である。

汐留《しおどめ》駅でのゆりかもめとの乗り換えは徒歩連絡である。築地《つきじ》市場《しじょう》駅寄りに引上線が2線あるとともに、浅草線からの連絡線が合流している。リニア駆動の大江戸線の車両を馬込《まごめ》検修場で大検査などを行うための連絡線である。リニア駆動なので浅草線では自走できない。このため牽引機関車が用意され、汐留駅には機待線が設置されている。

門前仲町駅に進入する両国経由都庁前行

森下駅に停車中の都庁前行

月島駅は有楽町線とT字接続をしている。珍しく有楽町線のホームが地下3階にあり、大江戸線はその上の地下2階にある。乗り換えは地下1階のコンコースで行うが、当然改札外乗り換えである。大門寄りにダブルY形引上線を設置する路盤が用意されている。

門前仲町《もんぜんなかちょう》駅は東西線とL字接続をしている。地下4階にある大江戸線のホームの上の地下2階のコンコースがあるが、それとは別に東西線の西船橋方面のホームへは地下3階の東京メトロとの連絡改札口を経て地下2階のホームに行ける。中野方面のホームへは大江戸線のホームの大門寄り端の階段を登って地下2階に行くと東京メトロとの連絡改札口がある。

清澄白河《きよすみしらかわ》駅は島式ホーム2面3線で、木場車両検修場の入出庫線がつながっている。入出庫線は1～3番線のいずれの発着線ともつながっているが、入出庫電車は中線の2番線から発着するのが基本である。

半蔵門線とL字接続をしており、大江戸線が地下2階、半蔵門線が地下3階にホームがあり、地下1階のコンコースに出て改札外乗り換えになっている。

森下《もりした》駅では都営新宿線とT字接続をし、大江戸線が地下3階、都営新宿線が地下2階にホームがある。乗り換えは地下1階のコンコースを経由する。蔵前《くらまえ》駅は浅草線の駅と離れているので、地上の江戸通り経由の徒歩連絡である。

新御徒町《しんおかちまち》駅は地下4階につくばエクスプレスのホームがあり、その真上の地下2階に大江戸線のホームがある。地下3階にあるコンコースで改札外連絡である。蔵前寄りに引上線が2線ある。これはつくばエクスプレスから新宿方面への乗換客が多いとみて新御徒町―都庁前間の区間電車の運転に備えたものである。

新御徒町駅の定期客の新宿方面への乗車客のうち6割がつくばエクスプレスからの乗換客である。しかし、区間電車を設定するほどの人数ではない。多くの人は秋葉原駅でJRに乗り換えて新宿に向かっている。

大江戸線で新宿へ行くのに便利にするのなら急行運転だろうが、新宿駅までの各駅には待避設備がないから不可能である。現在は最終の新御徒町止まりが設定され、この引上線で夜間滞泊して朝一番に出発している。

新御徒町―上野御徒町間でJRと交差する。上の道路の幅が狭いので単線並列複線シールドで掘削できない。交差区間は開削工法で掘られた。すぐに上野御徒町駅があるので、同駅のホームの新御徒町寄りは船状にすぼまっている。

上野御徒町駅では銀座線の上野《うえの》広小路《ひろこうじ》駅と日比谷線の仲御徒町駅と連絡している。大江戸線は地下2階、銀座線は地下1階にホームがある。銀座線は相対式ホームなので浅草方面と渋谷方面それぞれに改札外連絡をしている。地下2階にホームがある日比谷線とは地下1階の連絡通路での乗り換えである。

本郷三丁目駅では丸ノ内線と離れているので徒歩連絡である。牛込神楽坂駅の都庁前寄りに逆渡り線がある。単線並列複線シールドトンネルに入る前の上下線が離れているところにあるために長い渡り線になっている。

東新宿駅では副都心線とT字交差している。大江戸線のホームは地下3階、副都心線は上下2段式で池袋方面が地下6階、新宿三丁目方面が地下5階にある。乗換通路は地下2階にあるが、地形の関係で副都心線側からすると地下3階になっている。そして地下4階にある副都心線のコンコースに向かうために階段を降りる。

新宿西口駅は地下4階にあり、地下3階にコンコースと改札口がある。乗り換え通路は地下1階だが、地形の関係で他の路線の地下1階とは段差がある。そして都庁前駅となる。

大江戸線の最混雑区間は放射部の中井→東中野間である。東中野駅で中央緩行線に乗り換える客で減るからである。公表混雑率は159％である。

リニア駆動ミニ地下鉄なので車体は小さい。先頭車の定員は90人、中間車は101人、8両編成の定員は786人である。しかし、東京都交通局は中間車の定員を100人にしており1編成の定員は780人にしている。

1編成の定員に大差はないが、厳密に計算した混雑率では2ポイント下がって157％である。

集中率は27％である。西武線練馬駅からの乗換客も加わり、新宿駅への通勤通学客が多い通勤路線になっているからである。

環状部の終日の定期通過客が多いのは国立競技場―青山一丁目間である。都庁前―新宿西口間が一番少なく、その次は両国―蔵前間である。

最混雑時間は7時50分から8時50分である。その間に20本、平均運転間隔は3分である。昼間時は6分毎、夕ラッシュ時は5分毎の運転である。

光が丘―都庁前―清澄白河―都庁前間の所要時間は1時間24分、表定速度は29・1キロである。現在はホームドアが設置されているが、以前はなかった。その時の所要時間は1時間21分だったので、3分遅くなっている。

東京メトロ副都心線

当初から地下線内で急行運転をする前提で造られた

副都心《ふくとしん》線は池袋《いけぶくろ》―渋谷《しぶや》間8・9㌔の路線で路線番号は13号線。最後の地下鉄線で最後の東京圏高速鉄道網の路線である。渋谷駅で東横線と相互直通運転をし、池袋駅で有楽町線に直通している。

というよりも有楽町線の小竹向原《こたけむかいはら》―池袋間は上下2段の複々線になっており、その下側の複線が副都心線用の線路である。本来ならば小竹向原―渋谷間とするべきもので、副都心線が開業する前は同区間を副都心線の重複区間としていた。それのみならず和光市《わこうし》―小竹向原間も13号線だった。

有楽町線8号線が確定した昭和43年の都市交通審議会の中間答申において、8号分岐線が成増《なります》駅で接続して東武東上線と相互直通するとした。成増駅でなく和光市駅に変更し、小竹向原―池袋間を8号線と重複区間として、新宿までの路線を13号線とした。その後東京13号線として渋谷駅まで延伸して東急東横線とも相互直通をすることになった。

平成6年に小竹向原―池袋間の13号線を有楽町新線として使用を開始した。13号線の池袋駅のことを新線池袋駅として区別し、すでにホームが設置されていた要町《かなめちょう》と千川《せんかわ》の両駅は通過して所要時間の短縮を図った。

全通は平成20年6月である。東急東横線の副都心線渋谷駅の乗り入れは平成25年3月である。

副都心線の池袋―渋谷間では当初から急行運転を前提にして造られ、東新宿駅に追越線が設置されている。

副都心線池袋駅は島式ホームが地下4階にある。JR池袋駅の西口広場で、その東西に延びているため、東口に行くには遠い。新宿寄り端にエスカレーターがあり、地下2階に登る。そのまままっすぐ進むと丸ノ内線のホームになる。有楽町線のホームはJR池袋駅の南側にあるため改札外乗り換えになる。

小竹向原寄りにシーサスポイントがある。丸ノ内線ホームの下を単線並列複線シールドトンネルで抜け、大きく右に曲がって有楽町線と交差、都電荒川線の下を進む。雑司《ぞうし》が谷《や》駅はシールドトンネルで掘削、上下のシールドトンネルの間にかんざし桁を通してホームを設置している。出入口は開削工法で造られ、渋谷寄りの改札を出た3番出口との間には動く歩道が置かれている。

東新宿駅は大江戸線と連絡し、副都心線は上下2段式になっている。上段が新宿方面で、まっすぐ進むのが通過線、西に分かれて片面ホームに面しているのが

東京メトロ副都心線（13号線）

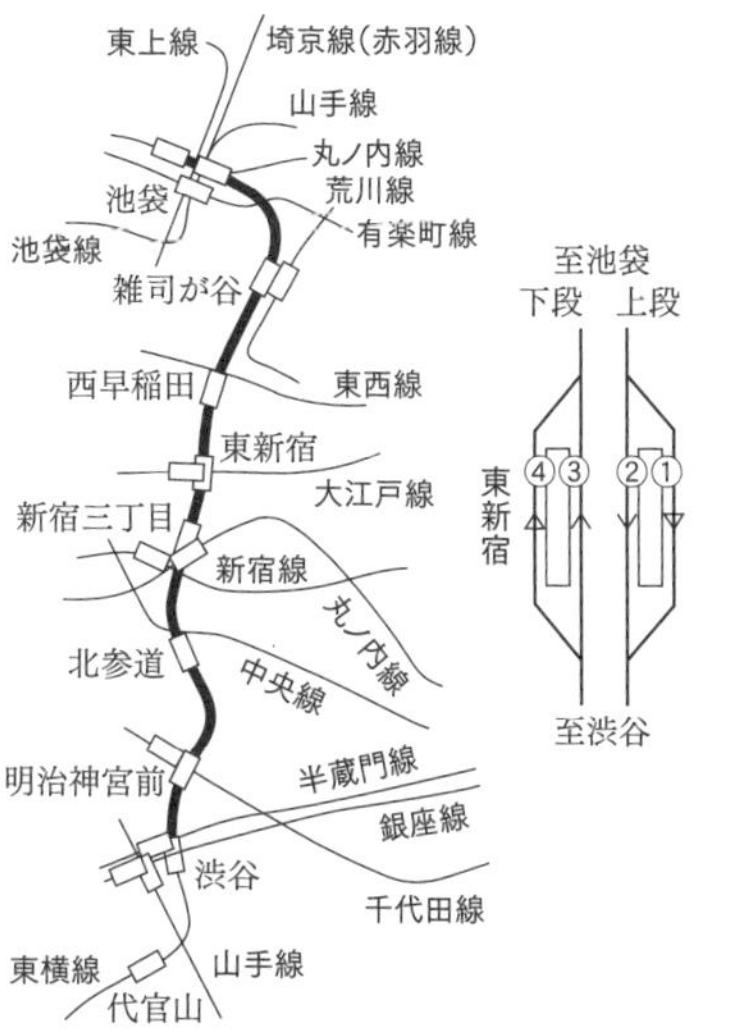

東新宿駅で各停を追い抜く急行小手指行

停車線である。池袋方面もまっすぐに進む通過線と東側で分かれて片面ホームに面している停車線がある。通過線とホームとの間は少し前まで壁で仕切られていたが、現在は通常のホームドアが設置され乗降が可能である。

新宿三丁目駅は島式ホームで地下3階にあり、地下2階にある丸ノ内線とは直接階段で結ばれていて、ダイヤが乱れたときの乗客滞留用の緩衝地帯は設けられていない。副都心線は池袋寄り端、丸ノ内線は四ツ谷寄り端に、双方の連絡階段がある。

連絡階段は狭く、朝ラッシュ時には副都心線から丸ノ内線への一方通行にしている。丸ノ内線から副都心線へは、丸ノ内線の地下1階のコンコースを通って地下2階の副都心線コンコースに向かい、そしてホームに降りる。池袋寄りにY形引上線がある。

表参道駅の副都心線ホームは地下5階、千代田線は地下3階にある。副都心線の地下4階のコンコースから千代田線への乗換通路がある。

渋谷駅は島式ホーム2面4線で、新宿寄りと中目黒寄りにも、シーサスポイントが内側2線間と外側と内

渋谷―代々木間を走る東武車による元町・中華街行

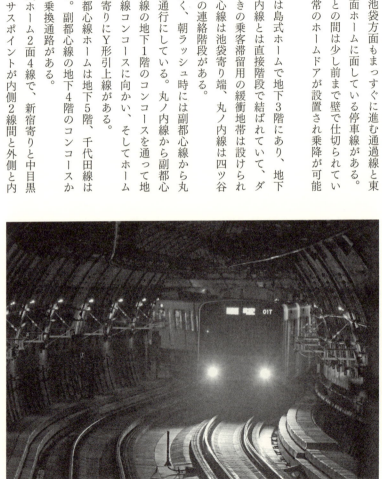

側の線路が合流した先に2か所、計4か所にある。これによって東横線からの折返電車が4番線に停車して3番線で折り返す東京メトロの電車が同じホームで乗り換えができるようにしている。ただし、現在は3、6番線が直通電車用にし、折返電車は内側で行っている。

最混雑区間は要町↓池袋間、公表混雑率は152%である。

副都心線の路線番号である13号線としては小竹向原―渋谷間だが、小竹向原―池袋間は上下2段式の複々線になっていて下段が副都心線用の線路である。

しかし、複々線区間は有楽町線に所属している。このことから同区間を副都心線の最混雑区間とするのはやや問題がある。交通流動調査等で副都心線の乗客を割り出しているものの、やや正確性に欠けるところである。

平均定員は142・2人になっている。中間車の割合が少ない8両編成がある。厳密に定員を計算すると10両編成の平均定員は140人だが、8両編成もあるので平均定員は139・8人になり、修正混雑率は2ポイント上がって154%になる。

最混雑時間帯は7時45分から8時45分で、この間に8両編成10本、10両編成8本が走る。平均運転間隔は3分20秒である。内訳は通勤急行が8本、普通が7本である。普通のうち1本は千川始発である。通勤急行の停車駅は小竹向原まで各駅、池袋、新宿三丁目である。

昼間時は30分サイクルに和光市―渋谷間と西武線直通で小竹向原―渋谷間の急行が各1本走る。東横線内は特急、西武池袋線内は急行、東武東上線内は普通である。和光市―渋谷間の停車駅は小竹向原、池袋、新宿三丁目、明治神宮前である。普通は和光市―渋谷間が4本でうち2本は東横線内急行である。これに池袋―渋谷間の普通が1本加わる。

タラッシュ時は30分サイクルに通勤急行が2本、小竹向原―渋谷間の普通が4本、新宿三丁目―渋谷間の普通が1本走る。東横線、東武東上線、西武池袋線と直通する。

小竹向原―渋谷間の通勤急行・急行の所要時間は17分、表定速度42・0キロである。

横浜市営地下鉄ブルーライン

第3軌条方式の地下鉄

横浜市営地下鉄ブルーラインはあざみ野《の》―湘南台《しょうなんだい》間40・4キロの路線だが、路線番号は関内《かんない》―湘南台間19・7キロが1号線、関内―あざみ野間が3号線である。

昭和41年に都市交通審議会横浜・川崎部会が答申したとき、1号線を伊勢佐木町《いせざきちょう》から吉野町《よしのちょう》、上大岡《かみおおおか》、戸《と》塚《つか》を経て六会《むつあい》付近までとした。2号線は神奈川新町から横浜、藤棚《ふじだな》、吉野町を経て屏風浦《びょうぶがうら》まで、3号線は本《ほん》牧《もく》から山下町、県庁前、伊勢佐木町、横浜、新横浜、勝田《かちだ》を経て元石川《もといしかわ》まで、4号線は勝田から日吉《ひよし》、末吉《すえよし》橋《ばし》を経て鶴見《つるみ》まで、5号線は百合ヶ丘《ゆりがおか》から長沢、元住吉、末吉橋、川崎を経て大師河原《だいしがわら》までとした。

2号線は京浜急行のバイパス線、5号線は川崎地下鉄の意味合いが強い。1、3、4号線は東京メトロ丸ノ内線と同様の標準軌第3軌条方式として相互に直通運転をするとした。

1、3号線の接続を伊勢佐木町から関内に変更した。関内駅は1、3号線が接続する駅のために上下2段式で島式ホーム2面4線にしている。3号線の関内―本牧間は上を通る道路が未完成だったので、とりあえず関内止まりにした。

東急田園都市線の鷺沼《さぎぬま》―江田《えだ》間の新駅は当初元石川としていたが、これをあざみ野の駅名に変更した。途中に港北ニュータウンが予定されており、ここを通過する。1号線の終点は六会駅から湘南台駅に変更した。

そして1、3号線のあざみ野―湘南台間は平成11年に全通した。関内からの本牧延伸は東急と相互直通するみなとみらい線の横浜―元町《もとまち》・中華街《ちゅうかがい》間の建設が決定して中止した。それに建設費を軽減するために4号線はリニア駆動ミニ地下鉄に変更し、中山《なかやま》駅から半環状線で元町・中華街駅まで直通する。

高架の田園都市線あざみ野駅の地下で十字交差する。駅を出て一度地上に出るが、すぐに地下に潜る。センター北駅は島式ホームで湘南台寄りは地上に顔を出している。東側に4号線グリーンラインが並行する。

規格が異なるために線路別複々線で進む。

湘南台寄りに渡り線を兼ねた引上線がある。センター南駅の南側で地下に入り、グリーンラインと交差する。

仲町台《なかまちだい》駅とその前後は高架になっている。一度地下に潜るが地上に出て新羽《にっぱ》駅となる。新羽駅は島式ホーム2面3線で南側に新羽車両基地がある。中線の2・3番線は入出庫用と同駅折返の電車が発着する。

東海道新幹線の東京寄り、北側の地下にホームがある。乗り換えるのに少し距離がある。あざみ野寄りにY形引上線がある。

三ツ沢上町《みつざわかみちょう》駅と三ツ沢下町《みつざわしもちょう》駅は相対式ホームで大きなドーム形の天井なので、地下の息苦しさが感じ取れない。横浜駅は島式ホームであざみ野寄りに逆渡り線がある。

関内駅は上下2段式の島式ホームで、予定されていた下段の本牧方面から路盤には線路が敷かれて留置線になっている。上段の本牧方面のほうは線路が敷かれていない。

伊勢佐木長者町《いせざきちょうじゃまち》駅の湘南台寄りに逆渡り線がある。


上大岡駅の湘南台寄りにはY形引上線がある。

上永谷《かみながや》駅は高架駅で上永谷車両基地があるために島式ホーム2面4線になっている。戸塚駅の関内寄りにシーサスポイントがあり、踊場《おどりば》駅の湘南台寄りにY形引上線がある。

相鉄いずみ野線が並行するようになる。湘南台駅はいずみ野線が下、ブルーラインが上の上下2段式になっており、ブルーラインが6両編成のために交差している小田急の駅の手前で止まっている。いずみ野線は10両編成のため、小田急の駅の先まで伸びていて、ブルーラインに邪魔されずにホームから地上に出ることができる。

最混雑区間は三ツ沢下町→横浜間である。公表混雑率は140%である。新横浜駅で降りる人も多いが、それ以上に乗ってくるためにずっと増え続け、横浜駅でぐっと減ってしまう。乗車も多いが降りる客の半分もない。当然乗降客が一番多いのが横浜駅である。

平均定員は129人にしている。3000系の自局スペックでは先頭車が122人、中間車が133人で6両編成では776人だから平均定員は129人にな

横浜市営地下鉄ブルーライン1·3号線

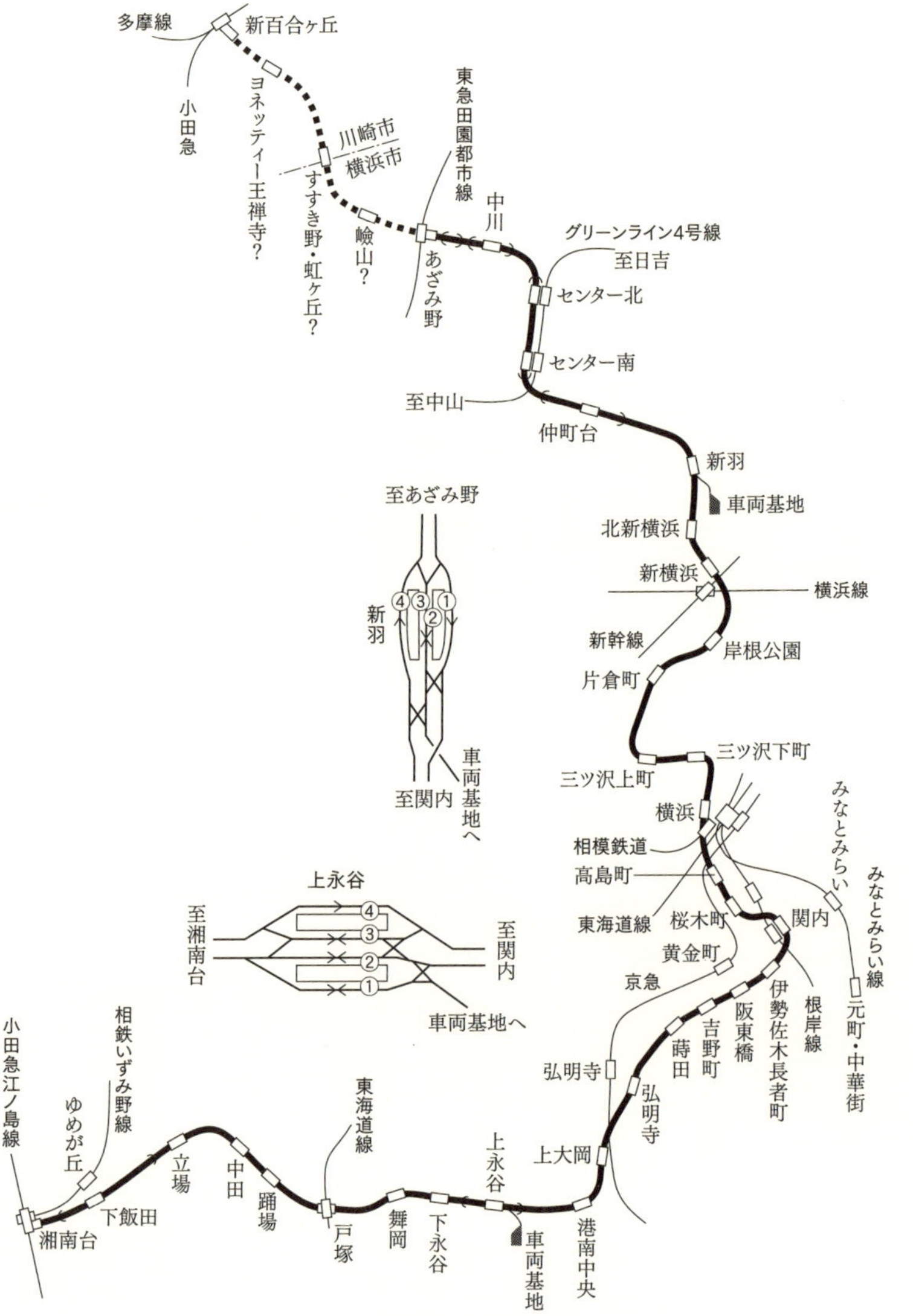

る。

しかし、国交省基準で計算すると先頭車114人、中間車129人、6両編成で744人で平均定員は1244人と大幅に少ない。厳密計算での混雑率は5ポイント上がって145％になる。

最混雑時間帯は7時30分から8時30分で、その間に14本の電車が走る。平均運転間隔は4分15秒である。上大岡駅の京急から乗り換えて関内方面に向かう客や港北ニュータウンのセンター南駅や北駅からあざみ野駅に向かい、東急田園都市線で東京都心に通勤する客も多い。

ブルーラインには快速が平日は昼間時、土休日は昼間時から夜間20時台までに運転されている。運転開始は平成27年（2015）とつい最近のことである。

快速運転区間は新羽—戸塚間で所要時間は37分、表定速度は39・6㌔でしかない。普通の同区間の所要時間は48分なので11分速い。快速は新羽駅で同駅折返の普通と接続し、上永谷駅で普通を追い越している。

上永谷駅には車両基地が隣接しているために島式ホーム2面4線なので、上下とも普通を追い越すことができる。

しかし快速は30分毎にしか運転されていない。さほど待たずに乗れるには最低でも15分毎の運転である。そのためには島式ホーム2面4線化できるよう準備されている関内駅でも普通を追い越す必要がある。

ただし、関内駅の島式ホーム2面4線化は3号線あざみ野—関内間の本牧方面延伸のために準備されているものだから、戸塚寄りで本線に合流する地下トンネルを新たに掘らなくてはならない。なお、上下2段になっている関内駅の下段の分岐線（3番線）は留置用に線路が敷かれている。上段の分岐線は路盤のみなので欠番（1番線を予定）になっている。このため関内駅には1番線がない。

15分間隔にするのは難しいが、20分間隔ならば関内の追越駅化は不要で、今すぐにもできる。20分毎でも乗車機会は増える。すぐにでも実行してほしいものである。

昼間時の普通は30分サイクルにあざみ野—湘南台間とあざみ野—踊場間、新羽—湘南台間が各1本走る。夕ラッシュ時は6分毎の運転である。

ブルーライン（右の複線）、グリーンライン（左の複線）　センター北駅からセンター南駅を望む

グリーンライン　川和町駅を出た日吉行

横浜市営地下鉄グリーンライン

リニア駆動のミニ地下鉄

横浜市営地下鉄グリーンラインは日吉《ひよし》―中山《なかやま》間13・0キロの標準軌、リニア駆動ミニ地下鉄の路線である。日吉駅は東急東横線と十字交差している。東急は地下1階にホームがあり、地下3階にあるコンコースにグリーンラインとの連絡改札口がある。

日吉―日吉本町《ひよしほんちょう》手前間は複線シールドトンネル、その先は大江戸線などと同様に単線並列複線シールドトンネルを進むので日吉本町、東山田《ひがしやまた》、北山田《きたやまた》の3駅のホームは直線である。高田《たかた》駅は中山方面が下の上下2段式になっている。

センター北駅―センター南間はブルーラインと線路別複々線になっている。センター北駅の南側にはブルーラインと同じ配線の引上線がある。

センター南駅の先で複線シールドトンネルで地下に潜ってブルーラインをくぐる。川和町《かわわちょう》駅で川和車両基地への入出庫線がつながっている。直線の島式ホームになっており、複線になっている入出庫線にも職員用ホームがある。これらホームは大小二つのドームに覆われている。

そして地下に潜って中山駅となる。日吉駅もそうだが、線路はホームを通り越して数m伸びている。二俣川方面と鶴見方面への延伸に備えてのものである。

定期客は中山駅から日吉駅に向かって漸増していく。定期外客はセンター北駅に向かっての流れがあるものの、北山田駅からは日吉駅に向かって漸増している。

最混雑区間は日吉→日吉本町間で輸送人員は1万1625人、公表混雑率は161%である。最混雑時間帯は7時15分から8時15分、この間4両編成が19本走る。平均運転間隔は3分である。

平均定員は95人にしているが、厳密に計算すると90人である。混雑率は170%に上がる。

朝ラッシュ時3分毎、昼間時7分30秒毎、夕ラッシュ時6分毎の運転である。日吉―中山間の所要時間は21分、表定速度37・1キロである。

横浜市営地下鉄グリーンライン4号線と横浜環状鉄道

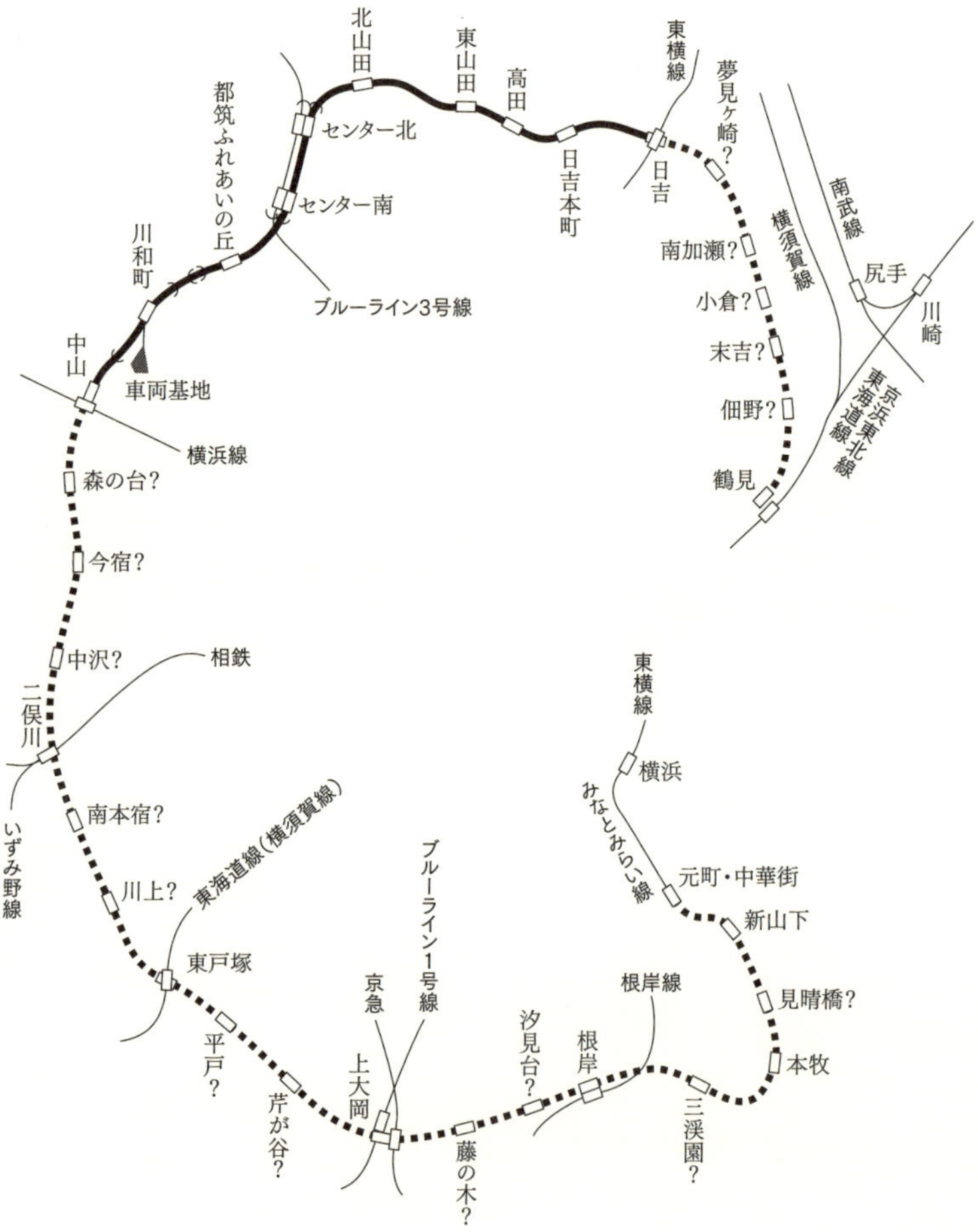

相鉄いずみ野線

湘南台駅からＪＲ直通電車で新宿に行く価値はない

いずみ野《の》線は二俣川《ふたまたがわ》―湘南台《しょうなんだい》間11・3キロの路線で二俣川駅で相鉄本線と接続して直通する。湘南台駅では小田急江ノ島線と横浜地下鉄ブルーラインと連絡する。

緑園都市《りょくえんとし》駅は相対式ホームだが、島式ホーム2面4線化する準備がなされている。いずみ野駅は島式ホーム2面4線で二俣川寄りにシーサスポイントがある。

朝ラッシュ時上りに通勤特急が4本運転されるだけになった。

通勤特急の停車駅はいずみ野、二俣川、鶴ヶ峰《つるがみね》、西谷《にしや》だが、西谷駅で新宿行ＪＲ直通電車に接続はせず、二俣川駅で海老名《えびな》発のＪＲ直通特急に接続している。

通勤特急の運転間隔は基本15分毎である。つまり朝ラッシュ時は15分サイクルになっており、この間に通勤急行と各停も各1本走る。各停はいずみ野駅で特急を待避して緩急接続をする。

通勤特急の湘南台→二俣川間の所要時間は12分、表定速度56・5キロ、湘南台→横浜間の所要時間は30分、表定速度43・6キロである。

二俣川駅でＪＲ新宿行特急に乗り換えると湘南台→新宿間の所要時間は1時間3分である。朝ラッシュ時に同区間を小田急で行っても所要時間は1時間3分と変わらない。相鉄・ＪＲ経由の運賃は９４０円（横浜経由は９３０円）、小田急は５５０円と大きな差がある。湘南台駅からＪＲ直通電車に乗るのは大損である。

なお特急が走らないときは通勤急行1本と各停2本が走る。二俣川駅で本線に直通して横浜駅まで行く。停車駅はいずみ野線内各駅、鶴ヶ峰、西谷である。

昼間時は本線直通の30分サイクルに快速1本と各停2本が走る。快速の停車駅は星川《ほしかわ》、西谷以遠各駅である。いずみ野線内は10分毎になる。

夕ラッシュ時下りは20分サイクルに快速1本、各停2本の運転である。

相模鉄道いずみ野線

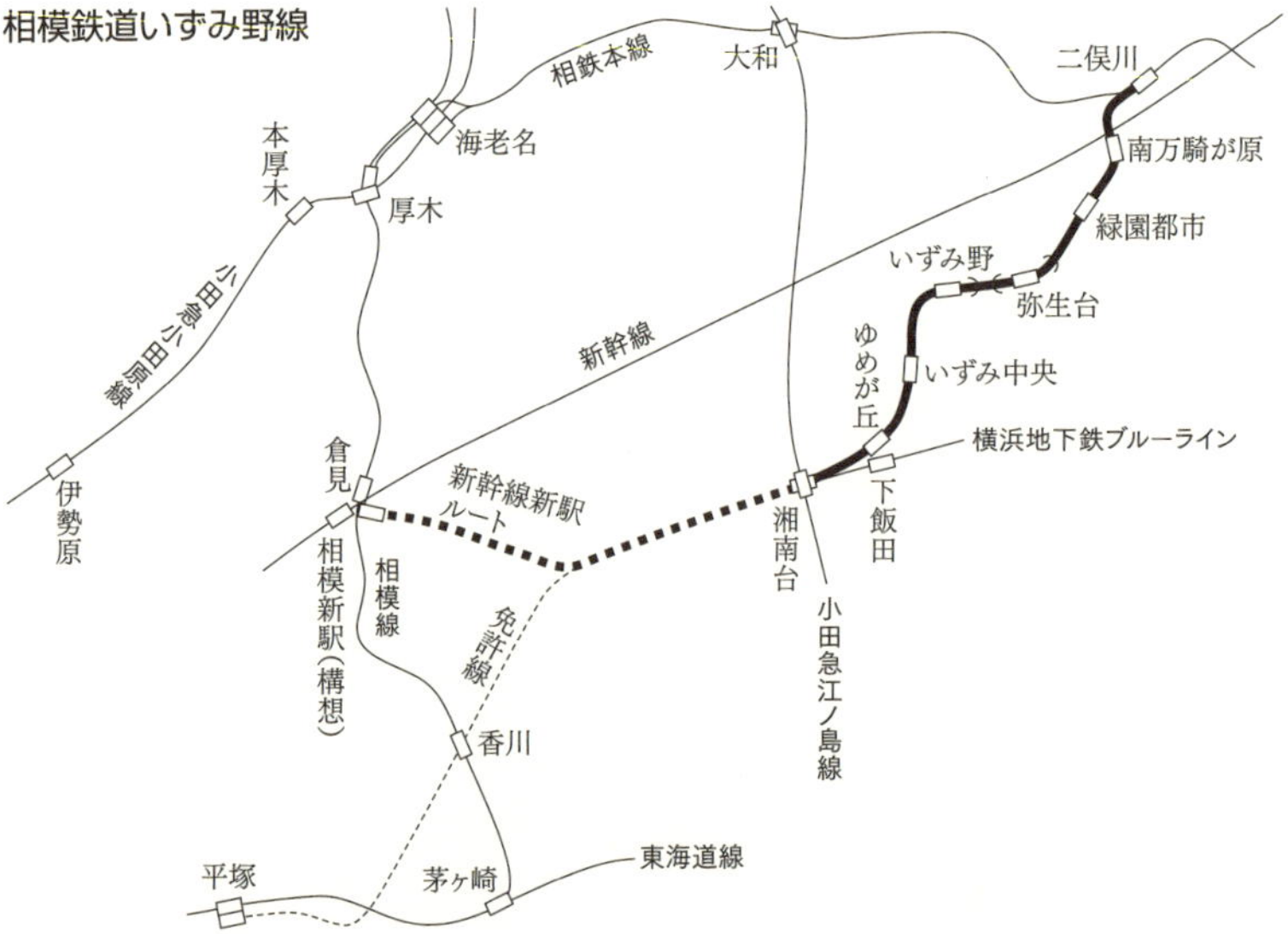

いずみ野駅は島式ホーム2面4線の追越駅

多摩都市モノレール

重心が高いモノレールなので遅い

多摩都市《たまとし》モノレール線は多摩《たま》センター——上北台《かみきただい》間16・0キロの路線で、多摩地区を南北に貫通している。多摩センター駅で小田急多摩線と京王相模原線、高幡《たかはた》不動《ふどう》駅で京王線、立川南《たちかわみなみ》駅と立川北《たちかわきた》駅でJR中央線と青梅線、玉川上水《たまがわじょうすい》駅で西武拝島線と連絡している。

多摩モノレールの多摩センター駅は小田急多摩線を通り越した南側にある。5階に相対式ホームがあり、コンコースは3階、小田急と京王への乗換通路は2階にある。駅の北側にシーサスポイントと同じ役目をしているトラバーサ式ポイントがある。

ここから多摩モノレール通りに沿って北上する。多摩ニュータウン通りと交差した北側から松《まつ》が谷《や》駅の北側までは多摩モノレール通りの西端を通る。モノレール通りが他の道路と立体交差しているために中央を通れないからである。

松が谷駅の先からは中央を通る。中央大学《ちゅうおうだいがく》・明星大《めいせいだい》学《がく》駅の先で220mの多摩丘陵トンネルをくぐる。多摩都市モノレールは軌道なので、モノレール通りもトンネルで抜けている。

多摩《たま》動物公園《どうぶつこうえん》駅は京王動物園線と隣接しているが、京王のほうはモノレール通りの南側なので多摩動物公園に行くにはモノレール通りを渡る必要がある。モノレールのほうは動物公園のすぐそばにある。

程久保《ほどくぼ》駅の先まで京王動物園線と並行する。高幡不動駅で京王線と連絡するが、2階にある乗換通路は200mほどあって遠い。

立川南駅と立川北駅はともにペデストリアンデッキでJR立川駅の2階コンコースにつながっている。両駅の間にJRの立川駅がある。

一つにまとめてもいいが、多摩センター寄りから乗ってきた人は立川南駅、上北台寄りから乗ってきた人は立川南駅で乗り換えるようにすれば、ラッシュ時の混雑が分散される。

立川北駅の先は幅広い遊歩道に沿って北上、その先

多摩都市モノレール

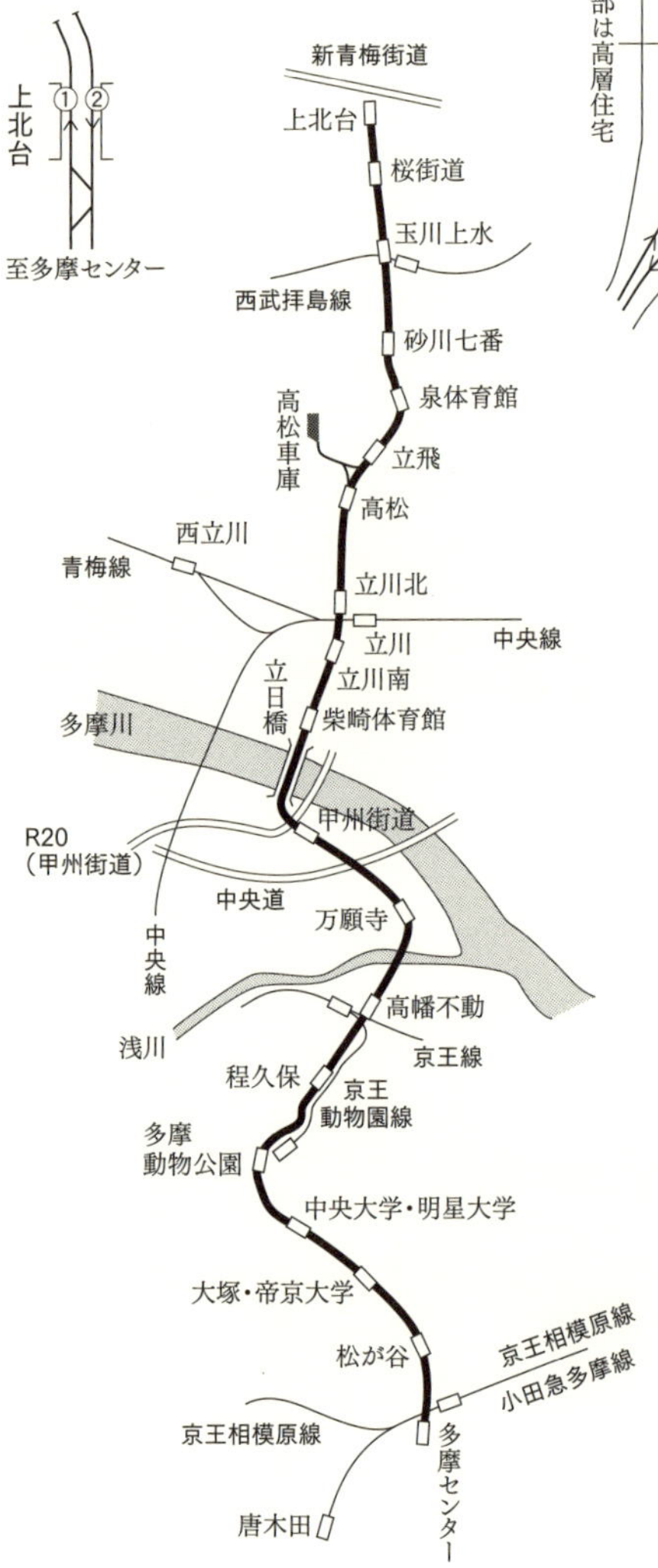

上北台
①
②
至多摩センター
新青梅街道
上北台
桜街道
玉川上水
西武拝島線
砂川七番
泉体育館
高松車庫
立飛
高松
西立川
青梅線
立川北
立川
中央線
立川南
立日橋
柴崎体育館
多摩川
甲州街道
R20
(甲州街道)
中央道
万願寺
中央線
高幡不動
浅川
京王線
程久保
京王
動物園線
多摩
動物公園
中央大学・明星大学
大塚・帝京大学
松が谷
京王相模原線
小田急多摩線
京王相模原線
多摩センター
唐木田

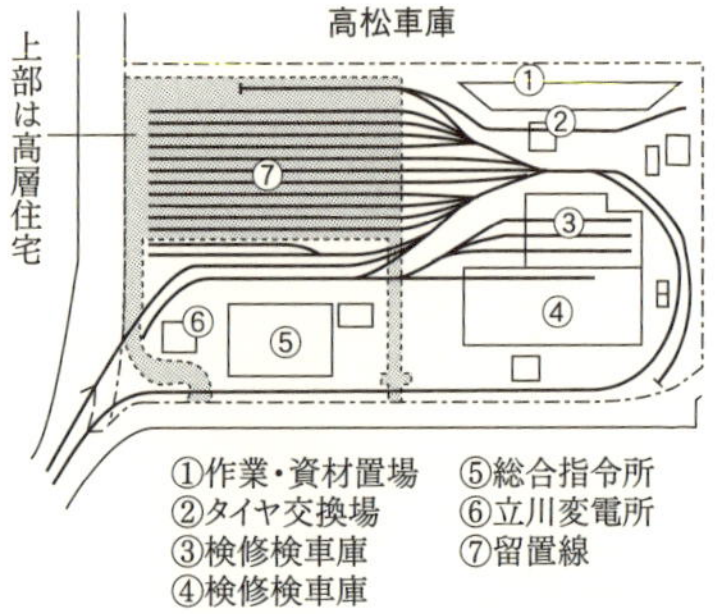

高松車庫
上部は高層住宅
①作業・資材置場
②タイヤ交換場
③検修検車庫
④検修検車庫
⑤総合指令所
⑥立川変電所
⑦留置線

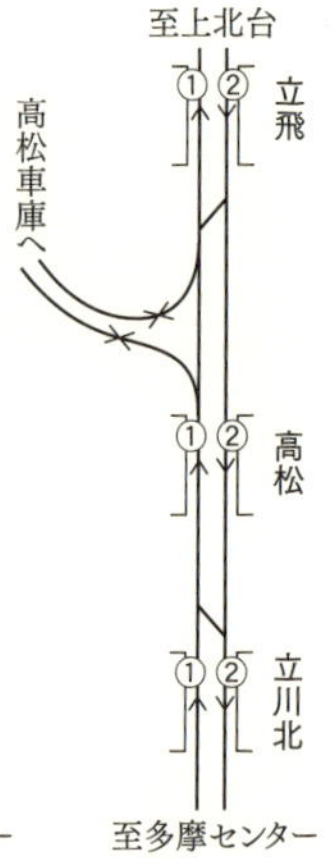

至上北台
立飛
高松車庫へ
高松
立川北
至多摩センター

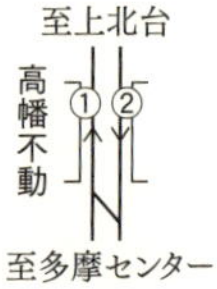

至上北台
高幡不動
至多摩センター

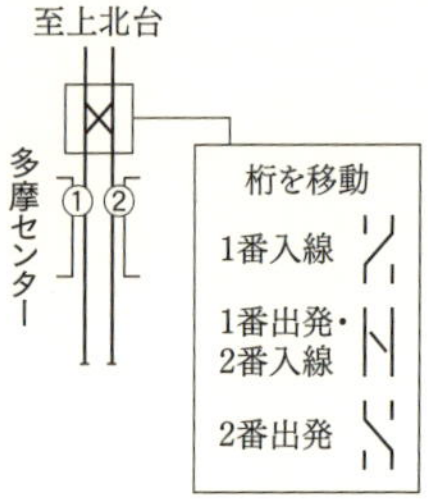

至上北台
多摩センター
桁を移動
1番入線
1番出発・
2番入線
2番出発

万願寺付近を走る上北台行

は都道43号線に沿って進む。

高松《たかまつ》駅の先で運営基地（車庫）への入出庫A線が分岐し、立飛《たちひ》駅の南で入出庫B線が合流する。高松駅の南側に逆渡り線、立飛駅の南側に順渡り線がある。入出庫B線は運営基地に入るとUターンしてから留置線群が広がっている。入出庫A線はストレートに留置線群や洗浄線、検修線につながっている。

立飛駅に隣接して「ららぽーと立川立飛」やタヒチをもじった「タチヒ」という砂浜風レジャー施設があって賑わっている。

立飛駅の先で芋窪《いもくぼ》街道に沿うようになる。玉川上水駅は西武拝島線と交差した北側にあり、2階コンコース経由で乗り換えができる。

終点上北台駅は芋窪街道と新青梅街道が交差する上立野東交差点の南側にある。終端側はホームを通り越してもモノレールの軌道桁が延びており、しかも左に少しカーブしている。新青梅街道に移って箱根ケ崎駅まで延ばす前提のカーブである。駅の南側には順渡り線と逆渡り線がある。

最混雑区間は泉体育館→立飛間である。立飛駅が再

多摩丘陵トンネルを抜けた多摩センター行

開発されているためと思われる。公表混雑率は93％で、国交省基準で定員計算されているため修正する必要はない。

終日の定期客数でずば抜けて多い区間は立川南―立川北間である。両端からこの区間を目指して利用している。立飛駅付近に工場がなくなったことから、本当の最混雑区間は立川南→立川北間と思われる。また、程久保→高幡不動間も混んでいる。

最混雑時間帯は7時24分から8時24分までである。この間に10本が走る。平均運転間隔は6分である。昼間時は10分毎、夕ラッシュ時は7分30秒毎である。

多摩センター―上北台間の所要時間は37分、表定速度は25・9キロしかない。多摩モノレールは日本跨《こ》座《ざ》式モノレールを採用している。

アルヴェーグ形跨座式の東京モノレールと違って床がフラットになっている。しかし、軌道桁と床面の間に台車が載っているため重心が高い。カーブではかなりスピードを落として通過している。

ちなみに東京モノレールの各停の表定速度は46・4キロにもなっている。

つくばエクスプレス

北部延伸もそろそろ考える必要がある

つくばエクスプレスは秋葉原《あきはばら》―つくば間58・3キロの路線である。秋葉原駅でJR各線と日比谷線、新御徒町《しんおかちまち》駅で大江戸線、南千住《みなみせんじゅ》駅で常磐線と日比谷線、北千住駅でも常磐線と日比谷線、さらに東武伊勢崎線と千代田線、南流山《みなみながれやま》駅で武蔵野線、流山《ながれやま》おおたかの森《もり》駅で東武野田線、守谷《もりや》駅で関東鉄道と連絡する。

つくばエクスプレスの建設の発端は国鉄が構想していた常磐方面への通勤新幹線までさかのぼる。その後、常磐開発線として新宿―水戸間が検討された。その後は第2常磐線とか常磐新線と称され、予定している沿線から期待が込められた。

しかし、国鉄分割民営化後に発足したJRは常磐新線に対して後ろ向きだった。建設しても民間の不動産会社が沿線開発を行い、JRとしては輸送力増強に追いまくられるだけでうまみがない。

そもそも国鉄が破綻した一つの要因として、首都圏での新線建設や複々線化に巨大な費用がかかったこと、その後の輸送力増強でも出費が大きかった。そういったトラウマがあって京葉線の新木場―大崎間の建設も切り離した。

このため常磐新線は沿線都県と市町村や私企業が出資した第3セクターの首都圏新都市鉄道を設立して建設することになった。これに合わせて「大都市地域における宅地開発及び鉄道整備の一体的推進に関する特別措置法」という長ったらしい法律を制定して、乱開発を防ぐことにした。略して宅鉄法という。

平成17年8月に一気に秋葉原―つくば間を開通した。地下線も多いが、他の地下鉄と違って広幅車が走れる広さになっている。狭軌1067mm架線集電方式である。

守谷駅を境に秋葉原寄りは直流1・5kV、つくば寄りは交流50Hz20kVになっている。つくば駅の北東18キロのところに気象庁の地磁気観測所があり、直流電化だと地面に漏洩した電流から磁界が発生して観測に

つくばエクスプレス

土浦ニューウェイ
県道
研究学園
つくば
花室T
土浦
万博記念公園
常磐線
みどりの
水海道
みらい平
守谷
利根川
野田市
東武野田線
関鉄常総線
佐貫
関鉄竜ヶ崎線
柏たなか
流山おおたかの森
竜ヶ崎
取手
柏の葉キャンパス
吉川
流山セントラルパーク
武蔵野線
常磐線
柏
流山
有楽町線
鰭ヶ崎
東武伊勢崎線
南流山
新松戸
流鉄
三郷中央
東武野田線
八潮
新京成
六町
松戸
武蔵野線
金町
青井
千代田線
半蔵門線
北千住
京成高砂
京成本線
青砥
日暮里
上野
南千住
押上
秋葉原
新御徒町
浅草
東京

影響するので交流電化にした。

秋葉原駅は地下4階に島式ホームがある。改札コンコースは地下1階にある。新御徒町、浅草駅も地下4階に島式ホームがある。浅草駅は浅草線と銀座線の近くではなく、まったく離れた銀座線田原町《たわらまち》駅の北側にある。

南千住駅は高架の常磐線の真下の地下1階に相対式ホームがある。北千住駅は高架の3階に島式ホームがある。

荒川を渡ってすぐに地下に入る。青井《あおい》駅は地下2階に相対式ホーム、六町《ろくちょう》駅は地下3階に島式ホームの駅がある。

地上に出て高架になる。八潮《やしお》駅は島式ホーム2面4線で内側2線が待避線で、つくば寄りに4線の引上線がある。この先守谷駅まで高架が続く。途中の流山おおたかの森駅は島式ホーム2面4線で外側が待避線、秋葉原寄りに順渡り線がある。

守谷駅は島式ホーム2面4線で内側が副本線だが、つくば寄りでは副本線から本線へはつながっていない。同駅折返電車か入出庫電車が発着する。

この先に交直デッドセクションがあるため、直流電車は守谷駅で折り返し、交直両用電車がつくば駅まで走る。

掘割と高架で進んで地下に入り、終点つくば駅となる。地下2階に島式ホームがある。

最混雑区間は青井→北千住間である。北千住駅で連絡各線への乗換客がどっと降りるためである。公表混雑率は169%である。

平均定員は138・7人にしている。しかし、広幅車である。また、守谷以遠を走る電車は交直両用で6両編成の中間の2両はセミクロスシート車である。ただしJRのE233系と同じシート配置でロングシート車と定員はさほど変わらない。

これらを考慮すると平均定員は144・4人になり、混雑率は6ポイント下がって163%になる。

最混雑時間帯は7時30分から8時30分、この間に22本が走る。平均運転間隔は2分50秒である。内訳は通勤快速が1本、区間快速が6本、普通が15本である。

通勤快速の停車駅は研究学園、守谷、柏の葉《かしわのは》キャンパス、流山おおたかの森、南流山、八潮、六町、北千

守谷駅を俯瞰する

住―秋葉原間各駅である。区間快速は守谷まで各駅、柏の葉キャンパス、流山おおたかの森、三郷中央《みさとちゅうおう》、八潮、北千住―秋葉原間各駅で、通勤快速が停まる六町は通過する。

昼間時は30分サイクルに快速、区間快速、全区間運転の普通が各1本と秋葉原―守谷間の区間普通が2本走る。快速の停車駅は秋葉原―北千住間各駅、南流山、流山おおたかの森、守谷である。

夕ラッシュ時は30分サイクルに通勤快速1本、区間快速2本、全区間運転の普通1本、秋葉原―守谷間の区間普通が2本である。

秋葉原―つくば間で快速の所要時間は45分、表定速度は77・7キロと速い。最高速度は130キロだからである。線形的には160キロで走ることはできる。

令和元年に新形の交直両用車が登場し、令和2年3月までに5本用意して増発する。10年後をめどに8両編成化する予定である。

秋葉原駅から東京駅を経由して臨海副都心への延伸が答申されているが、つくば駅からも水戸方面への延伸が要望され、現職の茨城県知事も前向きである。

ゆりかもめ　無人運転は安定している

ゆりかもめは新橋《しんばし》―豊洲《とよす》間14・7キロの側壁案内軌条式のゴムタイヤ走行の新交通システムである。案内軌条式を新交通システムとすることもあるが、広義の新交通システムはモノレールやLRTも入る。

青海―ビッグサイト間を走るゆりかもめ

新橋駅は高架の2階に頭端島式ホームがある。順渡り線、逆渡り線の順に並んでいる。案内軌条式は台車の側面に案内輪、側壁にガイドウェイがある。ポイントではガイドウェイは少しだけしかなく、それで直進するか分岐するかを案内している。

日《ひ》の出《で》駅の新橋寄りに渡り線を兼ねた引上線がある芝浦《しばうら》ふ頭《とう》駅の先で、高くなっているレインボーブリッジに取りつくためループ線で上っていく。レインボーブリッジは上部に首都高速道路、下部に一般道と歩道、ゆりかもめが通っている。

お台場《だいば》海浜公園《かいひんこうえん》駅にも渡り線を兼ねた引上線がある。有明《ありあけ》駅は島式ホーム2面3線で中線はゆりかもめ車両基地との入出庫用である。車両基地には職員用ホームがあり、入出庫の回送電車で有明駅まで乗る。

終点豊洲駅は順渡り線と逆渡り線がある。ホームがなくなっても軌道は伸びて左にやや曲がったところで止まっている。

最混雑区間は竹芝《たけしば》→汐留《しおどめ》間になっているが、平成13

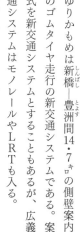

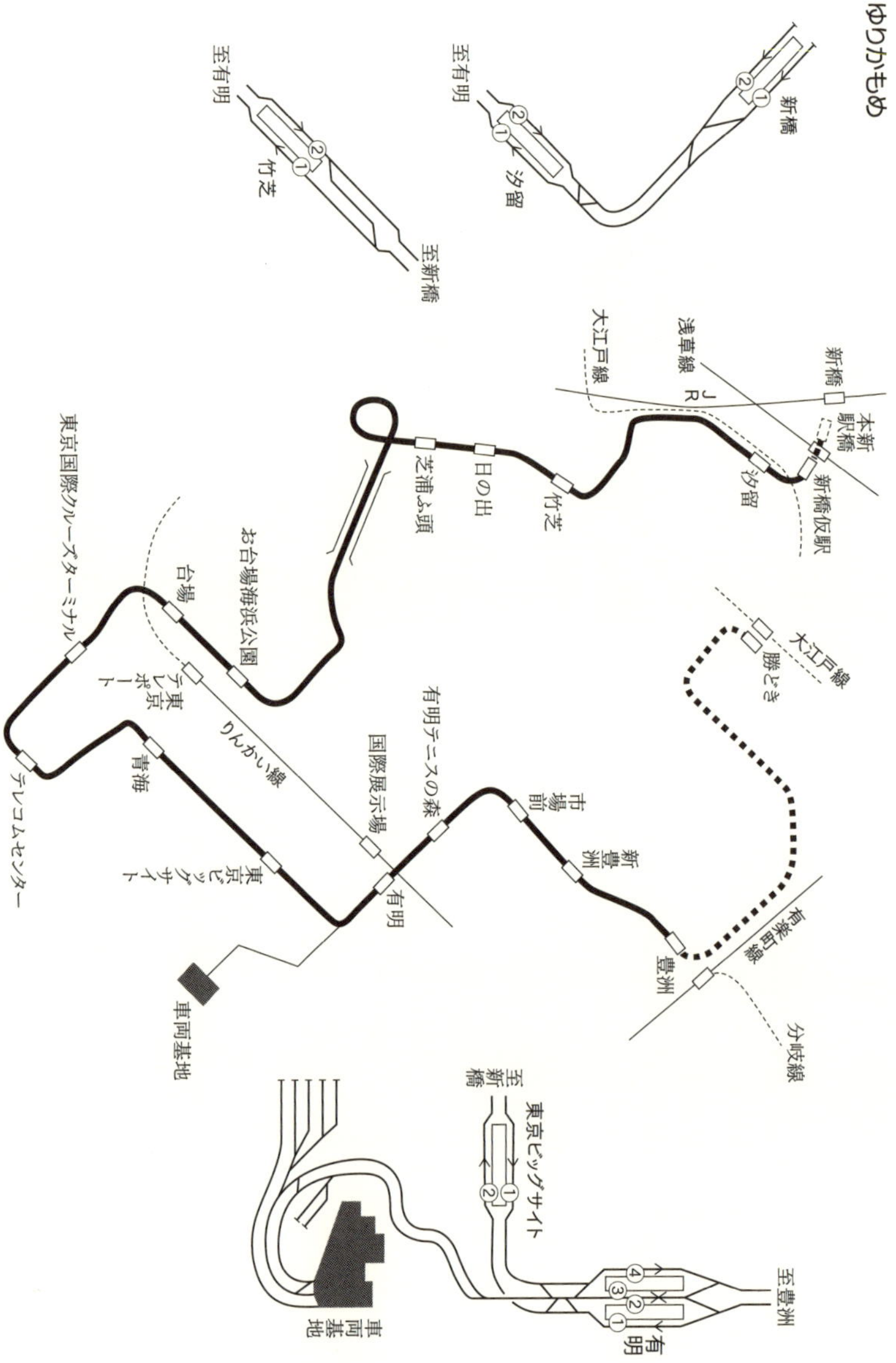
ゆりかもめ
新橋
至有明
汐留
至有明
竹芝
至新橋
新橋
浅草線
JR
大江戸線
本新駅橋
新橋仮駅
汐留
竹芝
日の出
芝浦ふ頭
お台場海浜公園
台場
東京国際クルーズターミナル
テレコムセンター
東京テレポート
りんかい線
青海
東京ビッグサイト
有明
国際展示場
有明テニスの森
市場前
新豊洲
豊洲
有楽町線
分岐線
大江戸線
勝どき
車両基地
至新橋
東京ビッグサイト
至豊洲
有明
車両基地

青海付近

年までは新橋→汐留間、14年に汐留駅が開設されて14年から25年までは汐留→竹芝間だった。臨海地区や対岸の芝浦地区に高層マンション等ができて逆に新橋・汐留方向の通勤客が増えたためである。

公表混雑率は99％である。平均定員は52・7人にしているが、国交省基準では48人である。輸送力は6004人から5472人に大幅に減らさなければならない。減らしたときの混雑率は114％になる。

一番乗客が少ないのは東京ビッグサイト―有明間である。集中率は18％と低い。国際展示場やアミューズメントセンターが多数あったりして閑散時の利用も多いからである。

最混雑時間帯は8時0分から9時0分、その間に6両編成19本が走る。平均運転間隔は3分10秒である。

昼間時は5分毎、夕ラッシュ時は3～4分毎である。催事が終了したときにどっと乗客が集まっても、無人運転だから、ボタン一つで車庫から電車を出庫させ、運転間隔を詰めることができる。

新橋―豊洲間の所要時間は30分、表定速度は29・4キロである。

東武野田線

2020年に全線走行の急行が走りはじめる

東武《とうぶ》野田《のだ》線は大宮《おおみや》―船橋《ふなばし》間62・7㌔の半環状線である。大宮駅でＪＲ各線、春日部《かすかべ》駅で伊勢崎線、流山《ながれやま》おおたかの森《もり》駅でつくばエクスプレス、柏《かしわ》駅で常磐線、新鎌ヶ谷《しんかまがや》駅で北総鉄道と新京成電鉄、船橋駅で総武線と連絡している。

沿線に自然公園が多く、かつ都会化してきていることからアーバンパークラインの愛称がある。大宮駅、流山おおたかの森駅、そして船橋の3方向への通勤の流れがある。中でも大宮駅に向かう流れが大きい。

大宮―春日部間と運河《うんが》―逆井《さかさい》間、六実《むつみ》―船橋間が複線、残りの区間は単線である。岩槻《いわつき》駅は留置線と折返用の中線があるＪＲ形配線になっている。春日部駅は伊勢崎線とは別にホームがあり、柏寄りに2線の引上線がある。七光台《ななこうだい》駅には大規模な車庫があり、清水公園《しみずこうえん》駅と野田市《のだし》駅はＪＲ形配線だが、ともに片面ホームの1番線が高架化工事のために閉鎖されている。運河駅と六実駅はＪＲ形配線、柏駅は頭端櫛形ホームのスイッチバック駅である。

3方向の流れがあるために混雑区間も3区間が公表されている。北大宮→大宮間の最混雑時間帯は7時30分から8時30分、この間に6両編成が14本走る。野田線の電車はすべて6両編成である。公表混雑率は１２５%になっている。平均定員は１３８人だが、20m車6両編成の平均定員は１３８・６人だから、修正混雑率は1ポイント少ない１２４%である。

初石《はついし》→流山おおたかの森間の最混雑時間帯は7時10分から8時10分で、この間に10本が走る。公表混雑率は１３６%、修正混雑率は１３５%である。

新船橋→船橋間の最混雑時間帯は7時0分から8時0分と早い。東京都心から離れているためにラッシュも早めになる。最混雑時間に11本が走る。混雑率は公表と修正とは同じ１３９%である。

運転系統は大宮―春日部間、春日部―柏間、柏―西船橋間の3区間に分けられているが、通し運転も多

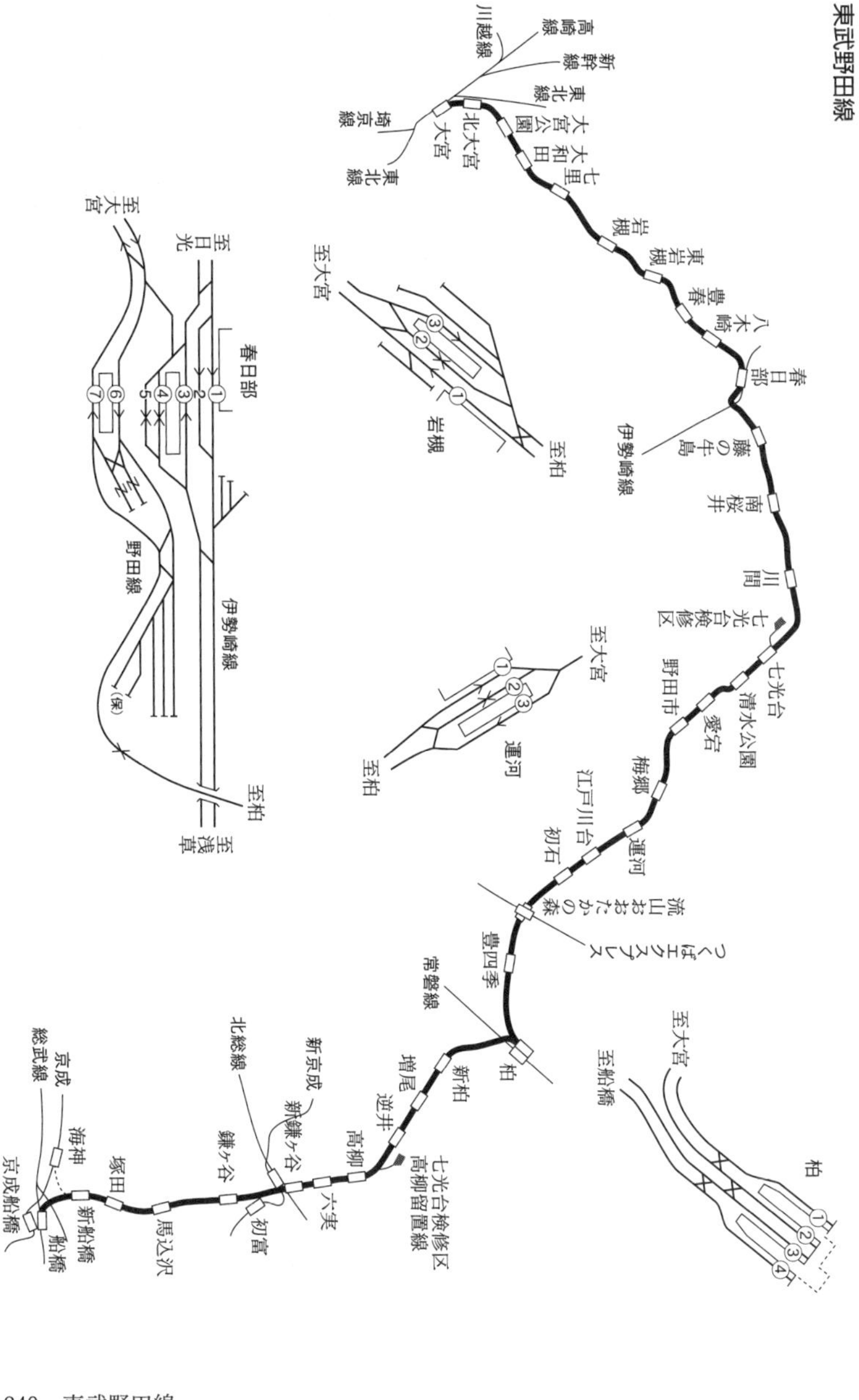
東武野田線
大宮
北大宮
大宮公園
大和田
七里
岩槻
東岩槻
豊春
八木崎
春日部
藤の牛島
南桜井
川間
七光台
清水公園
愛宕
野田市
梅郷
運河
江戸川台
初石
流山おおたかの森
豊四季
柏
新柏
増尾
逆井
高柳
六実
新鎌ヶ谷
鎌ヶ谷
初富
馬込沢
塚田
新船橋
船橋
京成船橋
海神
川越線
高崎線
新幹線
東北線
埼京線
東北線
伊勢崎線
七光台検修区
つくばエクスプレス
常磐線
七光台検修区高柳留置線
北総線
新京成
京成
総武線
至大宮
岩槻
至柏
春日部
至日光
至大宮
伊勢崎線
野田線
(保)
至柏
至浅草
至大宮
運河
至柏
柏
至大宮
至船橋

流山おおたかの森駅に停車中の急行柏行

い。また、運河―柏間と七光台―柏間、六実―船橋間の区間電車がラッシュ時に運転される。

　昼間時には急行が30分毎に大宮―柏間で運転されている。停車駅は岩槻、春日部以遠各駅である。大宮―春日部間の所要時間は15分、普通が21分だから6分速い。表定速度は60・8キロである。

　夜間には特急アーバンパークライナーが走る。3＋3の6両編成の500系特急車リバティを使用する。1号は浅草発20時30分、大宮着21時25分で停車駅はとうきょうスカイツリー、北千住、せんげん台、春日部、八木崎《やぎさき》、豊春《とよはる》、東岩槻、岩槻である。

　3号は浅草発21時30分、春日部駅で3両ずつ切り離して大宮行と野田市行になる。野田市行の停車駅は南《みなみ》桜井《さくらい》、川間《かわま》、七光台、清水公園、愛宕《あたご》で野田市には22時35分に着く。大宮行大宮到着時間は22時31分、折り返しは運河行の2号になる。停車駅は春日部、藤《ふじ》の牛《うし》島《じま》、南桜井、川間、七光台、清水公園、愛宕、野田市、梅郷《うめさと》で運河着は23時28分である。

　1号も大宮駅で折り返して運河行のアーバンパークライナーにするとともに、運河駅で夜間滞泊して朝の浅草行アーバンパークライナーにしてもいい。

逆井―六実間は令和2年3月に複線化される。これで運河―船橋間が複線になるため、全区間で急行の運転を開始する。

　停車駅は岩槻、春日部―運河間各駅、流山おおたかの森、柏、高柳《たかやなぎ》、新鎌ヶ谷である。

　昼間時に30分毎の運転である。朝夕ラッシュ時と夜間には柏―船橋間で30分毎に走る。大宮―船橋間の所要時間は76分、表定速度は49・5キロである。

　高柳駅は島式ホーム2面4線の追越駅になる。また、春日部駅は高架化され、野田線も伊勢崎線もそれぞれ島式ホーム2面2線になる。春日部駅の高架化は令和13年春を予定している。

流鉄

TXの開通で乗客が減少

流鉄流山《りゅうてつながれやま》線は馬橋《まばし》―流山《ながれやま》間5・7キロの路線で、馬橋駅で常磐緩行線、幸谷《こうや》駅で常磐緩行線と武蔵野線と連絡する。総武流山電鉄だったのを流鉄に改称している。

流山駅の東側、約1キロのところにつくばエクスプレスの流山セントラルパーク駅がある。つくばエクスプレスが開業するまでは、幸谷駅で常磐緩行線に乗り換えて東京都心へ行く唯一の路線として流鉄が利用されていた。しかし、乗り換えなしでかつ高速で走るつくばエクスプレスの開業で、一気に通勤利用がされなくなってしまった。

ラッシュ時3両編成、閑散時2両編成と使い分けていたが、現在はすべて2両編成である。

流山市は人口が増えており、街中を行き来する町内電車としてそれなりに利用されている。当然だが全線単線であり、行き違い駅は小金城趾《こがねじょうし》1駅だけである。

最混雑区間は小金城趾→幸谷間で、最混雑時間帯は7時0分から8時0分、この間に5本が走る。公表混雑率は63％、修正混雑率は67％である。

平成10年度は3両編成5本が運転され、混雑率は111％だった。同年度の輸送人員は2663人、平成30年度は888人と大幅に減っている。

昼間時は20分毎、夕ラッシュ時は15分毎の運転である。

流鉄

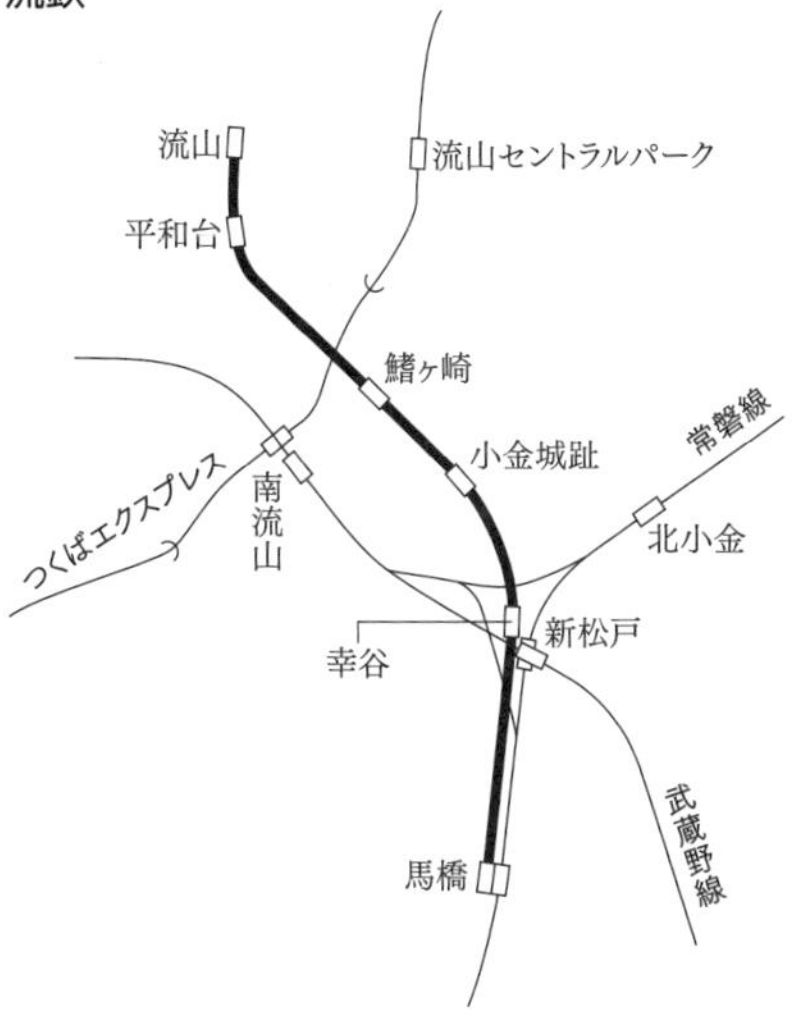

金沢シーサイドライン　京急金沢八景駅に直結を果たした

金沢《かなざわ》シーサイドラインは新杉田《しんすぎた》—金沢八景《かなざわはっけい》間10・8キロの路線で新杉田駅で根岸線、金沢八景駅で京急本線と逗子線に連絡する。横浜南部の埋立地を貫通しており、新杉田側は工業団地だが、途中から住宅団地になり、八景島《はっけいじま》や野島公園《のじまこうえん》がある行楽地になっている。

ゆりかもめと同様の案内軌条式だが、平成元年の開業時から長らくATCをバックアップにした手動運転をしていた。その後ATOを取り付けて完全無人運転に切り替えた。そして令和元年6月に新杉田駅で逆走事故を起こしてしまった。今のところ、まだ事故原因は解明されていないが、後付けのATOに問題があったのかもしれない。

はっきりしているのは進行方向の切り替えについては駆動系統以外のATCやATOは車上側も地上側も確実に切り替えていた。駆動系統だけが切り替わらず、そのまま後ろで一気に加速してしまった。このため約7秒後に時速20キロ超で車止めに激突してしまった。ATCは前側で確実に働いていても、後ろ側は切り替えていたので働くことはない。というよりも働いてしまうと前進できない。

事故の原因は進行方向を転換する信号を送るケーブルが断線したためである。その回路が異常になった場

野島公園駅に進入する金沢八景行

合、走行できなくするプログラムを追加した。このため現在は無人運転に戻っている。

平成31年春に金沢八景仮駅から同本駅まで200mほど延長した。仮駅は金沢八景行軌道上にホームがあった。これらの撤去工事が終っていないので単線での延伸である。

並木中央《なみきちゅうおう》駅は島式ホーム2面3線で、中線は最寄りの幸浦《さちうら》車両基地への入出庫用である。

最混雑区間は新杉田→南部《なんぶ》市場《しじょう》間である。南部市場駅近くは工場やオフィスがあるためである。最混雑時間帯は7時31分から8時30分としている。新杉田駅の発車時間によっている。この間に5両編成15本が走る。小形車体のために平均定員は厳密計算で46・8人と少ない。公表混雑率は113%、修正混雑率は114%である。

朝ラッシュ時は4分30秒毎、昼間時7分30秒毎、夕ラッシュ時5分毎である。無人運転の長所は要員の手配なしで、ボタン一つで増発できることである。八景島で花火大会があったりしても、引けのときすぐに増発の手配ができることである。しかし、令和元年には手動運転になったので、増発対応はできなかった。

金沢シーサイドライン

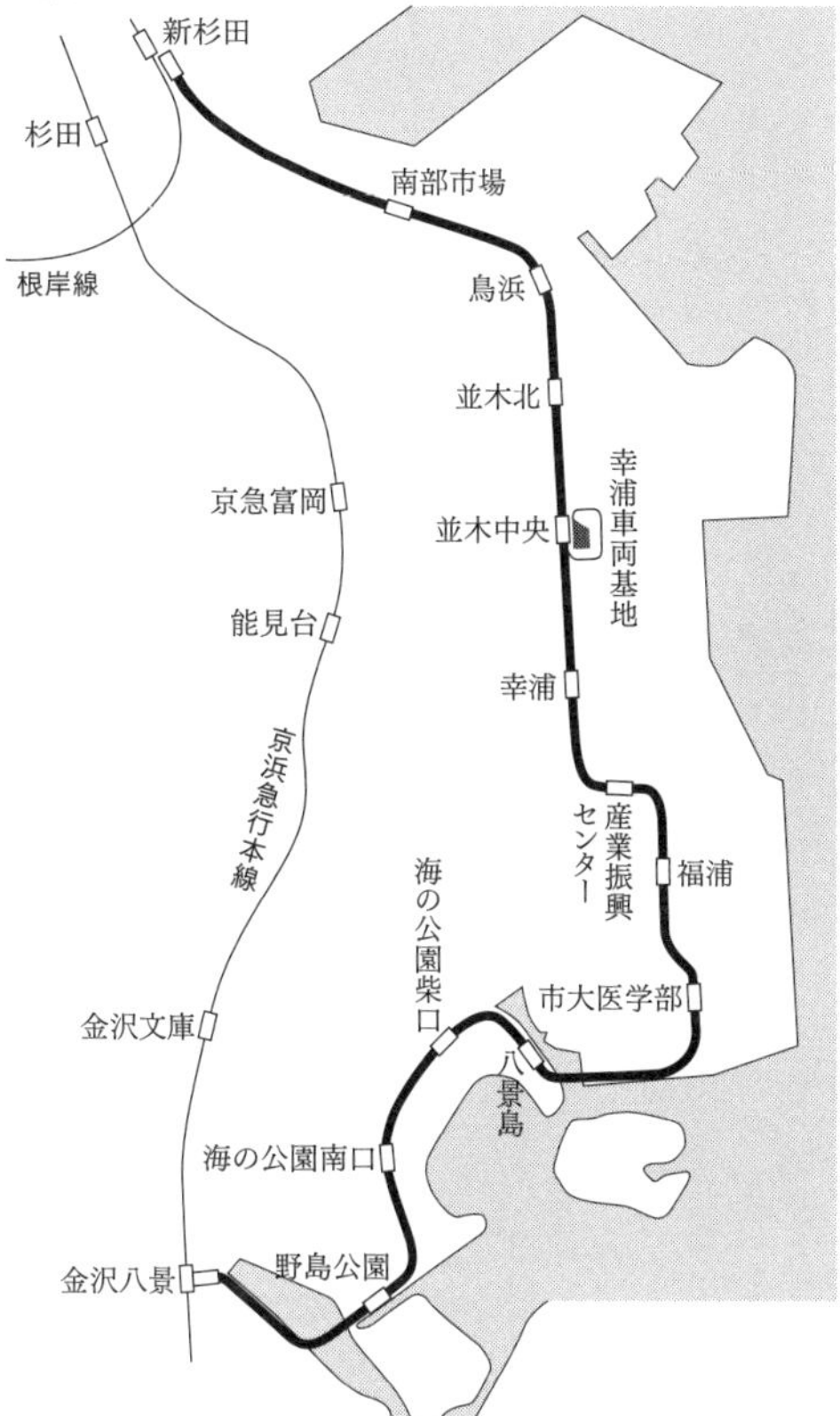

用語解説

1線スルー　単線路線では駅や信号場で行き違いをするとき複線となるが、片側あるいは両側とも速度制限を受ける（通常は45キロ制限）。その駅に停車するならそれでもかまわないが、通過列車が速度を落とすのでは時間の無駄である。片方を直線にして、通過列車は上下線ともそこを走らせれば、速度制限を受けないですむ。これが1線スルー方式である。

VVVFインバータ制御　通常の電車は回転速度の幅が大きく制御しやすい直流モーターを使う。交流モーターは周波数により回転数がほぼ決まっており、電圧による回転数の大小幅は狭かった。インバータは周波数と電圧を自由に変化させる制御装置（Variable Voltage Variable Frequency）であるが、大容量のものも開発され、これを交流モーターに採用した電車がインバータ電車である。直流モーターにくらべてメンテナンスが楽であり、車体の下にある制御機器の数が減る。また、空転が起こりにくいので加速性能を上げることができる。

運賃・料金　運賃は普通運賃や定期運賃、貨物運賃などをいい、料金は特急料金や指定席料金、寝台料金といった付加価値を供する料金。

運転停車　行き違いなどで停車駅でない駅などに停車すること。

営業キロ　運賃を計算するときに設定したキロ程。必ずしも実際の線路延長と合致しない。

営業係数　１００円の収益を上げるのにかかった経費。当然１００円を超えると赤字である。

回生ブレーキ　電気ブレーキで発生した電力を架線に戻し、他の電車の加速に使えるようにしたもの。

緩急接続ダイヤ　優等列車が緩行等を停車して追い越して、それぞれが相互に乗り換えができるようにした接続方法。

緩急分離ダイヤ　優等列車が緩行等を通過して追い越す。これによって優等列車が混まないようにする。

緩行　各駅停車電車のこと。急行の反対語。

カント　左右のレールに高低差をつけて乗り心地をよくする。

機待線　仕訳された列車に連結するために機関車が待機する線路。

機回線　機関車牽引の列車は終点などで折り返すとき、機関車を反対側に連結しなければならない。そうするには、切り離された機関車を先頭側に付けるための線路が必要で、これを機回線という。ただし運転関係の部署では機関士が機関車を回すから「機回し線」、施設関係の部署では管理する線路に機関車が回るから「機回り線」と読み方が異なっている。

機留線　機関車留置線の略。

均衡速度　駆動力と走行抵抗の力が同じになって、これ以上加速できない速度。

甲線、乙線、丙線　国鉄時代に定めた線路等級の区分。甲、乙、丙と簡易線の4段階に分けていて、甲線の規格が一番よく、幹線に当てられる。その後、湖西線などができると甲線より規格が上になるため特甲線が追加され、さらに甲線から簡易線までが1級線から4級線に変更された。

混雑率　輸送量を輸送力で割ったパーセンテージ。最混雑1時間と終日の二つの混雑率が公表されている。

シーサスポイント　シーサスクロッシングポイント。複線間の順方向と逆方向の渡り線を一つにまとめたもので、線路配線図には複線の間に×印で描く。

JR形配線　島式ホームと片面ホーム各1面に発着線が3線ある構造の駅。国鉄が好んで採用していた。基本的に片面ホーム側が駅本屋と改札口に面した1番線となっており、上下主要列車が停車して跨線橋などを通らずにすむようになっている。さらに単線路線での行き違い用として島式ホームの外側に1番線とは異なる逆方向の本線をおき、内側の線路を待避や折返、それに機関車の機回線とした中線になっている。ただし、内側が本線で外側が中線になっているJR形配線もある。

自動閉塞　鉄道路線ではある一定の間隔で閉塞区間を設け、一つの閉塞区間には一つの列車しか走ることができないようにして安全を保っている。自動閉塞は該当する列車が一つの閉塞区間に入った、あるいは出たことを軌道回路で検知する。軌道回路とは左右のレールに電流(これを信号電流という)を流し、車両の車輪でショートさせて電圧がゼロになったことで列車の出入りを検知する。そしてその閉塞区間の入口にある信号機を赤点灯の停止現示して、他の列車が入れないようにする。単線では前方の出口側にある対向列車のための信号機を停止現示にして正面衝突を防いでいる。

集中率　終日の輸送量のうち最混雑1時間に集中した輸送量の比率。

上下分離方式　線路などインフラ部分を所有する会社や公的組織と、実際に運営する鉄道会社とを分ける方式のこと。鉄道を運営する会社はインフラの建設費などの償還に関わらないので、経営が楽になる。

線路別複々線　急行線と緩行線、それぞれの複線を並べた複々線。

第1種（第2種、第3種）鉄道事業（者）　第1種鉄道事業者は線路を自らが敷設して運送を行い、さらに第2種鉄道事業者に使用させることができる。第2種鉄道事業者は第1種鉄道事業者または第3種鉄道事業者が保有する線路を使用して運送を行う。第3種鉄道事業者は線路を敷設して第1種鉄道事業者に譲渡するか、第2種鉄道事業者に使用させ、自らは運送を行わない。

定期外客　定期券利用ではなく、普通乗車券や回数券、そしてスイカやパスモによって利用する乗客。

定期比率　定期券で乗っている乗客の比率。

電動制御車　電車において運転台とモーターがある車両を電動制御車、モーターがない車両を制御車、モーター付で運転台がない車両を中間電動車あるいは単に電動車、運転台もモーターもない車両を付随車と呼ぶ。

中線　基本的に上下本線の間に敷かれた副本線。

パターンダイヤ　10分とか30分を一つのサイクル（周期）にして、各種の列車の待避追い越しを一体パターンにしたダイヤ。

表定速度　一定の区間での停車時間を含めた平均速度。

普通　電車区間内では一概に各駅に停車するとは限らない。

平均輸送キロ　乗客1人当たりの平均した乗車キロ数。

方向別複々線　同一方向の線路を並べた複々線。同じホームで乗り換えができる。

棒線駅　ホーム1面1線でポイントがない駅。ポイントがない複線の駅でも言うときがある。

ボギー台車　一般的な鉄道で使用している台車。

優等列車　各停や普通より停車駅が少なく速い列車。

輸送人キロ　輸送人員と乗車キロを掛け合わせた延べ輸送量。

抑速ブレーキ　下り勾配で一定の速度を保って降りることができるブレーキ装置。

横取線　保守車両を収容する側線。

著者略歴

川島令三 かわしま・りょうぞう

1950年、兵庫県生まれ。芦屋高校鉄道研究会、東海大学鉄道研究会を経て「鉄道ピクトリアル」編集部に勤務。現在、鉄道アナリスト、早稲田大学非常勤講師、全国鉄道利用者会議顧問。小社から1986年に刊行された最初の著書『東京圏通勤電車事情大研究』は通勤電車の問題に初めて本格的に取り組んだ試みとして大きな反響を呼んだ。著者の提起した案ですでに実現されているものがいくつもある。著書は上記のほかに『全国鉄道事情大研究』（シリーズ全30巻）、『関西圏通勤電車徹底批評（上下）』『なぜ福知山線脱線事故は起こったのか』『東京圏通勤電車 どの路線が速くて便利か』『鉄道事情トピックス』『最新東京圏通勤電車事情大研究』『関西圏鉄道事情大研究（将来篇、ライバル鉄道篇）』（いずれも草思社）、『全線・全駅・全配線』（シリーズ全52巻）、『日本 vs.ヨーロッパ「新幹線」戦争』『鉄道配線大研究』『全国通勤電車大解剖』（いずれも講談社）など多数。

首都圏鉄道事情大研究
将来篇

2019 年 12 月 27 日　第 1 刷発行

著　者　川島令三
装幀者　板谷成雄
発行者　藤田　博
発行所　株式会社 草思社
〒160-0022　東京都新宿区新宿1-10-1
電話　営業 03(4580)7676　編集 03(4580)7680

編集協力　富田康裕
組版・図版　板谷成雄
印刷・製本　中央精版印刷株式会社

ISBN978-4-7942-2433-0 Printed in Japan　検印省略